Kohlhammer

Cornelia Kricheldorff,
Martin Becker
Jürgen E. Schwab
(Hrsg.)

# Handlungsfeldorientierung in der Sozialen Arbeit

Verlag W. Kohlhammer

Umschlag: Gestaltungskonzept Peter Horlacher
Gesamtherstellung:
W. Kohlhammer Druckerei GmbH + Co. KG, Stuttgart
Printed in Germany

ISBN 978-3-17-022179-6

# Inhaltsverzeichnis

# Einleitung

## Handlungsfeldorientierung in der Sozialen Arbeit

### Ein Modell curricularer Systematik für Bachelor-Studiengänge Sozialer Arbeit

*Martin Becker, Cornelia Kricheldorff & Jürgen E. Schwab*

Die wissenschaftliche Profilierung der Sozialen Arbeit bekam etwa ab Mitte der 1990er Jahre, mit der Debatte um die Sozialarbeitswissenschaft als eigene Disziplin, neue Schubkraft (vgl. Engelke 1999; Engelke et. al 2008 und 2009; Mühlum 2004). Mit der Gründung der Deutschen Gesellschaft für Soziale Arbeit (früher DGfS, heute DGSA) 1989, die sich der „Förderung der Disziplin und Profession Sozialer Arbeit" verschrieb, war der Grundstein für eine Profilierung der Sozialen Arbeit in Lehre, Forschung und Praxis gelegt. Dies führte in der Konsequenz zu einer zunehmenden Emanzipation von der fachlichen Logik und der Fremdbestimmung durch ihre traditionellen Bezugswissenschaften (Psychologie, Soziologie, Erziehungs- und Bildungswissenschaft, Recht, Politikwissenschaft, Medizin).

Seit dem Jahr 2001 ist die Soziale Arbeit auch in Deutschland offiziell als eigenständige Fachwissenschaft anerkannt. Entsprechende Beschlüsse erfolgten durch die Hochschulrektorenkonferenz (HRK) und die Kultusministerkonferenz (KMK). Die DGSA legte Ende Januar 2005 ein Kerncurriculum für das Hauptfachstudium Soziale Arbeit vor, mit dem die gemeinsamen Empfehlungen der DGSA, des Deutschen Berufsverbandes für Soziale Arbeit (DBSH), des Fachbereichstags Soziale Arbeit (FBTS) und des Fachausschusses Soziale Berufe des Deutschen Vereins für öffentliche und private Fürsorge (DV) zur Strukturierung von Studiengängen Sozialer Arbeit weitergeführt und konkretisiert wurden. Dieses Kerncurriculum knüpfte an die Rahmenordnung für den Diplomstudiengang Soziale Arbeit von HRK und KMK aus dem Jahre 2001 an. Grundlage und Leitlinien bildeten darüber hinaus die gemeinsame „Definition of Social Work" der International Federation of Social Workers (IFSW) und der International Association of Schools of Social Work (IASSW) aus dem Jahre 2000 sowie die „Global Standards for Social Work Education and Training" aus dem Jahre 2004 (www.ifsw.org).

In Folge des „Bologna-Prozesses" wurde ein Europäischer Qualifikationsrahmen für Hochschulbildung (EQR) entwickelt, der durch nationale Qualifikationsrahmen umgesetzt werden soll. Die Deutschen Hochschulen haben bereits 2005 einen „Qualifikationsrahmen für deutsche Hochschulabschlüsse" beschlossen. Für Studiengänge der Sozialen Arbeit wurde neben dem Kerncurriculum der DGSA durch den Fachbereichstag Soziale Arbeit im März 2006 ein Qualifikationsrahmen Soziale Arbeit (QR SArb) entwickelt. Beide Papiere haben lediglich Empfehlungscharakter für die Hochschulen. Zur Abstimmung der beiden Grundlagen wurde anlässlich der Jahrestagung der DGSA im November 2010 ein Diskussionsprozess zwischen Silvia Staub-Bernasconi von der DGSA und Uli Bartosch vom FTS vereinbart.

Somit existieren mittlerweile mehrere Grundlagen zur Gestaltung der Curricula von Studiengängen Sozialer Arbeit, an denen sich die Hochschulen in Deutschland orientieren können.

Unter dem Aspekt der Entwicklung einer eigenen professionellen Identität wird auch aktuell immer noch nach dem ganz eigenen, sozialarbeitswissenschaftlichen Profil und den damit verbundenen notwendigen Orientierungen im Studium und in der Praxis der Sozialen Arbeit gefragt (Otto/Thiersch 2005; Thole 2005). In diesem Kontext werden in den nach der Bologna-Logik überarbeiteten und neu akkreditierten Studiengängen der Sozialen Arbeit, jeweils abhängig von der Wahl ihrer zentralen Perspektive, alle Inhalte des Studiums und die der Bezugswissenschaften, nach unterschiedlichen Modellen auf einander bezogen und zugeordnet.

So kann beispielsweise eine zentrale Orientierung unter ethischen Aspekten erfolgen, mit der Definition Sozialer Arbeit als Menschenrechtsprofession (Staub-Bernasconi 2006 und 2003). Ein anderes Modell ist die Orientierung an Lebenswelten und der darin erkennbaren Bedarfe an Unterstützung, Begleitung und Intervention (Thiersch 2005). Soziale Arbeit in der Definition als Handlungswissenschaft setzt vorrangig auf Konzepte sozialpädagogischen Handelns (Geißler/Hege 2007) oder auf die zentrale Rolle von Methoden Sozialer Arbeit (Galuske 2009). Auch Perspektiven internationaler Sozialer Arbeit oder die Trägerorientierung, wie sie beispielsweise an den Dualen Hochschulen (ehemals Berufsakademien) praktiziert werden, sind derzeitige Modelle curricularer Systematik an deutschen Hochschulen Sozialer Arbeit.

Die Handlungsfeldorientierung, wie sie auch im „Freiburger Modell" gewählt wurde, das in der vorliegenden Publikation im Mittelpunkt steht, ist ein integrierender Ansatz, der aktuell an verschiedenen Hochschulen praktiziert und von einer Reihe von Autoren aufgegriffen wird. Nicht zuletzt geschieht dies auch vor dem Hintergrund der Kompetenzorientierung, als Erfordernis im Zuge des Bologna-Prozesses. Allerdings ist festzustellen, dass sich die Kompetenzorientierung in der Sozialen Arbeit bislang immer noch im Aufbau befindet.

Einen sehr tauglichen Beitrag für die Bestimmung und Zuordnung zentraler Handlungskompetenzen in der Sozialen Arbeit liefert aktuell Maja Heiner (2010) mit ihrem Kompetenzmodell. Darin verknüpft sie „bereichsbezogene Kompetenzmuster", zu denen sie „Selbstkompetenz" (Qualifizierung, Identitätsentwicklung, Selbstregulation), „Fallkompetenz" (Fallanalyse und Fallbearbeitung) und „Systemkompetenz" (Angebotsvermittlung/-koordination, Organisationsentwicklung) zählt, mit „prozessbezogenen Kompetenzmustern" wie „Planungs- und Analysekompetenz", „Interaktions- und Kommunikationskompetenz" sowie „Reflexions- und Evaluationskompetenz". Aus der Kombination dieser Kompetenzmuster lassen sich, bezogen auf die Praxisanforderungen, differenzierte Kompetenzprofile entwickeln und erklären.

In ausdrücklicher Abgrenzung zu den gewachsenen Berufsfeldstrukturen setzt Heiner allerdings auf funktional begründete Handlungstypen, wie:

- „Koordinierende Prozessbegleitung“ (z. B. Sozialpsychiatrischer Dienst, Allgemeiner Sozialer Dienst/Jugendamt, Sozialdienst im Krankenhaus, etc.),
- „Fokussierte Beratung“ (z. B. Erziehungs-/Ehe-/Sucht-/Schuldner-Beratungsstellen, Adoptionsvermittlung, etc.),
- „Begleitende Unterstützung und Erziehung“ (Heimerziehung, Tagesgruppen, betreute Wohnformen, Sozialpsychiatrie, Erziehungsbeistandschaft, etc.),
- „Niedrigschwellige Unterstützung, Förderung und Bildung“ (Bürgerhaus, Jugendhaus, Arbeitslosentreff, Tagesstätten für psychisch Kranke, Selbsthilfetreffs, etc.).

Um eine Begriffsklärung im Sinne einer definitorischen Abgrenzung und damit einer reflektierten Handlungsorientierung bemühen sich Dieter Kreft und C. Wolfgang Müller (2010). Sie halten zwar an dem Paradigma der alten „klassischen“ drei Methoden: Einzelfallhilfe, Gruppenarbeit und Gemeinwesenarbeit als Ordnungsschema fest, schlagen aber vor, zukünftig nur noch diese als Methoden zu bezeichnen und alle anderen bisher sogenannten Methoden als „Verfahren“ umzubenennen. Ob sich diese Begriffsdefinition in der Fachwelt durchsetzen wird, darf bei allem Respekt vor dem Renommee und der Leistung der beiden Autoren in der und für die Soziale Arbeit bezweifelt werden.

Die ebenfalls im Band von Kreft und Müller vorgenommene Hierarchisierung der Bedeutung von „Handlungskonzepten – Methoden – Verfahren – Techniken“, wie sie auch zuvor schon von Geisler/Hege (2007) und Galuske (2009) skizziert wurde, darf dagegen als zukunftsweisend betrachtet werden, wenn auch sowohl die Trennschärfe als auch die Zuordnungen nicht immer unumstritten sind, wie am Beispiel „Empowerment“ (Handlungskonzept/Ansatz oder Methode?) leicht zu zeigen ist (Herriger 2010).

Auf der Grundlage des dreidimensionalen Kompetenzbegriffs, wie er im Europäischen Qualifikationsrahmen (EQR) definiert wird, spielen sowohl theoriebegründete Handlungskonzepte wie auch die Methoden der Sozialen Arbeit eine wichtige Rolle beim integrierenden Modell der Handlungsfeldorientierung. Die Kombination von Wissensbeständen aus Bezugswissenschaften und originär sozialarbeitswissenschaftlicher Erkenntnisse (Erklärungswissen) mit Kenntnissen und Fähigkeiten der Entwicklung und Anwendung von Methoden (Handlungswissen und Analyse-/Synthese-/Kritikfähigkeit) bildet auf der Grundlage von Wertorientierungen und Haltungen die Basis der Ausbildung spezifischer Handlungskompetenzen Sozialer Arbeit.

Die alten drei „klassischen“ Methoden der Sozialen Arbeit, Soziale Einzelfallhilfe, Soziale Gruppenarbeit und Gemeinwesenarbeit, haben in den letzten Jahrzehnten eine deutliche Ausdifferenzierung erfahren und neue Ansätze und Methoden kamen hinzu. Allerdings ist die Entwicklung von Handlungskonzepten und

Methoden nicht beliebig, sondern es spiegeln sich darin immer auch die gegenwärtigen gesellschaftlichen Bedingungen und Probleme wider. Methodenentwicklung ist, wie die Soziale Arbeit überhaupt, nur reaktiv zu gesellschaftlichen Prozessen und Veränderungen zu denken, also generell im Kontext gesellschaftlicher Einflussfaktoren zu begreifen.

Während die Systematisierung der Methodenlehre Sozialer Arbeit in den letzten Jahren durch auflagenstarke Werke (Kreft/Müller 2010; Galuske 2009; v. Spiegel 2008) neu belebt wurde und fortgeschritten ist, bleibt deren systematischer Bezug auf bestimmte Handlungsfelder, die durch den gesellschaftlichen und demografischen Wandel gekennzeichnet sind, noch eher unbefriedigend. So wird beispielsweise bei Galuske (2009) sein fachlicher Bezug zur Jugendarbeit sehr deutlich – andere Handlungsfelder, wie beispielsweise die Soziale Altenarbeit oder die Interkulturelle Soziale Arbeit, werden nicht explizit in den Blick genommen und damit ihre spezifischen Bedingungen vernachlässigt.

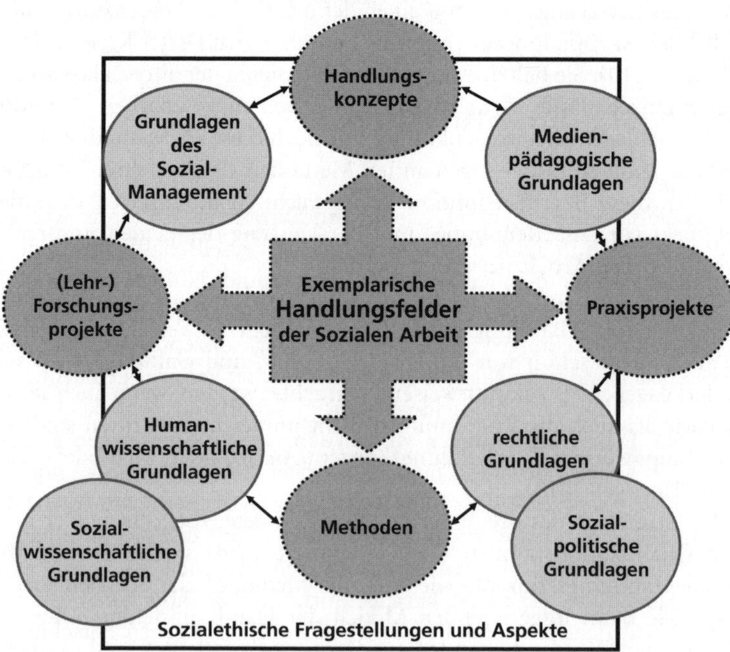


**Abb. 1:** Das Freiburger Modell der Handlungsfeldorientierung im Studiengang Bachelor Soziale Arbeit an der Katholischen Hochschule Freiburg

Handlungsfeldorientierung im Sinne des „Freiburger Modells" bedeutet deshalb, die aktuellen Bedingungen und Entwicklungen in verschiedenen Feldern der Sozialen Arbeit in den Blick zu nehmen und die daraus abzuleitenden Aktionen und Interventionen, mit denen die Soziale Arbeit fachlich antwortet, in Bezug zu setzen zu den jeweils passenden weil notwendigen Handlungskonzepten und Methoden. Dabei werden Gemeinsamkeiten, aber auch Unterschiede in den verschiedenen Handlungsfeldern sichtbar. Handlungskonzepte, Methoden und Techniken werden also auf handlungsfeldspezifische Charakteristika von Aufgabenstellungen, Rechtsgrundlagen, Governance, Trägerlandschaften Situationen und Personen bezogen. Dadurch werden Gestaltungs- und Kontexterfordernisse deutlich, die an Handlungskonzepte und Methoden zu stellen sind und es wird deren technokratischen Ver- und Anwendung vorgebeugt, die „reiner" Methodenlehre latent innewohnt. So lässt sich eine Systematik für die Gestaltung von Studiengängen Sozialer Arbeit entwickeln, wie sie an der Katholischen Hochschule Freiburg bereits seit einigen Jahren praktiziert wird.

Zentrale curriculare Prinzipien in diesem „Freiburger Modell" sind:

- Handlungsfeldorientierung,
- Anwendungsorientierung,
- Verknüpfung von Praxis- und Wissenschaftsorientierung
- professionelle Grundhaltungen und ethische Orientierung.

## Handlungsfeldorientierung

Handlungsfeldorientierung meint, Lebens- und Problemlagen in der wechselseitigen Bedingtheit von individueller Ausprägung und gesellschaftlicher Kontextualisierung kritisch wahrzunehmen und zu verstehen und dafür das relevante Erklärungs- und Handlungswissen zu vermitteln. Dazu werden die Studierenden mit den aktuellen Fragestellungen sowie den Handlungskonzepten und Methoden in exemplarischen Handlungsfeldern der Sozialen Arbeit vertraut gemacht.

Begleitend zu den handlungsfeldorientierten Seminaren sieht das Curriculum entsprechende Lehrveranstaltungen vor, in denen für die jeweiligen Handlungsfelder Sozialer Arbeit relevante Theorien, Ansätze und Konzepte vermittelt werden, deren Kenntnisse sowohl als Voraussetzungen in die Seminare zu Handlungsfeldern einfließen als auch dort weiter bearbeitet und transferiert werden.

In (Lehr-)Forschungsprojekten werden Studierende einerseits an den aktuellen Stand der Forschungsmethoden herangeführt, machen aber auch erste eigene Erfahrungen mit der systematischen Bearbeitung eines eigenen Forschungsanliegens in exemplarischen Handlungsfeldern, meist in Kooperation mit Praxiseinrichtungen.

Praxisprojekte, die in jeweils unterschiedlichen Handlungsfeldern Sozialer Arbeit angesiedelt sind und zusammen mit Praxispartnern in weitgehender Selbstorganisation der Studierenden durchgeführt werden, bieten einen Erfahrungsrahmen für die jeweils relevanten Handlungskonzepte und Methoden und schaffen damit Gelegenheiten zum Kompetenzerwerb.

## Anwendungsorientierung

Die curriculare Handlungsfeldorientierung verbindet sich mit einer Betonung des Theorie-Praxis-Bezugs, also einer Anwendungsorientierung. Andererseits muss professionelles Handeln in den unterschiedlichen Handlungsfeldern der Sozialen Arbeit theoriegeleitet sein. Soll also im Studium erworbenes Wissen in Bezug auf die Theorien und Konzepte der Sozialen Arbeit zum Fundament professioneller Praxis werden, muss dieses Wissen auf seine Anwendbarkeit hin überprüft werden können. Dazu bieten sich Praxisphasen an, die das Studium durchgehend begleiten. In den Anfangssemestern sollen Studierende in berufsorientierenden Seminaren nicht nur mit der Geschichte, den unterschiedlichen Handlungsfeldern und Berufsrollen in der Sozialen Arbeit vertraut gemacht werden, sondern können sich in Kleinprojekten selbst in der Praxis erleben und erste Rollenerfahrungen machen. Dabei lassen sich eigene Vorstellungen vom Beruf der Sozialen Arbeit aufbauen, reflektieren und klären.

Im Praxissemester können Studierende das erworbene Wissen unter professioneller Anleitung gezielt in der Praxis anwenden, reflektieren und entsprechend erweitern. Eine intensive Vorbereitung und Begleitung ermöglicht die Entwicklung und Überprüfung persönlicher Lernziele und die Profilierung der eigenen Berufsidentität. Dies regt Studierende dazu an, ihre Erfahrungen aus dem Praxissemester in das weitere Studium einzubringen, zu verarbeiten und Studienschwerpunkte entsprechend den individuellen Interessen zu setzen.

Auch in der Methodenlehre stellt die Anwendungsorientierung im Sinne des Handlungsfeldbezugs ein kennzeichnendes Merkmal dar: neben der Vermittlung von Überblicks- und Hintergrundwissen zu den Besonderheiten der Methodenlehre Sozialer Arbeit stellen begleitende Methodenseminare exemplarisch die Anwendung von Methoden Sozialer Arbeit in den Mittelpunkt.

Die Verbindung von Handlungsfeld- und Anwendungsorientierung des Studiums wird weiter durch die Arbeit in und an Projekten forciert, die unterschiedlichen Handlungsfeldern zugeordnet werden können. Die Verbindung von Projektarbeit mit einem gezielten Kompetenzerwerb im Sozialmanagement wird angesichts aktueller Veränderungen in der Fachpraxis verständlich. Zunehmend ist das Projekt die Form, in der Soziale Arbeit organisiert ist und sich teilweise auch finanziert. Die Befähigung, Projekte zu initiieren, nach rechtlichen und ökonomischen Aspekten zu realisieren, auf Nachhaltigkeit hin zu reflektieren und zu evaluieren, wird zur Grundqualifikation, die im Studium der Sozialen Arbeit zu erwerben ist.

## Verknüpfung von Praxis- und Wissenschaftsorientierung

Wenn Studierende in der Lage sein sollen, soziale Probleme durch eine qualifizierte berufliche Tätigkeit wissenschaftlich zu bearbeiten, bedarf es einer Verknüpfung von Fähigkeiten, bestimmte Lebens- und Problemlagen in der wechselseitigen Bedingtheit von Individuum und Gesellschaft. kritisch wahrzunehmen, zu verstehen und erklären zu können, verbunden mit zielorientiertem und situationsadäquatem methodischen Handeln.

Dazu bedarf es sowohl eines differenzierten Wissens um die komplexen Strukturen moderner Gesellschaften als auch der Fähigkeit zu einer multiperspektivischen Analyse der dadurch bedingten prekären Lebenslagen. Neben der Vermittlung von relevantem Erklärungs- und Handlungswissen sollen Studierende auch dazu befähigt werden, eigenverantwortlich soziale Phänomene wahrzunehmen, berufsrelevante Fragen zu stellen und sich das zur Erklärung erforderliche Wissen zu erarbeiten. Die Verbindung von Lerngelegenheiten für Techniken wissenschaftlichen Arbeitens mit der Anleitung zum eigenständigen wissenschaftlichen Denken und Arbeiten fordert zur Reflexion über die Möglichkeiten und Grenzen von Forschung auf. In Lehrforschungsprojekten, die in Kooperation mit der Fachpraxis durchgeführt werden, lassen sich die o.g. Ansprüche umsetzen.

## Professionelle Grundhaltungen und ethische Orientierung

Selbständiges berufliches Handeln in den unterschiedlichen Handlungsfeldern der Sozialen Arbeit basiert auf professionellen Grundhaltungen. Folglich sind Studierende der Sozialen Arbeit herausgefordert, eine berufliche Identität auszubilden, wozu die Reflexion des eigenen Standpunktes in Bezug auf motivationale Grundlagen und Grundhaltungen erforderlich ist.

Durch das Kennenlernen unterschiedlicher Handlungsfelder Sozialer Arbeit in den Eingangssemestern können Orte geschaffen werden, an denen berufliches Handeln und Berufsrollen erschlossen und reflektiert werden.

Für die Ausbildung einer beruflichen Identität braucht es entsprechende Lernformen und vertrauensvolle Kontexte. Diese können in kleinen und kontinuierlich über mehrere Semester zusammenarbeitenden Seminargruppen zu Handlungsfeldern Sozialer Arbeit geschaffen werden.

Mit der Intention, Studierende im Sinne einer ganzheitlichen Persönlichkeitsbildung zur Reflexion des eigenen weltanschaulichen und ethischen Standpunktes anzuregen, verbindet sich das Ziel, ihre ethischen Kompetenzen zu fördern.

## Aufbau des Buches

Dem vorgestellten Modell folgt die vorliegende Publikation, die exemplarisch folgende Handlungsfelder Sozialer Arbeit in den Blick nimmt:

- Soziale Arbeit mit Kindern in unterschiedlichen Lebenslagen
- Soziale Arbeit mit Jugendlichen und jungen Erwachsenen
- Soziale Arbeit mit Familien
- Soziale Arbeit in gerontologischen Arbeitsfeldern und im Gesundheitswesen
- Soziale Arbeit mit verhaltensauffälligen und seelisch behinderten jungen Menschen
- Soziale Arbeit mit Migranten und Migrantinnen
- Soziale Arbeit mit suchtkranken und psychisch kranken Menschen
- Soziale Arbeit mit straffällig gewordenen Menschen
- Soziale Arbeit im Gemeinwesen

Diese Handlungsfelder werden im Folgenden jeweils in einzelnen Kapiteln, nach einer allen Kapiteln gemeinsamen Struktur beschrieben. Nach einer kurzen Vorstellung geschichtlicher Hintergründe und Entwicklungen werden gesellschaftliche, politische, rechtliche, finanzielle und organisatorische Rahmenbedingungen des jeweiligen Handlungsfeldes dargestellt. Auf der Basis aktueller Entwicklungen und Fragestellungen werden die notwendigen Handlungsbedarfe abgeleitet und mit der Frage nach den dafür geeigneten Konzepten und Methoden verknüpft. Diese Auseinandersetzung mit den Handlungskonzepten und Methoden erfolgt auf der Basis der exemplarischen Bearbeitung von Fallbeschreibungen und der Schilderung typischer handlungsrelevanter Situationen, die auch in den handlungsfeldorientierten Seminaren im Studium Anwendung finden können. An solchen praktischen (Fall-)Beispielen werden der Einsatz von und der Bezug auf Konzepte und Methoden der Sozialen Arbeit exemplarisch dargestellt und erläutert. So können einerseits die spezifischen Charakteristika der verschiedenen Handlungsfelder verdeutlicht werden, während andererseits die Interventionen nachvollziehbar dargestellt sind. Auf diese Weise erfolgt eine Auseinandersetzung mit den aktuellen Herausforderungen und Rahmenbedingungen der Sozialen Arbeit in typischen Handlungsfeldern, im Sinne einer reflektierenden Analyse und eines Praxis-Theorie-Transfers.

Trotz dieser gemeinsamen Struktur lässt die Darstellung nach Handlungsfeldern prägnante Unterschiede der Gestaltung und Anwendung von Handlungskonzepten und Methoden erkennen, die sowohl auf unterschiedlichen Rahmenbedingungen als auch auf unterschiedlichen Schwerpunkten bezüglich der begründenden Theorien und Konzepte und damit auch auf den Zielsetzungen beruhen können.

Auf Grund des Anspruches an dieses Buch, einerseits ein möglichst umfassendes Spektrum an Handlungsfeldern Sozialer Arbeit abbilden zu können und andererseits einen noch kompakten Umfang einzuhalten, müssen die einzelnen Kapitel sehr komprimiert gestaltet sein. Dies hat zur Folge, dass nicht alle handlungsfeldspezifischen Einrichtungen und Dienstleistungen gleichermaßen Berücksichtigung finden können.

Ähnliches gilt für die Darstellung von Handlungskonzepten und Methoden Sozialer Arbeit in den jeweiligen handlungsfeldspezifischen Kapiteln. Weil diese ausgehend von einem Fall oder orientiert an einer typischen Situation vorgestellt werden, ist auch hier eine Konzentration auf bestimmte fallbezogen oder situativ geeignete Methoden und damit eine Einschränkung der Vielfalt des möglichen Spektrums von Interventionen verbunden. Ein Anspruch dieser Publikation ist es aber, einen Überblick über die aktuellen Entwicklungen in den unterschiedlichen Handlungsfeldern Sozialer Arbeit zu geben und damit Gemeinsamkeiten und Unterschiede zwischen ihnen sichtbar zu machen. Damit ist dieses Buch auch eine Orientierungshilfe im Studium der Sozialen Arbeit, eine Art Wegweiser für die individuelle Richtungsentscheidung, mit welchem Handlungsfeld eine vertiefende exemplarische Auseinandersetzung erfolgen soll. Für Berufsein- oder Umsteiger bietet es eine fundierte und gleichzeitig nützliche Einführung in neue Handlungsfelder zur ersten Orientierung. Und selbst für Praktiker/innen dürfte sich dieses Buch als hilfreiche Anleitung zur Reflexion der eigenen Alltagsroutinen und damit zur Weiterentwicklung von Konzeption und deren Umsetzung eignen.

## Literaturverzeichnis

Engelke, E. (1999): Soziale Arbeit als Wissenschaft – eine Orientierung. 3. Aufl. Freiburg im Breisgau: Lambertus.

Engelke, E./Borrmann, S./Spatscheck, Ch. (2008): Theorien der Sozialen Arbeit. Eine Einführung. 4. Aufl. Freiburg im Breisgau: Lambertus.

Engelke, E./Spatscheck, Ch./Borrmann, S. (2009): Die Wissenschaft Soziale Arbeit – Werdegang und Grundlagen. 3. Aufl. Freiburg im Breisgau: Lambertus.

EQR (2008): Der Europäische Qualifikationsrahmen. http://ec.europa.eu/education/lifelong-learning-policy/doc44_de.htm

Galuske, M. (2009): Methoden der Sozialen Arbeit. Eine Einführung. 8. Aufl. Weinheim/München: Juventa.

Geißler, K. A./Hege, M. (2007): Konzepte sozialpädagogischen Handelns. Ein Leitfaden für soziale Berufe. 11. Aufl. Weinheim/München: Juventa.

Heiner, M. (2010): Kompetent handeln in der Sozialen Arbeit. München: Ernst Reinhardt.

Herriger, N. (2010): Empowerment in der Sozialen Arbeit. Eine Einführung. 4. Aufl. Stuttgart: Kohlhammer.

Mühlum, A. (Hrsg.) (2004): Sozialarbeitswissenschaft – Wissenschaft der Sozialen Arbeit. Freiburg im Breisgau: Lambertus.

Kreft, D./Müller, W. (Hrsg.) (2010): Methodenlehre in der Sozialen Arbeit. Konzepte, Methoden, Verfahren, Techniken. Stuttgart: UTB.

Otto, H. U./Thiersch, H. (Hrsg.) (2005): Handbuch Sozialarbeit/Sozialpädagogik. 3. Aufl. München: Ernst Reinhardt.

Staub-Bernasconi, S. (2006): Der Beitrag einer systemischen Ethik zur Bestimmung von Menschenwürde und Menschenrechten in der Sozialen Arbeit. In: Dungs, S./Gerber, U./ Schmidt, H./Zitt, R. (Hrsg.): Soziale Arbeit und Ethik im 21. Jahrhundert. Ein Handbuch. Leipzig: Evangelische Verlagsanstalt, 267–289.

Staub-Bernasconi, S. (2003): Soziale Arbeit als (eine) Menschenrechtsprofession, In: Sorg, R. (Hrsg.): Soziale Arbeit zwischen Politik und Wissenschaft. Münster: LIT, 17–54.

Thiersch, H. (2005): Lebensweltorientierte Soziale Arbeit. Aufgaben der Praxis im sozialen Wandel. 6. Aufl. Weinheim/München: Juventa.

Thole, W. (Hrsg.) (2005): Grundriss Soziale Arbeit – Ein einführendes Handbuch. Wiesbaden: VS Verlag für Sozialwissenschaften.

Von Spiegel, H. (2008): Methodisches Arbeiten in der Sozialen Arbeit. Grundlagen und Arbeitshilfen für die Praxis. 3. Aufl. München, Basel: Ernst Reinhardt.

# Kapitel 1 Handlungsfeld Soziale Arbeit mit Kindern in unterschiedlichen Lebenslagen

*Matthias Hugoth*

## Die Zuständigkeit der Sozialen Arbeit für das Kindeswohl und für die Bedingungen ihres Lebens und Aufwachsens

Das Handlungsfeld „Soziale Arbeit mit Kindern“ hat sich erst in jüngerer Zeit innerhalb der Sozialen Arbeit etabliert. In der Vergangenheit waren für die Betreuung und Erziehung der Kinder in erster Linie und fast ausschließlich die Familien und die Einrichtungen der Kindertagesbetreuung (Kindertagespflege, Kindergärten und Horte) zuständig. Andere Einrichtungen waren vorwiegend für „Problemkinder“ vorgesehen (Waisenkinder, „schwererziehbare“ Kinder und Kinder mit Verwahrlosungssymptomen, kranke Kinder und Kinder mit Behinderung). Neben den Eltern waren vor allem (Sozial-)Pädagogen, Ärzte und Heilerzieher zuständig sowie Vollzugsbeamte des Staates, wenn es um Züchtigungs- und Zwangsunterbringungen ging.

Dass Kinder heute zu einer Zielgruppe der Sozialen Arbeit zählen, ist unter anderem darauf zurück zu führen, dass über die rein pädagogischen und therapeutischen Maßnahmen hinaus sowohl für den unmittelbaren pädagogischen Umgang mit den Kindern und der Sorge für sie als auch für eine kindgemäße und kindgerechte Gestaltung ihrer Lebenslage und für eine stetige Verbesserung der Bedingungen ihres Aufwachsens mit den Ansätzen und Methoden der Sozialen Arbeit operiert wird.

Dies ist vor allem dem Unterstützungsbedarf der Eltern und Familien geschuldet, die heute vielfach den Anforderungen nicht mehr gerecht werden können, die an den Schutz, eine umfassende Versorgung, eine optimale Förderung der Kinder bei gleichzeitigem Ausgleich sozialer und bildungsrelevanter Benachteiligungen gestellt werden. Ferner haben die jüngsten Entwicklungen innerhalb der Kindheitsforschung (vgl. Alt, C. 2005–2008, Grunert/Krüger. 2006, Stange 2006, Schweizer 2007, Betz 2008, Luber/Hungerland 2008, Honig 2009, Bamler et al. 2010, Mierendorff 2010, Stein et al. 2011, Bühler-Niederberger 2011, Wittmann et al. 2011) und die zuletzt entwickelten Handlungskonzepte zur Umsetzung der Kinderrechte im Feld der Sozialen Arbeit (vgl. Liebel 2009, Hugoth 2011 b) dazu beigetragen, dass sich die Soziale Arbeit mit Kindern in unterschiedlichen Lebenslagen zu einem eigenständigen Handlungsfeld entwickelt hat.

Dieses Handlungsfeld umfasst eine Vielzahl von Aktionsbereichen, die zu einem großen Teil außerhalb der traditionellen Einrichtungen und Dienste der Kinderhilfe liegen, in erster Linie im Bereich der offenen und der verbandlichen Kinderarbeit. Zum anderen gehört zum Handlungsfeld „Soziale Arbeit mit Kindern" auch die teilstationäre Kinderhilfe, wie sie in Kindertageseinrichtungen mit ihren unterschiedlichen Organisationsformen und in stationären Einrichtungen wie Kinderheimen und Kinderdörfern erfolgt. In diesen Einrichtungen wurde schon immer sozialpädagogische Betreuungs- und Erziehungsarbeit geleistet; heute beinhaltet diese vieles von dem, was mit „Sozialer Arbeit mit Kindern" gemeint ist.

Soziale Arbeit mit Kindern erfolgt beispielsweise in unterstützungsbedürftigen Familien – etwa in Form der Sozialpädagogischen Familienhilfe; sie erfolgt in Kooperation mit Kindertageseinrichtungen – etwa bei der Frage nach einer Verbesserung der Lebenslagen und Chancen von Kindern, die von Armut betroffen bzw. bedroht sind; sie erfolgt schließlich in Kooperation mit Kinderschutzverbänden – wenn etwa Kinder der Gefahr von dauerhafter Vernachlässigung oder des Missbrauchs ausgesetzt sind.

Von den Aktionsbereichen, die zum Handlungsfeld „Soziale Arbeit mit Kindern in unterschiedlichen Lebenslagen" gezählt werden können, gehören vor allem (vgl. Rätz-Heinisch et al. 2009):

- Kindertagesbetreuung und Kindertageseinrichtungen
- Familienzentren
- Ambulante, teilstationäre und stationäre Hilfen zur Erziehung
- Sozialpädagogische Familienhilfe
- Frühe Hilfen
- Offene Kinderarbeit.

In diesem Beitrag werden diese Aktionsbereiche als Vollzugsformen des Handlungsfelds der „Sozialen Arbeit mit Kindern" vorgestellt. Am Ende werden auch die Anforderungen an die Profession und Kompetenzen von Sozialarbeiterinnen und Sozialarbeitern erörtert.

## Geschichte der Kinderhilfe im Abriss

Wer die Geschichte der Sozialen Arbeit mit Kindern, die traditionell unter dem Begriff „Kinderhilfe" subsumiert wurde, nachzeichnen will, muss die Geschichte der Kindheit und muss die sozialen Bedingungen des Aufwachsens in den unterschiedlichen Epochen der modernen Gesellschaften betrachten. Diese Geschichte ist von den Anfängen bis in die Mitte des letzten Jahrhunderts „eine Geschichte von Kontrollmaßnahmen, der Sozialdisziplinierung, der Ausübung von Macht gegenüber Kindern, Jugendlichen und Familien, aber ebenfalls von sozialen und pädagogischen Reformbemühungen, um die Lebensverhältnisse von Kindern, Jugendlichen und Familien zu verbessern" (Rätz-Heinisch et al. 2009, S. 17).

Die Geschichtsschreibung der Kinderhilfe im engeren Sinn bezieht sich in erster Linie auf die Entwicklung der Institutionen und des Kinder- und Jugendhilfe-rechts; ferner auf die Porträts bedeutender Persönlichkeiten, die als Pädagoginnen und Pädagogen wegweisende Ansätze und Methoden entwickelt oder als Organisatoren Institutionen gegründet bzw. auf die institutionelle Kinderhilfe Einfluss genommen haben.

Summarisch lässt sich für die Geschichte der Kinderhilfe feststellen: Sie ist lange Zeit dominiert durch den Fürsorge- und den Zuchtgedanken: Es ging in erster Linie um die Betreuung und Pflege kleiner und besonders bedürftiger Kinder und um die Führung und Maßregelung der Kinder durch eine strenge, auf Gehorsam und Anpassung insistierende Erziehung.

Bei der Geschichtsschreibung der Kinderhilfe kamen bis in die jüngste Zeit hinein die Kinder und Jugendlichen und auch deren Familien kaum selbst zur Geltung; eine Einschätzung und Beurteilung der Maßnahmen aus ihrer Sicht sind kaum dokumentiert. Die Initiativen zum Ausbau der Einrichtungen der Kinderhilfe gingen von bürgerlichen und von religiös motivierten Kreisen aus.

Eine der ersten staatlichen Interventionen zum Schutz der Kinder bestand im Gesetz zur Beschränkung der Kinderarbeit (1839). Seit Ende des 19. Jahrhunderts dominierte in der Kinderhilfe die Zwangserziehung, die sich erst zur Zeit der Weimarer Republik zu einer Fürsorgeerziehung entwickelte. Dem in dieser Zeit gegründeten Gemeindewaisenrat wurde die Aufsicht über alle Kinder und Jugendlichen übertragen. Das 1901 in Kraft getretene Preußische Fürsorgeerziehungsgesetz (Gesetz über die Fürsorge-Erziehung Minderjähriger) zielte darauf ab, die körperliche und sittliche Verwahrlosung der Kinder und Jugendlichen zu verhindern (bei der öffentlichen Fürsorge wurden Kinder und Jugendliche in der Regel als eine Zielgruppe verstanden). Ab jetzt setzte sich der Begriff der Fürsorgeerziehung durch, der signalisieren sollte, dass es bei der Erziehung der Kinder und Jugendlichen um Schutz und Prophylaxe und nicht um Strafe gehen sollte.

Ende des 19. und Anfang des 20. Jahrhunderts erfolgte eine Ausdifferenzierung der Kinder- und Jugendfürsorgeaufgaben – angefangen vom Ausbau der Säuglingsfürsorge, des Krippen- und Hortwesens über das Pflegekinderwesen bis zur Fürsorgeerziehung straffällig gewordener und verwahrloster Jugendlicher. Bedeutend war vor allem die Ausgliederung der Kinder- und Jugendfürsorge aus der Armenfürsorge. Zu Beginn des 20. Jahrhunderts entstanden schließlich die ersten „Jugendämter", die sich zwar noch nicht so nannten, aber bereits eine Aufgabenstruktur vorwiesen, wie sie später für die Jugendämter charakteristisch wurde.

Die Sorge für die Erziehung, Bildung und Betreuung der Kinder obliegt heute in erster Linie den Eltern, für sie trägt aber auch der Staat und tragen die freien Akteure im Bereich der Kinderhilfe eine „öffentliche Verantwortung" (vgl. Elfter Kinder- und Jugendbericht der Bundesregierung 2002). Diese „öffentliche Verantwortung" – und damit die „Soziale Arbeit mit Kindern in unterschiedlichen Lebenslagen" – hat durch die Labilisierung von Lebenslagen von Familien und

Kindern infolge der verstärkten Modernisierungsprozesse zunehmend an Bedeutung gewonnen: „Angesichts veränderter gesellschaftlicher Lebenslagen im Zuge von Pluralisierungs- und Individualisierungsprozessen erleben Kinder, Jugendliche und ihre Familien die Erosion vorgeprägter und standardisierter biografischer Verläufe, die zwar einerseits die Optionen individueller Lebensgestaltung vervielfachen, andererseits aber auch zu Problemen in der Lebensbewältigung führen können" (Flösser/Oechler 2010, S. 112).

Ein gemeinsames Anliegen der „Sozialen Arbeit mit Kindern" in den unterschiedlichen Aktionsfeldern besteht darin, dass die Stütz- und Hilfesysteme, die Systeme der Erziehung und Bildung sowie der Politik für Kinder möglichst optimal auf die Lebens- und Bedarfslagen der Kinder abgestimmt werden. Dazu ist eine Verständigung über das, was Kind-Sein heute bedeutet und was Kindheit charakterisiert und was Kinder brauchen, erforderlich

## Hilfe und Kontrolle – das doppelte Mandat der Sozialen Arbeit mit Kindern in unterschiedlichen Lebenslagen

Die Ambivalenz des Doppelmandats der Sozialen Arbeit kommt bei den Maßnahmen für Kinder in unterschiedlichen Lebenslagen besonders deutlich zum Tragen. Die pädagogischen und sozialarbeiterischen Unterstützungsleistungen für Kinder gelten zum einen den Kindern selbst mit ihren individuellen Bedarfen an Erziehung, Bildung und Betreuung, an Schutz, Förderung und Begleitung. „Einerseits gilt als ein zentrales ‚Mandat' der sozialpädagogischen Fachkräfte ihre professionelle Orientierung an dem individuellen Wohlbefinden und der Autonomie der individuellen Lebensbewältigung der Adressaten und Adressatinnen. Die Besonderheiten, Individualität und Kompetenzen von Kindern, Jugendlichen und Familien sollen im professionellen Handeln Berücksichtigung finden" (Flösser/Oechler 2010, S. 105).

Andererseits sind die Fachkräfte mit ihrer Arbeit „den auf Konformität zielenden Kontrollinteressen des Staates unterworfen" (ebd. S. 105). Das heißt: Die Fachkräfte haben dafür Sorge zu tragen, dass die Kinder in „normalen" Zuständen leben und aufwachsen können, wobei „Normalität" für das Leben in der Familie bedeutet: die Familie ist in der Lage, den Alltag mit Kindern sinnvoll zu gestalten, den Kindern bedarfsgerecht Schutz und Förderung zu gewähren und die Aufgaben der Erziehung, Bildung und Betreuung zum Besten für das Kind zu erfüllen. Ob eine Familie diesen Grad an Normalität erreicht, liegt letztlich in der Definitionsmacht des Staates. Deshalb beobachtet er die Familien durch das Jugendamt, dem ein „hoheitlicher Aufgabenbereich" (Münder et al. 2009, S. 391) zugesprochen wird, mithilfe der Fachkräfte, die Soziale Arbeit mit Familien und speziell mit den Kindern betreiben, von dem Augenblick an, da ein Verdacht besteht, dass die Familien ihrer Schutz-, Fürsorge- und Erziehungspflicht den Kindern gegenüber nicht mehr gerecht werden könnten.

Dieses staatliche Wächteramt – das zweite Mandat an die sozialarbeiterischen Akteure – kommt vor allem dann zum Tragen, wenn das Wohl der Kinder gefährdet ist und der Staat – auch gegen den Willen der Eltern – intervenieren muss. Wenn es um den Schutz der Kinder geht, haben die Akteure im Feld der pädagogischen und der Sozialen Arbeit mit Kindern das Wächteramt des Staates wahrzunehmen. Der Staat ist nämlich aufgrund des Rechtes des Kindes „auf Erziehung zu einer eigenständigen und gemeinschaftsfähigen Persönlichkeit" (§ 1 Abs. 1 SGB VIII) befugt, durch den öffentlichen Arm der Kinder- und Jugendhilfe, das Jugendamt, in die elterlichen Rechte einzugreifen bzw. ihnen für die Ausübung ihrer Erziehungsrechte und -pflichten Hilfsangebote bereitzustellen. Dabei kann es zu Interessenkonflikten zwischen den Eltern und den Fachkräften kommen, die es im Einzelfall auszuhandeln gilt.

# Soziale Arbeit mit Kindern – Referenztheorien und Ansätze

Die Akteure in den unterschiedlichen Aktionsbereichen der „Sozialen Arbeit mit Kindern" handeln jeweils nach eigenen Konzepten und methodischen Ansätzen. Ihnen sind signifikante Grundorientierungen gemeinsam, die im Folgenden auf eine formalisierte Weise charakterisiert werden.

## Lebensweltorientierung: der Lebenslagenansatz

Das Lebenslagenkonzept besteht zum einen aus einer Analyse der Situation, in der Menschen leben, der Bedingungen, unter denen dieses Leben stattfindet, und des Spielraums, den diese Bedingungen dem Menschen lassen, um sein Leben selbstgesteuert zu gestalten. Zu diesen Spielräumen zählen unter anderen der Einkommens- und Versorgungsspielraum, der Kontakt- und Beziehungsspielraum, der Erfahrungs- und Lernspielraum, der Teilnahme- und Mitgestaltungsspielraum, der Freizeit- und Regenerationsspielraum. Je ausgedehnter diese Räume sind, je mehr Möglichkeiten der Nutzung und Entfaltung dem Menschen bleiben, umso günstiger die Prognose für diese Menschen hinsichtlich der Möglichkeiten, ihre Lebenslagen zu steuern und zu verändern.

Die Frage nach solchen Chancen steht im Mittelpunkt, wenn es nun darum geht, die Lebenslagen der Kinder zu beschreiben. Dabei wird eine in dem Lebenslagenkonzept enthaltene Bewertung der Situation der Kinder vorgenommen und werden Konsequenzen für das politische und das sozialpädagogische/sozialarbeiterische Handeln festgelegt. Bei der Frage danach, unter welchen Bedingungen die Kinder hierzulande aufwachsen, sind möglichst viele Lebensumstände in den Blick zu nehmen; es werden sowohl unmittelbar als auch mittelbar wirksame Indikatoren benannt unter der Fragestellung, welche Lebenschancen Kinder generell und welche Möglichkeiten sie konkret haben, um diese Chancen zu realisieren. Im Blick sind vor allem: der Bereich der ökonomischen Lebensgrundlagen der Kinder (Stichwort „Kinderarmut"), der Bereich ihrer gesundheitlichen Verfassung und Versorgung (Stichwort „Kindergesundheit"), der Bereich der Bildung (Stichwort „Bildungschancen") sowie die Aspekte „Diversität" und „Fremdbestimmung – Selbstbestimmung" (vgl. Hinte/Treeß 2011, Hugoth 2011 a).

## Handlungsfeldorientierung: der systemische Ansatz

Die Handlungsfeldorientierung bei der Sozialen Arbeit mit Kindern meint, ihre Lebens- und Problemlagen in den komplexen Zusammenhängen ihrer Bedingungen wahrzunehmen und zu verstehen (mit Verfahren des Lebenslagenansatzes), Handlungskonzepte darauf abzustimmen und diese methodisch umzusetzen. Handlungsfeldorientierung geht von der Tatsache aus, dass angesichts der komplexen gesellschaftlichen Entwicklungen und der multikonditionell bedingten Labilisierungen der Lebenswelt der Menschen, zumal der Kinder und ihrer Familien, eine Bewältigung der Herausforderungen und Probleme durch die Individuen allein kaum möglich ist. Nur das Zusammenwirken unterschiedlicher Einrichtungen und Dienste ermöglicht die flankierenden Hilfe- und Unterstützungsleistungen, auf die Kinder und ihre Familien angewiesen sind. Zugleich können erforderliche Maßnahmen der Intervention und Steuerung bei Gefährdungen des Kindeswohls und bei politischen Maßnahmen zur Verbesserung der Lebenslagen der Kinder nur nachhaltig Erfolg haben, wenn die involvierten Institutionen und Dienste und die Initiativen und Aktionskreise in verlässlichen Strukturen und Arbeitsweisen miteinander kooperieren. Das aber verlangt von den Akteuren – den sozialarbeiterischen/sozialpädagogischen Fachkräften wie auch den Verantwortlichen in Ämtern und politischen Entscheidungsgremien –, dass sie systemisch analysieren und planen und ihr Handeln nach systemisch angelegten Konzepten vollziehen. Dabei greifen sie auf systemtheoretische Ansätze der Erklärung gesellschaftlicher Zustände und Entwicklungen, gesellschaftlicher Funktionssysteme und der Funktion der Systeme der pädagogischen und der Sozialen Arbeit zurück (vgl. Merten 2000, Miller 2001).

## Dienstleistungsorientierung: der Dienstleistungsansatz

Die Einrichtungen und Dienste im „Handlungsfeld der Sozialen Arbeit mit Kindern" bieten personenbezogene soziale Dienstleistungen in Form von Erziehungs-

und Bildungs-, von Beratungs- und Unterstützungsmaßnahmen an; sie stellen diese Maßnahmen in den Dienst der Kinder und ihrer Familien in Anpassung an deren Bedürfnisse und Interessen und unter Einbezug ihrer aktiven Mitwirkung; dabei fallen Produktion und Konsumtion der Leistungen zusammen (uno-actu-Prinzip). Dadurch kommt der interaktive und kommunikative Charakter sozialer Dienstleistungen, der stets den materiellen Gehalt überwiegt, zum Tragen, der sich vor allem darin auswirkt, dass die Adressaten der Dienstleistungen – die Kinder und ihre Familien – zu „Koproduzenten" werden (vgl. den weithin vorherrschenden ko-konstruktivistischen Ansatz für die Bildung von Kindern in Kindertageseinrichtungen).

## Subjektorientierung: der Befähigungsansatz

Subjektorientierung innerhalb der Sozialen Arbeit mit Kindern lässt zum einen die subjektiven Wahrnehmungen, Erklärungen, Einschätzungen und Entscheidungen der Kinder zur Geltung kommen, zum anderen berücksichtigt sie die subjektive Sichtweise und den subjektiven Charakter des pädagogischen und sozialarbeiterischen Handelns der Fachkräfte. „Subjekttheoretische Ansätze privilegieren die Perspektive und Deutungsschemata der handelnden Akteure in einer Interaktionsbeziehung" (Flösser/Oechler 2010, S. 28).

Die Subjektorientierung bei der Sozialen Arbeit mit Kindern kommt vor allem beim Befähigungsansatz zum Tragen. Denn hier werden auf der Basis subjektiver Theorien der Kinder über das, was sie können und können wollen, um bestimmte Ziele zu erreichen und Vorstellungen zu realisieren, Maßnahmen durchgeführt, die sie darin bestärken und befähigen, an der Verwirklichung ihrer Vorstellungen mitzuwirken. Die Erweiterung individueller Verwirklichungschancen (capabilities) beginnt also bereits in der Kindheit. Auf dieser Erfahrung beruhen die zahlreichen Befähigungsinitiativen, wie sie etwa vom Deutschen Caritasverband in Einrichtungen und Diensten der Kinderhilfe umgesetzt werden (vgl. Rogg 2007; zum Befähigungsansatz ferner: Beck 2008, Kainzbauer 2010). Über die Befähigung der Individuen hinaus geht es auch um die Realisierung einer Befähigungsgerechtigkeit durch die Befähigung des Umfeldes der Individuen (bei Kindern: der Familie sowie der Erziehungs- und Bildungsorte Kita, Schule und offene Kinderarbeit). Und es geht um die Befähigung von Staat und Gesellschaft mit dem Ziel, dass diese grundsätzlich die Chancen, sodann konkrete Möglichkeiten und schließlich die erforderlichen Ressourcen zur Verfügung stellen, die den Kindern ermöglichen, durch umfassende Lernprozesse, durch die Partizipation an Bildungsangeboten, durch die Chance der Konstruktion von Eigen- und Sozialwelten die Entwicklungs- und Bewältigungsherausforderungen zu meistern.

# Exemplarischer Fall im Handlungsfeld „Soziale Arbeit mit Kindern": Kindeswohlgefährdung

In einer Kindertageseinrichtung fällt ein Kind auf, das bis vor einigen Wochen noch ausgelassen mit den anderen Kinder spielte, sich interessiert an Gesprächen über Alltagsdinge, Gott und die Welt beteiligte und auch bei anderen Aktivitäten in seiner Gruppe teilnahm.
Es war ordentlich gekleidet, zeigte bei den Essenszeiten einen guten Appetit und war auch bei sportlichen Aktivitäten ehrgeizig und stark.
Seit vierzehn Tagen sieht es ungepflegt aus, es hat stets dieselben ungewaschene Sachen an, ist immer müde, blass und hat Ringe unter den Augen. Es sitzt teilnahmslos bei den Aktivitäten der Gruppe dabei und läuft ängstlich davon, wenn es in der Gruppe zu kleinen Raufereien kommt oder wenn ein Kind heftig auf es zugeht. Selbst seine Bezugserzieherin erreicht das Kind kaum noch.
Die Erzieherin beobachtet dieses Kind nun länger und intensiv und zieht zu diesen Beobachtungen weitere Kolleginnen hinzu. Alle kommen zu dem Ergebnis, dass das Kind etwas Belastendes erlebt haben muss oder noch erlebt und darunter leidet. Der Verdacht einer Vernachlässigung des Kindes kommt auf. Schließlich erfährt die Bezugserzieherin, dass es daheim nach dem Kindergarten, den es den ganzen Tag über besucht, oft kein Abendessen bekommt, weil die Mutter im Bett liegt und so tief schläft, dass sie nicht mitbekommt, wenn das Kind von der Nachbarin nach Hause gebracht worden ist. Diese holt morgens das Kind auch ab, um es zusammen mit ihrem eigenen Kind in den Kindergarten zu bringen. Wie sich später herausstellt, trinkt die Mutter den Tag über Alkohol und legt sich dann, häufig nach der zusätzlichen Einnahme von Tabletten, ins Bett und ist für das Kind unerreichbar.
Dies erfährt die Erzieherin, nachdem es ihr gelungen ist, Kontakt mit der Mutter aufzunehmen und einige Gespräche am Telefon zu führen.
Danach stellt sich die Situation des Kindes und ihrer Mutter folgendermaßen dar: Der Vater des Kindes hat vor einem viertel Jahr seine Familie verlassen und ist zu einer anderen Frau in eine entfernte Stadt gezogen, mit der er bereits über Jahre ein heimliches Verhältnis hatte.
Die Mutter war von der Entdeckung dieser Tatsache und von dem endgültigen Auszug ihres Mannes derart überwältigt, dass sie aus der Bahn geraten ist.
In den Gesprächen mit der Erzieherin fasst die Mutter zunehmend Vertrauen; da sie weiß, dass sie Hilfe braucht, lässt sie sich auf die Angebote der Erzieherin ein. Sie zeigt sich also „kooperationsbereit", was nach den entsprechenden Bestimmungen des SGB VIII ausschlagend dafür ist, dass keine weiteren Maßnahmen durch das Jugendamt gegen den Willen der Mutter eingeleitet werden müssen, um die Gefährdung des Wohls der Tochter abzuwenden. Das Jugendamt verständigt sich vielmehr mit der Mutter darüber, dass sie eine Sozialpädagogische Familienhilfe für sich und ihre Tochter beantragt.
Würde sich die Mutter anders verhalten und sich gegen Kindergarten und Jugendamt verschließen, würde die Maßnahmen zur Verhinderung der Kindeswohlgefährdung nach § 8a SGB VIII eingeleitet werden: Die Kindergartenleiterin würde die Merkmale und den eingeschätzten Grad der Kindeswohlgefährdung dokumentieren und mit einer – in der Regel vom Jugendamt im Einvernehmen mit den Trägern der Kinderhilfe bestimmten – „insofern erfahrenen Fachkraft" absprechen, damit diese ebenfalls eine Gefährdungseinschätzung vornimmt. Danach würde die Mutter zum Gespräch am Runden Tisch ins Jugendamt eingeladen, an dem neben ihr die Kindergartenleiterin und eine Sozialarbeiterin des Jugendamtes teilnehmen würden. Wenn die Mutter dies verweigern und somit die Kooperationsangebote ablehnen würde, würde das Jugendamt sich an das Familiengericht wenden, damit eine richterliche Verfügung für Maßnahmen zum Schutz des Kindes erfolgen; wahrscheinlich würde das Kind vorübergehend in einer Pflegefamilie unterbracht werden.

# Soziale Arbeit mit Kindern an unterschiedlichen Aktionsorten – Einrichtungen und Dienste der Kinderhilfe im Überblick

„Während die ersten institutionalisierten Hilfen vor allem sozialdisziplinierenden Charakter hatten bzw. überwiegend aus Nothilfemaßnahmen bestanden, lässt sich mittlerweile ein breites Spektrum an präventiven, lebenswelt- und lebenslagenorientierten Angeboten dokumentieren" (Flösser/Oechler 2010, S. 112). Diese Angebote müssen in einer Zusammenschau und in ihrem Verhältnis zueinander gesehen werden, wenn man sich ein Bild vom „Handlungsfeld Soziale Arbeit mit Kindern in unterschiedlichen Lebenslagen" machen will.

Die Kinderhilfe als Feld der „Sozialen Arbeit mit Kindern" kann heute nicht mehr allein über einzelne Präventions-, Interventions- und Erziehungsmaßnahmen begriffen werden. „Soziale Arbeit mit Kindern" erfolgt an sehr unterschiedlichen Handlungsorten, an denen Dienstleistungen für Kinder und ihre Familien erbracht werden, an denen es aber auch zu intervenierenden Maßnahmen kommen kann, die das Recht und die Befugnisse der Eltern einschränken. Die Summe dieser Aktionsorte, die gegenwärtig zunehmend miteinander vernetzt werden, kann als Handlungsfeld der Sozialen Arbeit mit Kindern begriffen werden.

## Kindertageseinrichtungen

Historisch betrachtet stellen die unterschiedlichen Formen der Kindertagesbetreuung das jüngste Aktionsfeld der Kinder- und Jugendhilfe dar. Gemeint sind Kindertageseinrichtungen, zu denen Kinderkrippen, Kindergärten und Horte gezählt werden, und die Kindertagespflege. Erst mit dem Inkrafttreten des SGB VIII (1991) wurde die Kindertagesbetreuung per definitionem dem umfassenden Handlungsfeld der Kinder- und Jugendhilfe zugeordnet. Die soziale und pädagogische Arbeit mit Kindern in Kindertageseinrichtungen und Tagespflege konzentriert sich gemäß § 22 Abs. 3 SGB VIII auf die Erziehung, Bildung und Betreuung der Kinder. Das Gros der Kinder stellen Kinder im Vorschulalter; in Horten und ähnlichen Einrichtungen sind es Kinder bis 12 Jahren.

Bis Mitte des 20. Jahrhunderts überwogen in den Kindertageseinrichtungen die Arbeitsschwerpunkte Verwahrung und Betreuung. Seit Anfang 2000 (unter anderem als Nachwirkungen der ersten PISA-Studien und des Pisa-Schocks) erfolgte eine Neubewertung und -orientierung der frühpädagogischen Arbeit, die den Bildungsauftrag der Einrichtungen in den Mittelpunkt rückte.

Bei den nun entwickelten Konzepten der Bildung von Kindern im Vor- und Grundschulalter werden auch die Lebenswelten der Kinder und die Bedingungen ihres Aufwachsens veranschlagt. Denn die soziale Herkunft der Kinder ist in einem erheblichen Maß ausschlaggebend für ihren Bildungserfolg. Deshalb bildet „die

Erweiterung des kindlichen Handlungs- und Erfahrungsfeldes zur Kompensation deprivierender Entwicklungsbedingungen einen wichtigen Schwerpunkt“ der sozialpädagogischen Arbeit von Kindertageseinrichtungen (Krus/Jasmund 2011, S. 46). Ferner sieht diese Arbeit eine kontinuierliche und intensive Einbindung der Eltern in die Erziehungs- und Bildungsarbeit der Einrichtungen vor – fast alle Bildungspläne der Bundesländer verpflichten die Einrichtungen darauf, Erziehungs- und Bildungspartnerschaften mit den Eltern zu installieren und verbindlich zu gestalten (vgl. Roth 2010).

Ein weiteres zentrales Anliegen des sozialpädagogischen Engagements von Kindertageseinrichtungen und ihrer Stützsysteme (Fachberatung, Fortbildung, Träger) ist die Förderung von Chancengleichheit für alle Kinder: „Allen Kindern soll unabhängig von ihren individuellen Voraussetzungen, ihrem sozialen und wirtschaftlichen Hintergrund sowie ihrer ethnischen und kulturellen Herkunft der Zugang zur Bildung und zur Teilhabe am gesellschaftlichen Leben ermöglicht werden“ (Forum Bildung 2000, S. 66, zit. bei Krus/Jasmund 2011, S. 46). Deshalb fokussiert der Erziehungs- und Bildungsauftrag der pädagogischen Fachkräfte darauf, „die organisatorischen, strukturellen und inhaltlichen Rahmenbedingungen der frühpädagogischen Einrichtung sowie den familiären und sozialräumlichen Kontext der Kinder zu reflektieren und zu analysieren und mit den vorhandenen Ressourcen Gestaltungs- und Bewältigungswege zu realisieren, so dass differenzielle Entwicklungsverläufe als Chance und Variante für gemeinsames Lernen und Handeln gesehen werden“ (ebd. S. 46). Dies hat zur Folge, dass die Erziehungs- und Bildungsarbeit in Kindertageseinrichtungen nur von Fachkräften geleistet werden kann, die neben ihrer elementarpädagogischen Befähigung auch über sozialarbeiterische Kompetenzen verfügen.

Die zentralen bundesgesetzlichen Grundlagen für die frühkindliche Erziehung, Bildung und Betreuung sind im SGB VIII geregelt – in den §§ 22–26 die kitaspezifischen Festlegungen, in den §§ 69–84 die Trägerrechte und in § 90 die Kostenregelungen. Hinzu kommen die länderspezifischen Ausführungsbestimmungen, welche die konkreten Aufgaben der Einrichtungen, die Standards zur personellen und räumlichen Ausstattung, zu Gruppengröße und Personalschlüssel, zur Qualität der Arbeit, zur Finanzierung und zum Verfahren der Betriebserlaubnis regeln.

Das Angebot von Kindertageseinrichtungen und -tagespflege wird im Bundesdurchschnitt von mehr als 90 % aller Kinder in der Altersgruppe der Drei- bis Sechsjährigen wahrgenommen. Seit 1996 besteht für jedes Kind ein individueller Rechtsanspruch auf den Besuch eines Kindergartens. Ab Mitte 2013 sollen auch Kinder zwischen dem ersten und dritten Lebensjahr einen Rechtsanspruch auf Erziehung, Bildung und Betreuung in einer Kindertageseinrichtung oder -tagespflege erhalten. Trotz der momentanen Schwerpunktsetzung auf dem Bildungsauftrag der Kindertageseinrichtungen zielen die Bildungsmaßnahmen zusammen mit den Maßnahmen der Erziehung und Betreuung auf eine umfassende Förderung der Kinder bei ihrer körperlichen, emotionalen, kognitiven, sozialen, ethischen und – in den meisten Bundesländern – auch religiösen Entwicklung; diese Förderung soll sich „am Alter und Entwicklungsstand, an den sprachlichen und sonstigen Fähigkeiten, der Lebenssituation sowie den Interessen und Bedürfnissen des einzelnen Kindes orientieren und seine ethnische Herkunft berücksichtigen" (§ 22 Abs. 3 SGB VIII).

Soziale Arbeit mit Kindern im Handlungsfeld der Einrichtungen und Dienste der Kindertagesbetreuung findet zum einen dadurch statt, indem

1. die Bedingungen des Aufwachsens der einzelnen Kinder und ihre jeweilige Lebenssituation berücksichtigt werden – beispielsweise durch besondere sozialpädagogische Maßnahmen bei der Stärkung der Resilienz von Kindern in prekären Lebenslagen;
2. durch diversitätspädagogische Maßnahmen – beispielsweise der vorurteilsbewussten Pädagogik nach dem Anti-Bias-Ansatz – eine Kompensation von Benachteiligungen aufgrund von kultureller, körperlich-geistiger oder psychischer Andersheit angestrebt wird;
3. durch eine Vernetzung von Kindertageseinrichtungen mit anderen Einrichtungen der Kinder- und Familienhilfe – dem Jugendamt, der sozialpädagogischen Familienhilfe, den Frühen Hilfen usw. – eine arbeitsteilig organisierte Optimierung der Betreuung der Kinder erreicht werden soll;
4. der Schutzauftrag nach § 8 a SGB VIII als anwaltschaftliches Handeln für Kinder verstanden und ausgeübt wird.

Soziale Arbeit ist ferner im System der Kindestagesbetreuung in der Fachberatung, in den Unterstützungssystemen der Qualitätsentwicklung (Auditoren), in der Geschäftsführung von Kita-Verbünden und Kita-gGmbHs sowie in der Geschäftsführung und der Referentenarbeit der Trägerorganisationen anzusiedeln. Darüber hinaus werden Sozialpädagogen bzw. Sozialarbeiterinnen mit Leitungs- und Managementkompetenzen benötigt, die den Anforderungen der Personal-, Konzept- und Qualitätsentwicklung, der Organisationsentwicklung und eines Vernetzungsmanagements gerecht werden. Denn ihren Erziehungs-, Bildungs- und Betreuungsauftrag mit sozialarbeiterischer Akzentsetzung werden Kindertageseinrichtungen nur gerecht durch eine Einbindung in sozialräumliche Netzwerke: „Die Vernetzung mit anderen Bildungsträgern, Einrichtungen des Gemeinwesens und der Aufbau eines sozialräumlichen Netzwerkes bilden die Grundlage für eine den individuellen, kulturellen und gesellschaftlichen Bedingungen angemessene Bildung und Erziehung der Kinder" (Krus/Jasmund 2011, S. 53).

## Familienzentren

Unter dem Begriff „Familienzentren" werden unterschiedliche Einrichtungen mit einer Bündelung von Angeboten und Diensten für Familien zusammengefasst – von Mütterzentren über Familienbildungsstätten bis zu Mehrgenerationenhäusern. In jüngster Zeit konzentriert sich der Ausbau von Familienzentren auf Kindertageseinrichtungen, die zu komplexen Verbundsystemen mit unterschiedlichen Dienstleistungen für Kinder und Familien weiterentwickelt werden. Dabei orientieren sich die meisten Einrichtungen nach dem Modell der englischen „Early Excellence Centres", die es sich zur Aufgabe gemacht haben, ressourcenorientiert die Erziehung, Bildung und Betreuung der Kinder mit diversen sozialarbeiterischen Unterstützungsmaßnahmen und Gesundheitsdiensten für die Familien zu verbinden. Dabei gehen die Pädagogen, Sozialarbeiter, Pflegekräfte und Eltern eine Erziehungs- und Bildungspartnerschaft ein, in deren Mittelpunkt die gemeinsame Sorge für die Kinder steht, für die sich alle, Fachkräfte wie Eltern, gemeinsam verantwortlich wissen; diese Verantwortung realisieren sie arbeitsteilig und in Abstimmung auf ihre Fähigkeiten und Ressourcen.

Ein ähnliches Ziel verfolgen die Familienzentren in Deutschland, die Kindertageseinrichtungen einbeziehen bzw. aus diesen entwickelt werden: Es soll zum einen erreicht werden, dass die Erziehungs- und Bildungsmaßnahmen für die Kinder und die Beratungs- und Unterstützungsmaßnahmen für die Eltern/Familien synergetisch effektiver zusammenarbeiten; zum anderen soll erreicht werden, dass die Energieaufwendungen und Reibungsverluste für Eltern, die mehrere Dienste gleichzeitig in Anspruch nehmen müssen, durch eine Verkürzung der Wege – alles liegt in unmittelbarer Nachbarschaft oder befindet sich unter einem Dach – verringert werden. Durch diese neue Infrastruktur, die bedarfsgerechte und niedrigschwellige Angebote integriert, soll die Förderung der Entwicklungs- und Bildungsprozesse der Kinder optimiert und sollen gleichzeitig Eltern und Familien bei der Bewältigung ihrer Alltagsherausforderungen effektiver unterstützt werden.

Am häufigsten sind Familienzentren vertreten, die Kindertageseinrichtungen, Familienbildung und diverse Dienste der Familienhilfe vereinen. Ob es sich um ein additives Modell handelt, bei dem räumlich nahe gelegene Einrichtungen und Dienste miteinander kooperieren, oder um ein Verbundmodell, das eine engmaschige Vernetzungsstruktur aufweist, oder um das „Alles-unter-einem-Dach-Modell" – alle zeichnen sich dadurch aus, dass sie ein Gesamtkonzept aufweisen, das eine bedarfsgerechtere Abstimmung der Hilfe- und Unterstützungsangebote garantieren soll.

Neben den pädagogischen Fachkräften in den Kindertageseinrichtungen sind es vor allem Sozialarbeiterinnen und Sozialarbeiter, die in diesen Familienzentren tätig sind. Methodisch konzentriert man sich bei den Kindern auf ihre Erziehung und Betreuung sowie auf ihre Bildung nach einem ganzheitlichen bzw. integrativen Bildungskonzept, das die Kinder zu einer Entwicklung und Festigung der Kompetenzen befähigen will, die sie brauchen, um die anstehenden Entwicklungs- und Bewältigungsherausforderungen zu bestehen.

Bei der sozialen Arbeit mit den Eltern werden Methoden der Beratung, der Bildung und Kompetenzerweiterung sowie der sozialpädagogischen Unterstützung bei der Bewältigung ihrer Alltagsaufgaben angewandt.

## Hilfen zur Erziehung

Die Hilfen zur Erziehung zählen zum ältesten Bereich der Kinder- und Jugendhilfe. Sie haben sich aus der traditionellen Anstaltserziehung entwickelt. Neben der Kindertagesbetreuung stellen die erzieherischen Hilfen den zweitgrößten Aktionsbereich im Handlungsfeld „Soziale Arbeit mit Kindern" dar, der jedoch ein differenzierteres Angebotsspektrum umfasst (vgl. Hechler 2011). Anlass für die Inanspruchnahme der Hilfen zur Erziehung ist häufig eine Überforderung des familiären Hilfesystems, die meist in Konflikten innerhalb der Familie oder im unmittelbaren Umfeld der Kinder, in Erziehungsschwierigkeiten, in Armut oder anderen Auswirkungen prekärer Lebenslagen ihre Ursache hat (vgl. Winkler 2012).

Hilfen zur Erziehung werden dann gewährt, wenn eine dem Wohl des Kindes entsprechende Erziehung von den Familien nicht geleistet werden kann, erst recht wenn der Tatbestand einer Kindeswohlgefährdung im Sinne von § 1666 BGB vorliegt. Die erzieherischen Hilfen bestehen in individuellen Beratungs- und Unterstützungsangeboten und in intensiven konkreten Hilfen für Familien und Kinder.

Die Hilfen zur Erziehung wurden vom Gesetzgeber als eine „sozialpädagogische Dienstleistung" (Münder et al. 2009, S. 266) konzipiert. Anspruchsberechtigt sind die Personensorgeberechtigten des Kindes, „wenn eine dem Wohl des Kindes oder des Jugendlichen entsprechende Erziehung nicht gewährleistet ist und die Hilfe für seine Entwicklung geeignet und notwendig ist" (§ 27 SGB VIII). Es handelt sich hier um einen individuellen Rechtsanspruch, der eine fachliche Überprüfung des Bedarfs an einer erzieherischen Hilfe erforderlich macht. Dabei ist stets eine Abstimmung zwischen den Erziehungsleistungen, die von den Sorgeberechtigten erbracht werden können, und dem fachlich festgelegten Hilfebedarf zu erfolgen.

Zur Durchführung einer erzieherischen Hilfe schreibt der Gesetzgeber das Hilfeplanverfahren bzw. die Hilfeplanung vor (§ 36 SGB VIII). In diesem Plan ist festgehalten, dass die Eltern über mögliche Hilfen zur Erziehung informiert und in die Auswahl eines konkreten Verfahrens einbezogen werden; dabei sind die Interessen und Wünsche der betroffenen Familien zu berücksichtigen. Die Leistungserbringungsberechtigten haben das Recht, zwischen den sozialpädagogischen Einrichtungen und Diensten verschiedener Träger zu wählen und Wünsche hinsichtlich der Ausgestaltung der Hilfen zu äußern (zum Wunsch- und Wahlrecht vgl. § 5 SGB VIII).

## Ambulante und teilstationäre Hilfen zur Erziehung

Bei den ambulanten Hilfen erhalten die Kinder und Jugendlichen direkt in ihrem Lebensumfeld Hilfen und Unterstützung. Die sozialpädagogischen Fachkräfte suchen die Kinder und Jugendlichen in ihren Familien oder an den Orten auf, an denen sie sich längere Zeit aufhalten. Es ist auch möglich, dass die jungen Menschen und ihre Familien über eine begrenzte Zeit am Tag in einer Einrichtung durch sozialpädagogische Fachkräfte Betreuung und Unterstützung erfahren. Bei den ambulanten Hilfen zur Erziehung handelt es sich also um Angebote mit einer Geh- und einer Kommstruktur. Zu den ambulanten Hilfen zur Erziehung zählen Erziehungsberatung (§ 28 SGB VIII), Erziehungsbeistand/Betreuungshelfer (§ 30 SGB VIII), sozialpädagogische Familienhilfe (§ 31 SGB VIII).

Zu den teilstationären Hilfen – hier werden Kinder und Jugendliche täglich über einen festen Zeitraum in einer Einrichtung betreut – gehören soziale Gruppenarbeit (§ 29 SGB VIII) und die Erziehung in Tagesgruppen sowie die Sozialpädagogische Tagespflege (§ 32 SGB VIII).

## Stationäre Hilfen zur Erziehung

Bei stationären Hilfeformen leben die Kinder und Jugendlichen über Tag und Nacht in einer Einrichtung außerhalb der Familie. Die bekannteste Hilfeform ist nach wie vor die Heimerziehung als eine außerfamiliäre Unterbringungsform in Fällen von Erziehungsproblemen und von Kindeswohlgefährdungen (nach § 34 SGB VIII). Dazu gehören auch Vollzeitpflege in Pflegefamilien (§ 33 SGB VIII) und sonstige betreute Wohnformen (§ 34 SGB VIII). Diese traditionellen familienersetzenden Hilfen sollen allerdings sukzessiv durch familienunterstützende und -ergänzende Dienste abgelöst werden.

## Sozialpädagogische Familienhilfe

Die Sozialpädagogische Familienhilfe wird als ein Regelangebot der Jugendhilfe definiert; demzufolge bildet das SGB VIII die rechtliche Grundlage dieses Dienstes, der im Letzten auf das Wohl des Kindes abzielt: Denn die Sozialpädagogische Familienhilfe versteht sich als eine besondere betreuungsintensive Form der Hilfen zur Erziehung, die nach § 31 SGB VIII dann eingesetzt wird, wenn Eltern mit der Erziehung überfordert sind, wenn die Familie in einer Krise steckt oder das Gefährdungsrisiko für die Kinder ein bedenkliches Niveau erreicht. Nicht immer wird die familiengerichtliche Verordnung einer Sozialpädagogischen Familienhilfe von der betroffenen Familie akzeptiert; die Motivierung der Familienmitglieder zur Kooperation gehört deshalb zu den ersten Aufgaben der Sozialpädagogischen Familienhilfe.

In der Hauptsache zielt die Sozialpädagogische Familienhilfe auf eine Unterstützung der Eltern bei ihren Erziehungs- und Bildungsaufgaben sowie bei der Sorge um ein stabiles Familienleben ab, also auf eine Verbesserung der Aufwachs- und Lebensbedingungen der Kinder. Dazu suchen die Fachkräfte – in erster Linie Sozialarbeiterinnen und Sozialarbeiter – die betroffenen Familien auf.

Dieses Setting einer aufsuchenden Sozialarbeit stellt an die Fachkräfte eine komplexe Herausforderung dar, indem sie aus unmittelbarer Nähe die prekäre Lebenslage der Familien, ihre Krisen- und Belastungsfaktoren sowie das in der Regel problematische Verhalten der Eltern den Kindern gegenüber erleben und indem sie mit den Familien „inner- und außerfamiliäre Ressourcen erschließen müssen unter dem Aspekt der Wiedergewinnung oder Gewinnung von Handlungsfähigkeit zur Gestaltung des eigenen Lebens“ (Helming 2011, S. 835, zu den Anforderungen an die Fachkräfte in der Sozialpädagogischen Familienhilfe vgl. Rothe 6. Aufl. 2011).

Die Sozialpädagogische Familienhilfe handelt im Auftrag des Jugendamtes. Sie kann durch das Jugendamt verordnet oder von der Familie beim Jugendamt beantragt werden. So sind bei der Realisierung der Hilfemaßnahme in der Regel drei Parteien beteiligt: die Familie, die Sozialpädagogische Familienhilfe und das Jugendamt; dieses trägt die Letztverantwortung und die Kosten für die Maßnahmen, die durch die Sozialpädagogische Familienhilfe in den Familien nach einem von allen drei Parteien ausgehandelten Hilfeplan durchgeführt werden.

## Frühe Hilfen

Die Frühen Hilfen gehören zu den jüngsten Institutionen der „Sozialen Arbeit mit Kindern“. In den Frühen Hilfen wirken Angehörige unterschiedlicher Professionen – Hebammen, Kinderärzte und -Krankensachwestern, Schwangerschafts- und Partnerberaterinnen und -berater, Erzieherinnen und Sozialarbeiter – zusammen, um das Entstehen von Gefährdungen des Kindeswohls zu verhindern bzw. Risiken für das Wohl und die Entwicklung von Kindern zu mindern. Dazu werden den Eltern und den Kindern im Zeitraum ab der Schwangerschaft bis zum Alter von drei Jahren spezifische bereichsübergreifende und koordinierte Beratungs- und Unterstützungsangebote gemacht. Diese Angebote können die Eltern nicht erst bei einer konkreten Gefährdungslage des Wohls des Kindes in Anspruch nehmen; die Angebote zielen auf eine Unterstützung der Eltern rund um die Geburt des Kindes und in der frühen Kindheit ab. Zugleich sollen sie den Eltern den Zugang zu anderen Angeboten der Kinder- und Jugendhilfe erleichtern. Der Zugang zu den Eltern wird über die spezifischen Stellen ermöglicht, mit denen die Eltern in der Phase der Schwangerschaft, der Geburt und in den ersten Lebensjahren des Kindes in regelmäßigem Kontakt stehen. So kann eine Vertrauensbasis bei den Eltern geschaffen werden, die es ihnen erleichtert, die Angebote der Frühen Hilfen und weiterer Dienste der Gesundheits- und der Kinder- und Jugendhilfe anzunehmen.

Bei starken Belastungs- und bei Krisensituationen treten die Akteure von sich aus verstärkt an die Eltern heran. Die Frühen Hilfen „funktionieren insbesondere durch das Zusammenwirken der verschiedenen beteiligten Professionen und wirken verantwortungsadditiv. Eine sinnvolle Verzahnung der Zuständigkeitsbereiche, ein regelhafter Austausch und ein verbindliches Übergabewesen zwischen den beteiligten und helfenden Systemen sind Voraussetzung für die Wirksamkeit der Frühen Hilfen und vermeiden Reibungsverluste, Hilfelücken oder -abbrüche“ (Peifer 2011, S. 322).

## Offene und verbandliche Kinderarbeit

Unter diesen Begriff sind zahlreiche unterschiedliche pädagogische und sozialarbeiterische Angebote für Kinder außerhalb von Familie, Kita, Schule und sonstigen pädagogischen Einrichtungen zusammengefasst, in denen erlebnis-, erfahrungs- und bildungsbezogene Freizeitmaßnahmen durchgeführt werden. In der Vergangenheit richteten sich die Angebote der offenen und verbandlichen Kinderarbeit, in deren Zentrum die Förderung der Persönlichkeitsentwicklung und der Ausbildung sozialer und ökologischer Kompetenzen stehen, an Kinder im Alter ab sechs Jahren; „gegenwärtig werden aber auch Zielgruppen unter sechs Jahren erschlossen" (Flösser/Oechler 2010, S. 121).

Die *offene Kinderarbeit* findet in Kinderhäusern, in Kinder- und Jugendtreffs bzw. -zentren, in Heimen der Offenen Tür, auf Abenteuerspielplätzen, auf Bauern- und Pferdehöfen statt. Die „Offenheit" zeichnet sich dadurch aus, dass die Angebote allen Kindern offen stehen und dass diese freiwillig und unverbindlich in Anspruch genommen werden können. Die niedrigschwellige Komm-Struktur der Offenen Kinderarbeit beinhaltet unterschiedliche Angebote – von der Gruppenarbeit über Sport- und Spielangebote bis zu themenbezogenen Bildungsmaßnahmen.

Die *Kinderverbandsarbeit* ist vereinsförmig organisiert; sie richtet sich an die Mitglieder von Vereinen und Verbänden und zeichnet sich durch eine feste Gruppenstruktur sowie durch eine kontinuierliche Teilnahme der Kinder an den angebotenen Veranstaltungen aus.

Offene wie verbandliche Kinderarbeit stellen wichtige Sozialisationsinstanzen dar. Vielfach haben sich die Einrichtungen und Dienste – vor allem in der verbandlichen Kinderarbeit – zu Kompetenzzentren entwickelt, in denen die Kinder ihre künstlerischen, sportlichen, sozialen, kommunikativen, politischen (Kinderrechtearbeit) Kompetenzen entwickeln und ausbilden können.

Der Stellenwert der offenen Kinderarbeit ist bei den Kommunen, bei denen sie in der Regel verortet ist, recht unterschiedlich: „Einerseits erscheint sie oft als das ‚Schmuddelkind' der Jugendhilfe, die im Vergleich zu den weitaus größeren und gesetzlich abgesicherten Bereichen der Kindertageseinrichtungen und der Hilfen zur Erziehung als drittgrößter Bereich eher marginalisiert erscheint und auch als kommunalpolitische Manövriermasse für aktuelle Themen herhalten muss." Demgegenüber zeichnet sich in anderen Kommunen ein Wandel in der Bewertung dergestalt ab, „dass sie ein anerkannter Bestandteil der sozialen Infrastruktur ist und die Kinder- und Jugendeinrichtungen, z. B. auch im Bereich der Entwicklung von Bildungslandschaften, in Bildungsvereinbarungen einbezogen werden" (Deinet 2011, S. 67).

Die öffentliche Bewertung von verbandlicher Kinderarbeit hängt vom Renommee der Verbände und von den erreichten Bildungs- und Sozialisationszielen ab. Es wird bisher in der öffentlichen Meinung noch recht hoch gehandelt.

## Kompetenzorientierung für die Soziale Arbeit mit Kindern in unterschiedlichen Lebenslagen

Sozialarbeiterinnen und Sozialarbeiter im Handlungsfeld „Soziale Arbeit mit Kindern in unterschiedlichen Lebenslagen“ müssen über ein breites Kompetenzspektrum verfügen. Dieses umfasst die *analytischen Kompetenzen* zur Wahrnehmung und Einschätzung der Lebenslagen der Kinder und ihrer Familien, die *methodischen Kompetenzen* zur Anwendung bedarfsgerechter Maßnahmen bei Einzelfallhilfen, gruppen- und familienorientierten Hilfen und zur Aktivierung der Ressourcen und Fähigkeiten der Kinder wie auch ihrer Familien.

Ferner sind erforderlich: *Kompetenzen der Kooperation und Vernetzung* und der *politischen Lobbyarbeit*, wenn es darum geht, den Kindern zu ihrem Recht sowohl nach den Vorgaben des SGB VIII als auch der UN-Kinderrechtskonvention zu verhelfen.

## Literaturverzeichnis

Alt, C. (2005–2008) (Hrsg.): Kinderleben. Bd. 1: Aufwachsen zwischen Familie, Freunden und Institutionen: Aufwachsen in Familien. Bd. 2: Aufwachsen zwischen Familie, Freunden und Institutionen: Aufwachsen zwischen Freunden und Institutionen. Bd. 3: Start in die Grundschule. Bd. 4: Integration durch Sprache? Bd. 5: Individuelle Entwicklungen in sozialen Kontexten. Wiesbaden: VS Verlag für Sozialwissenschaften (Schriften des Deutschen Jugendinstituts. Kinderpanel)

Bamler, V./Werner, J./Wustmann, C. (2010): Lehrbuch Kindheitsforschung. Grundlagen, Zugänge und Methoden. Weinheim: Juventa Verlag (Studium Elementarpädagogik).

Beck, H. (Hrsg.) (2008): Bildung als diakonische Aufgabe. Befähigung – Teilhabe – Gerechtigkeit. Stuttgart: Kohlhammer (Diakonie; Bd. 6).

Betz, T. (2008): Ungleiche Kindheiten. Theoretische und empirische Analysen zur Sozialberichterstattung über Kinder. Weinheim: Juventa Verlag (Kindheiten).

Bühler-Niederberger, D. (2011): Lebensphase Kindheit. Theoretische Ansätze, Akteure und Handlungsräume. Weinheim: Juventa Verlag (Grundlagentexte Soziologie).

Deinet, U. (2011): Offene Kinder- und Jugendarbeit. In: Bieker, R./Floerecke, P. (Hrsg.): Träger, Arbeitsfelder und Zielgruppen der Sozialen Arbeit. Stuttgart: Kohlhammer Verlag, 57–69 (Grundwissen Soziale Arbeit; Bd. 5/6).

Flösser, G./Oechler, M. (2010): Einführung in die Theorie sozialpädagogischer Dienste. Darmstadt: Wissenschaftliche Buchgesellschaft.

Grunert, C./Krüger, H.-H. (2006): Kindheit und Kindheitsforschung in Deutschland. Forschungszugänge und Lebenslagen. Opladen: Budrich Verlag.

Hechler, O. (2011): Hilfen zur Erziehung. Einführung in die außerschulische Erziehungshilfe. Stuttgart: Kohlhammer Verlag.

Helming, E. (2011): Art. Sozialpädagogische Familienhilfe. In: Fachlexikon der Sozialen Arbeit. Hrsg. Vom Deutschen Verein für öffentliche und private Fürsorge. 7. Aufl. Baden-Baden: Nomos Verlag, 834–835.

Hinte, W./Treeß, H. (2011): Sozialraumorientierung in der Jugendhilfe. Theoretische Grundlagen, Handlungsprinzipien und Praxisbeispiele einer kooperativ-integrativen Pädagogik. 2. Aufl. Weinheim: Juventa Verlag.

Honig, S. (2009): Ordnungen der Kindheit. Problemstellungen und Perspektiven der Kindheitsforschung. Weinheim: Juventa Verlag.

Hugoth, M. (2011 a): Handlungsfeld Soziale Arbeit mit Kindern in prekären Lebenslagen. In: Gastiger, S./Kricheldorff, C. (Hrsg.): Soziale Arbeit in gerontologischen Arbeitsfeldern – mit Kindern in prekären Lebenslagen. Methoden und Konzepte der Sozialen Arbeit in verschiedenen Arbeitsfeldern. Freiburg: Lambertus Verlag.

Hugoth, M. (2011 b): „Menschenrechte in den Händen der Kinder". Perspektiven einer Pädagogik der Kinderrechte. In: Schwendemann, W./Oeftering, T. (Hrsg.): Menschenrechtsbildung und Erinnerungslernen. Eine Ringvorlesung zur Menschenrechtspädagogik im Sommersemester 2010. Berlin: LIT Verlag, 69–112 (Erinnern und Lernen; Texte zur Menschenrechtspädagogik; Bd. 8).

Kainzbauer, S. (2010): Caritative Befähigungspraxis. Herkunftsbedingte Bildungsbenachteiligung und der christlich-ethische Anspruch auf gelingendes Leben. Berlin: LIT Verlag (Diakonik; Bd. 9).

Krus, A./Jasmund, C. (2011): Frühkindliche Bildung und Erziehung. In: Bieker, R./Floerecke, P. (Hrsg.): Träger, Arbeitsfelder und Zielgruppen der Sozialen Arbeit. Stuttgart: Kohlhammer Verlag, 45–56 (Grundwissen Soziale Arbeit; Bd. 5/6.).

Liebel, M. (2009): Kinderrechte – aus Kindersicht. Wie Kinder weltweit zu ihrem Recht kommen. Berlin: LIT Verlag (Kinder-Jugend-Lebenswelten; Bd. 1).

Luber, E./Hungerland, B. (Hrsg.) (2008): Angewandte Kindheitswissenschaften. Eine Einführung für Studium und Praxis. Weinheim: Juventa Verlag.

Merten, R. (Hrsg.) (2000): Systemtheorie Sozialer Arbeit. Neue Ansätze und veränderte Perspektiven. Wiesbaden: VS Verlag für Sozialwissenschaften.

Mierendorff, J. (2010): Kindheit und Wohlfahrtsstaat. Entstehung, Wandel und Kontinuität des Musters moderner Kindheit. Weinheim: Juventa Verlag (Kindheiten).

Miller, T. (2001): Systemtheorie und Soziale Arbeit. Entwurf einer Handlungstheorie. 2. Aufl. Stuttgart: Lucius & Lucius Verlag (Dimensionen Sozialer Arbeit und Pflege; Bd. 2).

Münder, J./Lakies, T./Trenczek, T. (Hrsg.) (2009): Frankfurter Kommentar zum SGB VIII Kinder- und Jugendhilfe. 6. Aufl. Baden-Baden: Nomos Verlag.

Peifer, U. (2011): Art. Frühe Hilfen. In: Fachlexikon der Sozialen Arbeit. Hrsg. vom Deutschen Verein für öffentliche und private Fürsorge. 7. Aufl. Baden-Baden: Nomos Verlag, 321–323.

Rätz-Heinisch, R./Schröer, W./Wolff, M. (2009): Lehrbuch Kinder- und Jugendhilfe. Weinheim: Juventa Verlag.

Rogg, G. (2007): Alle Kinder befähigen. Das Buch zur Initiative. Freiburg: Lambertus Verlag (Basics für Sozialprofis).

Roth, X. (2010): Handbuch Bildungs- und Erziehungspartnerschaft. Zusammenarbeit mit Eltern in der Kita. Freiburg: Herder Verlag

Rothe, M. (2011): Sozialpädagogische Familien- und Erziehungshilfe. Eine Handlungsanleitung. 6. Aufl. Stuttgart: Kohlhammer.

Schweizer, H. (2007): Soziologie der Kindheit. Verletzlicher Eigen-Sinn. Wiesbaden: VS Verlag für Sozialwissenschaften.

Stange, H. (2006): Kindheit heute. Kindheit zwischen Chancen und Risiko. In: Fritz, A. u. a. (Hrsg.): Handbuch Kindheit und Schule. Neue Kindheit, neues Lernen, neuer Unterricht. Weinheim: Beltz Verlag, 37–60.

Stein, M./Stummbaum, M. (2011): Kindheit und Jugend im Fokus aktueller Studien. Bad Heilbrunn: Klinkhardt Verlag.

Winkler, M. (2012): Erziehung in der Familie. Innenansichten des pädagogischen Alltags. Stuttgart: Kohlhammer.

Wittmann, S./Rauschenbach, T./Leu H. R. (Hrsg.) (2011): Kinder in Deutschland. Eine Bilanz empirischer Studien. Weinheim: Juventa.

# Kapitel 2 Handlungsfeld Soziale Arbeit mit Jugendlichen und jungen Erwachsenen

*Jürgen E. Schwab*

Der Beitrag fokussiert Felder und Angebote der Kinder- und Jugendhilfe, die Jugendliche und junge Erwachsene auf dem Weg zu einem selbstbestimmten Leben in ihrer Persönlichkeitsentwicklung unterstützen. Neben der Kinder- und Jugendarbeit, dem erzieherischen Kinder- und Jugendschutz und der Jugendsozialarbeit haben sich in den letzten Jahren insbesondere schulbezogene Ansätze stark differenziert und ausgeweitet. Diese Handlungsfelder mit ihren Übergängen repräsentieren unterschiedliche sozialpädagogische Aufträge, um soziale Probleme zu bearbeiten und Jugendliche in der Bewältigung ihres Alltags zu unterstützen. Es gibt keine spezifischen Arsenale an Handlungsmethoden, die auf ein Feld zu begrenzen sind. Im Blick auf ein gemeinsames Methodenrepertoire können die mobile oder ambulante Jugendberatung, Streetwork, die ambulante Erziehungshilfe mit sozialer Gruppenarbeit, der erzieherische Kinder- und Jugendschutz und z. T. auch die Jugendgerichtshilfe in konzeptionelle Überlegungen eingeschlossen werden. Zur Wahl der Methoden stellen sich die gleichen Fragen nach der gesellschaftlichen Rahmung des Aufwachsens, den Bedingungen des Handlungsfelds und der Adressaten sowie den erforderlichen beruflichen Kompetenzen der Sozialpädagogen/Sozialarbeiter. Konzeptionelle Ansätze sind nach allgemeinen fachlichen Kriterien darauf abzustellen. Die gesellschaftliche Situation des öffentlichen und privaten Aufwachsens ist der Horizont in dem die Entwicklung der sozialpädagogischen Felder hier umrissen und mit ihren gesetzlichen Aufträgen, Adressaten und Perspektiven beschrieben wird.

## Die Auftragslage der Kinder- und Jugendhilfe

Aufgabe der Jugendhilfe ist es, das Recht junger Menschen auf Förderung ihrer Entwicklung und auf Erziehung zu einer eigenverantwortlichen und gemeinschaftsfähigen Person zu gewährleisten. In § 1 Abs. 1 des SGB VIII heißt es: „Jeder junge Mensch hat ein Recht auf Förderung seiner Entwicklung und auf Erziehung zu einer eigenverantwortlichen und gemeinschaftsfähigen Persönlichkeit." Die Kinder- und Jugendhilfe ist ergänzend zur elterlichen Verantwortung tätig, wenn Eltern der Unterstützung bedürfen oder selbst nicht in der Lage sind, ihrem Erziehungsauftrag angemessen und ausreichend nachzukommen. Junge Menschen bis zur Vollendung des 27. Lebensjahres und ihre Familien stehen im Fokus der

Aufgaben und Leistungen der Kinder- und Jugendhilfe. Neben den beiden Kernaufgaben besteht der strukturelle Auftrag, zu guten Lebensbedingungen von Kindern und Jugendlichen beizutragen und „positive Lebensbedingungen für junge Menschen und ihre Familien sowie eine kinder- und familienfreundliche Umwelt zu erhalten oder zu schaffen“ (SGB VIII Abs. 3 Satz 4). Erziehung und Entwicklung werden betont, sowie günstige Lebensbedingungen, die wichtig sind für Bildung, benannt. Im § 2 werden Aufgaben der Jugendhilfe aufgeführt.

Historisch folgenreich ist die Bestimmung der Kinder- und Jugendhilfe von Gertrud Bäumer als „alles was Erziehung, aber nicht Schule und nicht Familie ist“ (vgl. Bäumer 1929, 3 nach Thole/Galuske/Gängler 1998). Häufig bekommt die Kinder- und Jugendhilfe als eine der ersten sozialpädagogischen Felder die Tragweite gesellschaftlicher Veränderungen zu spüren. Sie verfolgt gesetzliche Aufträge, die an unterschiedlichen Lebensbedingungen und Bedarfe von Kindern und Jugendlichen orientiert werden. Die Familien-, Lebens-, Ausbildungs- und Arbeitssituationen für das Aufwachsen von Kindern und Jugendlichen differieren in Deutschland nach ihrer sozialen Lage erheblich. Je nach sozialer Herkunft sind die Startchancen sehr unterschiedlich (vgl. Baumert 2001; OECD PISA Studie 2001; BMFSFJ 2005). Gesellschaftliche Rahmenbedingungen ändern sich und sozialpädagogische Angebote mit dem Anspruch der Lebensweltorientierung, müssen, wenn sie passgenau für mehr Chancengerechtigkeit sorgen sollen, dem entsprechen.

Kinder und Jugendliche haben Anspruch auf Unterstützung in Form von Erziehung und Bildung, in privaten wie in öffentlichen Räumen. Das öffentliche Angebot der Beratung und Förderung der Kinder- und Jugendhilfe ist der Familie nachgeordnet und steht zur Verfügung, wenn sich ein Bedarf zur Unterstützung abzeichnet. Im Elften Kinder- und Jugendbericht wird darauf hingewiesen, dass die gesellschaftliche Beschleunigung des kulturellen und technischen Wandels entsprechende Kompetenzen zur Bewältigung erfordert. Damit ist nicht nur das unmittelbar verwertbare Wissen oder berufsrelevante Kompetenzen gemeint, sondern auch die Befähigung zu einer befriedigenden und verantwortungsvollen Lebensgestaltung (vgl. BMFSFJ 2002; AGJ 2006).

Im § 1 SGB VIII (KJHG) werden für die Kinder- und Jugendhilfe ihre Ziele und Verpflichtungen, ihre Angebote und Maßnahmen festgeschrieben, die als Leistungen zu erfüllen sind: „Junge Menschen in ihrer individuellen und sozialen Entwicklung zu fördern, Benachteiligungen zu vermeiden oder abzubauen, Eltern und andere Erziehungsberechtigte bei der Erziehung zu beraten und zu unterstützen, Kinder und Jugendliche vor Gefahren für ihr Wohl zu schützen und dazu beizutragen, positive Lebensbedingungen für junge Menschen und ihre Familien sowie eine kinder- und familienfreundliche Umwelt zu erhalten und zu schaffen. Damit orientiert sich die Kinder- und Jugendhilfe am Ziel den jungen Menschen zu unterstützen und das ihm zustehende „Recht auf Förderung seiner Entwicklung und auf Erziehung zu einer eigenverantwortlichen und gemeinschaftsfähigen Persönlichkeit“ (SGB VIII § 1) einzulösen. Allgemein wird für die Kinder- und Jugendhilfe im § 81 SGB VIII weiteres zur Zusammenarbeit geregelt.

## Gesellschaftliche Rahmung und Bedingungen des Aufwachsens

Die (Un-)Sicherheit postmoderner Gesellschaften ist zur Normalität geworden und wird als eine ständige Anforderung von Menschen erlebt. Das Individuum muss sich in der Multioptionsgesellschaft seinen Weg immer wieder neu suchen (Gross 1994). Die alten Leitplanken von Tradition und Milieu sind weithin zerbrochen oder haben richtungsweisende Funktionen für Individuen verloren, die sich unter Mühen nun selbst ihre Richtungen suchen müssen. Entsprechend verändern sich die Orientierungsbedarfe des Einzelnen in der individualisierten Gesellschaft. Seit den Individualisierungsthesen von Beck zu den gesellschaftlichen Veränderungen der sog. Risikogesellschaft sind 25 Jahre vergangen (Beck 1986). Die Pluralisierung von Lebenslagen und die Individualisierung der Lebensführung gelten als gesellschaftliche Zustände, aus denen riskante Chancen erwachsen.

Eng verbunden damit ist die Diagnose der Verflüchtigung gesellschaftlich akzeptierter und allgemein verbindlicher Werte, die dem Individuum Orientierung für sein Leben geben können. Je nach Standpunkt wird dies als eine neue Freiheit gefeiert oder pessimistisch als Risiko gesehen, das zu bewältigen ist (vgl. Abels/König 2010). Der allgemeine Wertekonsens scheint zerbrochen und jeder Einzelne muss sich immer neu für eine Richtung entscheiden. Zygmunt Baumann sieht diesen Zustand und seine Anforderungen an das Individuum treffend symbolisiert in den beiden Figuren des Vagabunds und des Spielers (Baumann 1997). Früher galt der Pilger, der als Orientierung das Ziel seiner Wanderung fest im Blick hatte, als ein Leitbild. Diese Gewissheit wurde aber abgelöst und der Pilger durch zwei andere Figuren ersetzt. Der eine ist unterwegs, ohne eine Heimat oder ein klares Ziel, als ein Vagabund, der sich herumtreibt. Er kann nicht wissen, da es nicht planbar ist, wann und ob er irgendwo ankommt. Auch die zweite Figur, der Spieler, weiß um die Offenheit seiner Situation. Er sucht seine Chance im Spiel, indem er auf etwas setzt und sein Glück erhofft. Er ist es gewohnt, mit offenen Situationen umzugehen, die er selbst nicht kontrollieren kann.

Auf neue Situationen zu reagieren und sich ständig (um-)orientieren zu müssen ist Normalität und Anforderung für Individuen in dieser Gesellschaft. Die skizzierten Veränderungen, so die These, wirken sich auf die Lebensführung der Individuen aus. Natürlich sind auch die Kinder und Jugendlichen, die in der Gesellschaft aufwachsen, betroffen. Ein mehr an Unübersichtlichkeit und ein mehr an Ungewissheit prägen ihre Lebenswelten. Das macht es erforderlich, Kinder und Jugendliche darauf vorzubereiten und entsprechende Kompetenzen zu fördern. Im Umgang mit offenen Situation sollen sie lernen können, auf eigene Fähigkeit zu setzen, sich zu orientieren und selbst Entscheidungen zu treffen. Die Folgen kommen als erkennbare Bedarfe der Individuen in den Angeboten der Erziehung und Bildung in Schule und Kinder- und Jugendhilfe gleichermaßen an.

Im Folgenden werden ausgewählte Felder der Kinder- und Jugendhilfe mit ihren Angeboten, Aufträgen, Adressaten, Entwicklungen und Bedarfen in konzeptionellen Fragen beschrieben. Die

- Kinder- und Jugendarbeit nach den §§ 11 und 12 SGB VIII
- Jugendsozialarbeit nach § 13 SGB VIII
- Erzieherischer Kinder- und Jugendschutz § 14 SGB VIII
- Schulsozialarbeit und schulbezogene Angebote u.a. nach § 13 und § 11 SGB VIII

Im Fallbeispiel unter der Lupe wird dazu der Ausschnitt einer Lebenswelt und die Situation jugendlicher Gruppen sowie passende Angebote der Jugendhilfe zur Unterstützung geschildert. Dies bietet einen Analyse- und Diskussionsrahmen, der sich mit den im Anschluss dargestellten Feldern und Methoden sozialpädagogisch verbindet. Die *kursiv* im Fall eingestellten Begriffe markieren Bezüge zu sozialpädagogischen Angeboten und Handlungsfeldern.

**Fall unter der Lupe:**
**Nietlingen – Jugendliche zwischen Globalisierung und demographischem Wandel**

Die kreisfreie Stadt Nietlingen mit ca. 90000 Einwohnern gliedert sich in drei Stadtteile, Niederniet, die Kernstadt und Oberniet sowie fünf eingemeindete Ortschaften. Die Infrastruktur ist gut, es gibt Kindergärten und Grundschulen in allen Stadtteilen, in der Kernstadt gibt es die Grafen-Schule mit Grund-, Werkreal- und Realschule, in Oberniet bildet eine Werkrealschule gemeinsam mit der dortigen Grundschule ein kleineres Schulzentrum. Außerdem gibt es ein allgemeinbildendes Gymnasium sowie ein Gewerbeschulzentrum mit u.a. Technischem und Wirtschaftsgymnasium. Nieder- und Oberniet verfügen seit vielen Jahren jeweils über eine offene Jugendeinrichtung.
In der Kernstadt von Nietlingen wurden bis vor wenigen Jahren in einer großen Fabrik, „Die Anton" genannt, Schrauben und andere Eisenkleinteile gefertigt. Früher fanden Hunderte hier Arbeit, mittlerweile sind nur noch wenige mit der Abwicklung der Firma beschäftigt – produziert wird nur noch im Ausland. Die Bezeichnung Nietlinger Nieten, einst Inbegriff von Qualität, ist zu einem negativen Synonym geworden. Die Folgen des Arbeits- und Ausbildungsplatzabbaus sind in den Arbeitersiedlungen der Kernstadt deutlich spürbar. Es zeigt sich, dass viele Bewohner mit Migrationshintergrund allenfalls über ihre Arbeitsstelle ökonomisch integriert waren. Nicht nur Kinder und Jugendliche aus Migrantenfamilien, die zwei Jahrzehnte und länger in Nietlingen wohnen, haben große Probleme mit der Sprache und fühlen sich hier nicht richtig heimisch. Eine Clique um den 16-jährigen Dimitri treibt sich in ihrer Freizeit meist auf dem alten Werksgelände herum. Diese Jungs, überwiegend Aussiedler aus der ehem. Sowjetunion, die zwischen 14–16 Jahre alt sind, besuchen die 8. und 9. Klasse der Grafen-Werkrealschule. Unter sich sprechen sie kaum Deutsch. Viele von ihnen sehen auch keinen Sinn, die Schule zu besuchen, Null-Bock-Haltung ist angesagt mit entsprechenden Noten. Sie gehen davon aus, und das wahrscheinlich nicht ganz zu Unrecht, dass sich kaum Stellen für sie nach der Schule finden lassen. Wichtig sind ihnen ihre Freizeit an den Wochenenden und da besonders die Nächte. Mehr als notwendige Disziplinierungen, so meinen die meisten Lehrer, ist bei ihnen in der Schule kaum drin.

*Übergang Schule und Beruf, Jugendsozialarbeit; Drogen und Alkohol, erzieherischer Kinder- und Jugendschutz*
In den Sportvereinen finden sich einige Jugendliche als aktive und gute Sportler u.a. im Ringen, der Volleyball-Abteilung und im Handball. Einige ältere Erwachsene nutzen auch die sportlichen Möglichkeiten des TV Nietlingen.

*Sportverein und Anerkennung durch Engagement, ehrenamtliche Struktur, Kinder- und Jugendarbeit, Jugendbildung*
Vor der Schließung war „Die Anton" eine Anbieterin von Ausbildungsplätzen für die früheren Hauptschulabsolventen. Nun hat sich angesichts der Situation Perspektivlosigkeit unter den Jugendlichen breit gemacht. Es ist das Gefühl, nicht gebraucht zu werden und keine Chancen in der Gesellschaft zu haben. Das scheint das Lebensgefühl vieler Jugendlicher in der Kernstadt auszumachen.
Sie stellen auch den Hauptanteil der Besucher im Jugendzentrum in Niederniet. Immer wieder gab es hier in den letzten Jahren Ärger und Störungen. Von einstmals vier vollen Stellen – ein Jugendpfleger für die Gesamtstadt, einer vollen Stelle im Jugendraum Oberniet und zwei vollen Stellen im Jugendzentrum in Niederniet – sind durch Stellenkürzungen und Umstrukturierungen noch 1,5 Stellen in beiden Jugendeinrichtungen übrig (eine halbe Stelle in Oberniet, eine Stelle in Niederniet). Nach häufigen Mitarbeiterwechseln, nicht zuletzt weil seitens des Stadtrats nie klar war, in welche Richtung die (Offene) Jugendarbeit sich ausrichten soll, gab es nach 2003 eine Phase der „Neuorientierung" – mit dem Auftrag, Streetwork als ein Angebot zu installieren. Die Realität der offenen Jugendarbeit hat jedoch gezeigt, dass sich die vom Stadtrat anvisierten problematischen Cliquen ohnehin in der Nähe oder gar im Jugendzentrum treffen. Der Mittelpunkt der Tätigkeit des Sozialpädagogen ist trotz des Streetwork-Auftrags das Jugendzentrum geblieben.

*Offene Jugendarbeit, Peer Groups, Beziehungsaufbau, individuelle Beratungsangebote, Brückenfunktion zu anderen, außerschulischen Angeboten*
Zudem haben neue Aufgabenzuschreibungen die Anforderung an den bisherigen Jugendarbeiter gewandelt. Schulsozialarbeit erscheint landauf, landab als das Zauberwort der Stunde. Absehbar ist nun, dass die Grafen-*Haupt*schule zur Ganztagesschule umgewandelt wird. Es handelt sich um keine sog. Brennpunktschule, dennoch gibt es mannigfaltige Probleme. Darüber hinaus befindet sich in der Nähe die Sammelunterkunft für Flüchtlinge, und viele der Aussiedler sind in leerwerdenden Arbeiterwohnungen sesshaft geworden.
An der Grafen-*Real*schule gibt es bereits eine 50 %-Stelle Schulsozialarbeit in Trägerschaft der Caritas. Nun sind die Begehrlichkeiten seitens des Hauptschulleiters sehr groß, er will auch Schulsozialarbeit für „seine" Hauptschule. Angesichts der Ganztagspläne, des hohen Migrationsanteils und der schlechten Perspektive für die Hauptschulabsolventen ein von vielen befürworteter Wunsch.

*Jugendsozialarbeit, schulbezogene Jugendarbeit, Sprachkurse, Berufsorientierung*
In diesem Geflecht aus Befürchtungen und Begehrlichkeiten ist nicht klar, in welcher Form und an welchem Ort die Jugendlichen in der Zukunft „erreicht werden und versorgt" sind. Fast alles erscheint möglich, etwa die offenen Jugendeinrichtungen an freie Träger zu geben oder zu schließen.

*Ehrenamt, Selbstorganisation, Jugendarbeit, Jugendhilfeplanung*
Eine als entscheidend eingestufte Jugendhilfeausschusssitzung steht an. Fragen der Ausrichtung der Arbeit mit Jugendlichen sollen diskutiert und an die Verwaltung des Jugendamts verwiesen bzw. in Unterausschüssen weiter bearbeitet werden.
Die Entwicklung eines Jugendhilfeplans, der zu erstellen ist, steht auf der Tagesordnung. Der Stadtjugendring Nietlingen hat Ideen und Vorschläge dazu bereits entwickelt, die er in die

Beratungen des Jugendhilfeausschusses einbringen will. Der gesetzliche Anspruch einer angemessenen Betroffenenbeteiligung spielt eine wesentliche Rolle.
Im Folgenden werden zu dem Fall die Schritte einer Bearbeitung und relevante Angebote und Handlungsfelder dazu näher beschrieben. Wie eine konzeptionelle Annäherung an das sozialpädagogische Handeln geschehen kann und ein methodisches Vorgehen weiter zu organisieren ist, wird anschließend deutlich.

**Fall unter der Lupe:** Der erste Schritt einer Fallbearbeitung besteht in der nachvollziehbaren Analyse der komplexen Situation und Strukturen. Die Erstellung eines Organigramms bietet sich an, das einerseits die politischen Strukturen, Hierarchien und Angebote aller beteiligten Institutionen abbildet und andererseits relevante soziale Interaktionen fokussiert. Im nächsten Schritt werden dazu die sozialpädagogischen Herausforderungen für eine Bearbeitung gefasst. Hier ist auf Theorien und professionsbezogenes Wissen gleichermaßen zurückzugreifen.

# Kinder und Jugendarbeit mit Jugendbildung

Die weit überwiegend von ehrenamtlich Engagierten getragene Kinder- und Jugendarbeit stellt strukturell ein besonderes Arbeitsfeld in der Kinder- und Jugendhilfe dar. Eine trennscharfe Definition von Kinder- und Jugendarbeit existiert aufgrund ihrer Vielfalt noch nicht. Gleichwohl lässt sie sich als Feld jugendlicher (Selbst-)Sozialisation und Bildung beschreiben, in dem informelles Lernen stattfinden kann. Thole schreibt dazu, dass sie alle „außerschulischen und nicht ausschließlich berufsbildenden, vornehmlich pädagogisch gerahmten und organisierten öffentlichen, nicht-kommerziellen bildungs-, erlebnis- und erfahrungsbezogenen Sozialisationsfelder von freien und öffentlichen Trägern, Initiativen und Arbeitsgemeinschaften“ umfasst (vgl. Thole 2000, 23). Kinder und Jugendliche können etwa ab acht Jahren freiwillig und selbstorganisiert, begleitet meist von ehrenamtlichen Leitern und Mitarbeitern, als Teilnehmer von Gruppen und Projekten ihren Interessen nachgehen (vgl. Schwab 2006). Jugendarbeit findet in der Freizeit statt und die klassische Gesellungsform der Gleichaltrigen-Gruppe hat eine zentrale und strukturbildende Bedeutung (vgl. Nörber 2003). Der Auftrag der Kinder- und Jugendarbeit wird im SGB VIII § 11 näher ausgeführt. Ziele und Grundlagen der Jugendarbeit sind dort beschrieben.

§ 11 Abs. 1: „Jungen Menschen sind die zur Förderung ihrer Entwicklung erforderlichen Angebote der Jugendarbeit zur Verfügung zu stellen. Sie sollen an den Interessen junger Menschen anknüpfen und von ihnen mitbestimmt und mitgestaltet werden, sie zur Selbstbestimmung befähigen und zu gesellschaftlicher Mitverantwortung und zu sozialen Engagement anregen und hinführen.“

§ 11 Abs. 2: „Angebotsformen: (...) von freien zu öffentlichen Trägern, von Angeboten für Mitglieder (Jugendverbände) über Offene Jugendarbeit bis gemeinwesenorientierte Angeboten.“

Bezogen auf die Jugendarbeit wird in § 11 Abs. 3 Bildung als ein Schwerpunkt benannt: „Zu den Schwerpunkten der Jugendarbeit gehören: 1. außerschulische *Jugendbildung* mit allgemeiner, politischer, sozialer, gesundheitlicher, kultureller, naturkundlicher und technischer *Bildung* (...)".

**Fall unter der Lupe:** Für die möglicherweise zur Disposition stehenden Angebote der offenen Jugendarbeit in Nietlingen lassen sich hier Orientierungen gewinnen und Begründungen für notwendige Angebote der Kinder- und Jugendarbeit ableiten. Etwa zu sportlichen Angeboten der Vereine ist zu überlegen, inwieweit es möglich ist, Jugendliche aus dem Milieu der Migranten dort als Übungsleiter zu gewinnen und auszubilden.

# Verbandliche Jugendarbeit

Der verbandlichen Jugendarbeit ist ein eigener § 12 im SGB VIII gewidmet, der ihre Bedeutung unterstreicht. In ihr ist der klassische Ansatz von Jugendarbeit, sich selbst zu organisieren, am deutlichsten zu erkennen: Jugendliche schließen sich zusammen, gehen ihren Interessen nach und vertreten sich nach außen. Mit ihren Wurzeln geht dies auf Entwicklungen zum Ende des 19. und zu Beginn des 20. Jahrhunderts im Deutschen Kaiserreich zurück. Nach ersten Ansätzen im 19. Jahrhundert folgten mit der Jugendbewegung und dem Wandervogel impulsgebende Gruppierungen (vgl. Rätz-Heinisch et alii 2009, S. 95). Der Bund des Wandervogels, gegründet vom Lehrer Karl Fischer an einem Steglitzer Gymnasium 1901, gilt als historische Wurzel der modernen Jugendarbeit. Er wollte die schulfreie Zeit für gemeinsame Wanderungen und Fahrten im Rahmen der Gruppe erzieherisch nutzen. In der Folge bildeten sich unterschiedlich ausgerichtete Jugendbünde, die sich als Gegenbewegung zur feudal-bürgerlichen Kultur des deutschen Kaiserreichs verstanden. „Um (...) ihre Distanz (...) zur herrschenden Politik und Kultur des Kaiserreichs zu dokumentieren", wurde 1913 auf dem Hohen Meissner die berühmte Meißner-Formel verabschiedet (Thole 2000, S. 41). Das Selbstverständnis des Wandervogels und der freideutschen Jugend wurde dort als kritisch-gesellschaftliche Bewegung formuliert. Das klingt bis heute im Selbstverständnis vieler Gruppierungen nach. „Jugendbewegung ist der Sammelbegriff für alle Protestformen Jugendlicher gegen die Ansprüche gesellschaftlicher Institutionen" (Giesecke 1981, S. 25). Die Selbstverpflichtung auf innere Freiheit und selbstbestimmte Werte wurde an die Stelle eines gesellschaftlichen Leitbilds vom gehorsamen Bürger und Untertan im Kaiserreich gesetzt. Daher mag auch eine gewissermaßen tradierte Beziehungsstörung zwischen Jugendarbeit und Schule, als dem institutionellen Repräsentanten von Gesellschaft, herrühren.

**Fall unter der Lupe:** In Nietlingen sind die Jugendverbände dabei, sich im Rahmen ihrer politischen Vertretung des Jugendrings im Jugendhilfeausschuss und in der Jugendhilfeplanung zu engagieren. Die Jugendverbände selbst sind auch aus demographischen Überlegungen darauf angewiesen, sich neuen Milieus und Migranten gegenüber zu öffnen. Gerade ihre Form der Orientierung an Peer Groups kann hier besondere Chancen bieten.

## Offene Jugendarbeit

Die offene Jugendarbeit ist später als die verbandliche, erst in den 1970er Jahren, mit sogen. Teestuben, Offenen Treffs und Offenen Türen entstanden. Sie hat sich von einer Konkurrenz, als die sie argwöhnisch von der verbandlichen Jugendarbeit betrachtet wurde, inzwischen in vielen Variationen etabliert. Ihre Profile und Angebote reichen von Offenen Treffs, die als Raum- und Personalangebot insbesondere benachteiligte Jugendliche erreichen, bis zum Angebot einer differenzierten Jugendkulturarbeit mit Kurs- und Projektangeboten, die in der Lage sind, spezielle Gruppen über Freizeitinteressen zu erreichen (vgl. Stegbaur/Schwab/Stegmann 1998; vgl. Hamburger 2008). Zu den Einrichtungsformen, die sich im Feld der offenen Jugendarbeit etabliert haben, zählen die Häuser der Jugend, Jugendzentren, Jugendclubs, Freizeitheime und Begegnungsstätten, pädagogisch betreute Spielplätze, Bauspielplätze, Abenteuerspielplätze und Angebote der Stadtranderholung. Die jugendkulturelle Palette in Einrichtungen mit hauptamtlichen Personal reicht von Musik-, Theater-, Tanz- und Filmproduktionen über Bastel-, Zirkus-, Internet- und Computer-Angebote. In der Verbindung von Sach- und personalem Angebot können diese (Projekt-)Formen Kinder und Jugendliche bis etwa 16 Jahren sehr gut und differenziert mit ihren Freizeitinteressen erreichen.

Häufig verschwimmen vor Ort manche Grenzen zwischen offener Jugendarbeit, Jugendkulturarbeit und Jugendsozialarbeit. Insbesondere gilt dies bei Formen Offener Jugendarbeit, wenn diese in weiten Teilen sozialräumliche Überschneidungen ihrer Adressaten hat mit den Angeboten der Jugendsozialarbeit. Die verbandliche Jugendarbeit ist auch dabei – Stichworte dazu sind u. a. Auflösung der sozialen Milieus, demographischer Wandel –, über ihre traditionell enger definierten Zielgruppen hinaus ihr Profil weiter zu fassen und sich für neue Zielgruppen, etwa Jugendliche mit Migrationshintergrund, zu öffnen.

**Fall unter der Lupe:** Die Angebote der offenen Jugendarbeit in Nietlingen lassen sich mit dieser allgemeinen Diagnose gut in Bezug setzen. Es wird deutlich, dass die Übergänge von der offenen Jugendarbeit zur Jugendsozialarbeit fließend sind. Neben dem Beziehungsaufbau zu den Jugendlichen und individuellen Erstberatungsangeboten kann sie hier eine Art Brückenfunktion wahrnehmen zu weiterführenden sozialpädagogischen Unterstützungsangeboten.

## Herausforderungen, veränderte Situation und Konkurrenz

Insgesamt sieht sich die gesamte Kinder- und Jugendarbeit seit den 1990er Jahren verstärkt Konkurrenzdruck von mehreren Seiten ausgesetzt. Gab es bis in die 1960er Jahre zumindest in großen sozialen Milieus für verbandliche Gruppen noch eine Art von Reservaten mit natürlicher Monopolstellung als sinnstiftendem, (freizeit-)pädagogischem Anbieter, hat sich diese Situation mit gesellschaftlichen Veränderungen grundlegend gewandelt. Die Erosion der sozialen Milieus und abnehmende soziale Bindungskräfte einerseits sowie die Zunahme alternativer Angebote kennzeichnen die Lage. Eine teils kommerzialisierte Angebotslandschaft mit privaten und öffentlich-kommunalen, kulturellen Institutionen, wie Musikschulen und Volkshochschulen, stehen in direkter Konkurrenz um die Gunst und Zeit der Kinder und Jugendlichen. Häufig verfügen diese Anbieter über vergleichsweise gute Ressourcen, hauptberufliche Mitarbeiter, ausgebildete (Fach-) Referenten und ein entsprechendes Material- und Raumangebot. Weiter hat sich die private Ausstattung und das Mediensetting, das Kindern und Jugendlichen zur Verfügung steht, und damit die Zeit, die sie damit verbringen, deutlich ausgeweitet (Vollbrecht/Wegener 2010). Die Jugendarbeit muss sich mit ihren Möglichkeiten, ehrenamtlichen und hauptberuflichen Personal, auf eigene Stärken besinnen. Die Imagefrage, etwa im Bereich der Offenen Jugendarbeit, kann zum wesentlichen Faktor werden, inwieweit es gelingt, Kinder- und Jugendliche neu zu erreichen.

Insbesondere da Kinder- und Jugendarbeit in der Freizeit und freiwillig stattfindet, ist sie unter vielfachen Veränderungsdruck geraten. Die zeitliche Ausweitung von Schul- und Betreuungszeiten beschneiden ihre klassischen Angebotsräume für Jugendgruppen und Projektangebote am Nachmittag. Das Zeitbudget wurde in den letzten Jahren zunehmend durch die Ausdehnung schulischer Angebote, wie Arbeitsgemeinschaften und Nachmittagsunterricht, eingeengt. In Bayern und Baden-Württemberg ist ein weiterer Zeitdruck durch die Einführung des auf acht Jahre verkürzten Gymnasiums als sog. G 8 entstanden. Auch Veränderungen in der Berufswelt, wie verlängerte Ladenöffnungszeiten, und kulturelle wie kommerzielle Angebote sind hier zu nennen. Weder die Jugend- und Gruppenleiter als ehrenamtliches Personal, noch die Kinder als Adressaten ihrer Angebote haben folglich Zeitkorridore in gleichem Maße zur Verfügung. Schulische Verpflichtungen, Zeittakte und Betreuungsangebote besetzen diese Räume mit. Sie machen es für die Jugendarbeit, die darauf angewiesen ist, dass Jugendliche und Kinder gleichzeitig frei haben, um organisieren, leiten und auch teilnehmen zu können, erkennbar schwieriger. Die Angebote von Jugendgruppen drängen sich häufig entsprechend auf den Freitagnachmittag und Samstag in den Jugendräumen zusammen. Dies ist zu beobachten, weil viele Jugendleiter studieren oder arbeiten und unter der Woche keine Zeit haben und nicht vor Ort sind. Diese Entwicklungen werden die Vertreter der Kinder- und Jugendarbeit politisch kaum entscheidend beeinflussen können. Es scheint klar, dass ein Zurückdrehen auf frühere Bedingungen und die „goldenen Zeiten" gegen die Interessen der Arbeitswelt und Schule politisch nicht möglich sein wird. Angesichts der Veränderungen am Arbeitsmarkt und in der Schule sowie gesellschaftlichen Bedarfen ist mehrfacher Veränderungsdruck und Entwicklungsbedarf entstanden, der bewährte Strukturprinzipien der Kinder- und Jugendarbeit in Frage stellt. Wie kann sie reagieren, um ihre Ziele und prägenden Potentiale für die Zukunft zu sichern? Welche Argumente mit gesellschaftlicher Akzeptanz kann sie sich zu eigen machen, die ihr helfen können, sich neu zu platzieren?

Antworten auf diese Fragen sind existentiell, um erfolgsversprechende Wege zu finden. Die Kinder- und Jugendarbeit muss, das scheint nicht übertrieben, sich neu erfinden. Vertrautes muss sie hinter sich lassen und sich zu einer zeitgemäßen Organisation weiter entwickeln. Traditionelle Leitlinien der Kinder- und Jugendarbeit sind auf den Prüfstand zu stellen. Das gilt auch für die Strukturprinzipien der Kinder- und Jugendarbeit, an denen Akteure und Träger der Kinder- und Jugendarbeit die Entwicklung, Durchführung und Begründung ihrer Angebote der Jugendarbeit ausrichten:

- gesellschaftliche Dienstleistungen, die subsidiär erbracht werden
- lebensweltorientiert und ausgestattet mit einem eigenen Bildungsbegriff
- grundsätzlich präventiv ausgerichtet
- selbstorganisierte Angebote unter Bedingungen der Freiwilligkeit der Teilnehmer
- weit überwiegend ehrenamtlich konzipierte Struktur der Betreuer und Leitungen
- auf aktuelle Lebensbedingungen und Bedarfe von Kindern und Jugendlichen abgestimmte Angebote, die regelmäßig anzupassen sind
- differenzierte Angebote zu konzeptionieren, um unterschiedlichen sozialen Lebens- und Interessenslagen von Kinder und Jugendlichen Rechnung tragen zu können
- sozialpädagogisch qualifizierte Angebote (Wissen und Qualifikationen)
- angewiesen auf spezielles Handlungswissen, das zu den Adressaten passen muss
- ressourcenorientierte Angebote (Personal, Räume, Finanzen, etc.), die in der Regel auch den Anspruch auf öffentliche Mittel haben (vgl. Schwab 2012).

## Krise und Chance

Inwieweit diese Strukturprinzipien angesichts des gesellschaftlichen Wandels für die Kinder- und Jugendarbeit zukünftig Geltung beanspruchen können, ist offen. Sicher ist mit den angesprochenen Veränderungen und neuen gesellschaftlichen Bedarfen ein Positionierungs- und Handlungsdruck entstanden. Diesem muss sich die Kinder- und Jugendarbeit stellen, wenn sie als attraktiver Anbieter im Spiel bleiben will. Mehrere der angeführten Strukturprinzipien stehen im Widerspruch zu aktuellen Anforderungen, etwa in der Kooperation mit Schule. So wird das Prinzip der Freiwilligkeit zumindest im Bereich von dauerhaft verankerter und verlässlicher Kooperationen mit Schule nicht zu halten sein. Ebenso kann das Prinzip der Ehrenamtlichkeit nicht ohne weiteres auf den Anspruch einer alltäglichen Verbindlichkeit im Sinne der Ansprüche von Eltern und Schule übertragen werden.

Der eigene Bildungsbegriff der Kinder- und Jugendarbeit ist mit den aktuellen gesellschaftlichen Anforderungen und dem Bildungsbegriff der Schule zu diskutieren (vgl. Schwab 2006; Lindner 2009). Die Arbeitsgemeinschaft für Kinder- und Jugendhilfe (AGJ) hat in Handlungsempfehlungen dazu ein Verständnis von Bildung formuliert, das eine Grundlage darstellen kann, um die Eigenheiten und speziellen Chancen herauszuarbeiten: „Bildung ist eine Lebensaufgabe, die nicht auf unmittelbar verwertbares Wissen oder berufsverwertbare Fertigkeiten zu reduzieren ist. Sie beinhaltet die Aneignung reflexiver und sozialer Kompetenzen, die es insbesondere ermöglichen, verantwortlich zu handeln und Gesellschaft mitzugestalten“ (AGJ 2006). Die Kinder- und Jugendarbeit bietet in ihrer eigensinnigen Struktur dazu besondere Chancen, die in ihrem spezifischen Setting des informellen Lernens mit der freiwilligen Übernahme von Verantwortung begründet sind. Sie kann für in Projekten und Funktionen engagierte Jugendliche dieses Potential des selbstorganisierten Lernens realisieren. Wie empirische Studien zu Bildung und informellen Lernen bei Jugendlichen und jungen Erwachsenen zeigen konnten, ist sie, anders als die Schule, in der Lage, über das Setting des freiwilligen Engagements die aktive gesellschaftliche Teilhabe zu fördern. Dies ist verbunden mit sozialen Lern- und Engagement-Erfahrungen, die in besonderer Weise in selbstverantwortlichen Funktionen realisiert werden können (vgl. AGJ 2001; Schwab 2006; Düx et alii 2008; Lindner 2009). Die Ergebnisse weisen eine biographische Nachhaltigkeit aus, die sich in der Bildungsbiographie, der Berufswahl und dem späteren gesellschaftlichen Engagement der befragten, ehemals in der Jugendarbeit tätigen jungen Erwachsenen niederschlagen. So wird der Transfer angeeigneter Kompetenzen beschrieben, sowohl im privaten Bereich u. a. in der Partnerschaft wie auch im Beruf. Die Alltagstauglichkeit des Lernens in der Jugendarbeit kann somit als eine Stärke betrachtet werden (Schwab 2006).

Wirft man einen Blick auf einzelne Zielgruppen der Kinder- und Jugendarbeit, zeichnen sich mehrfach strukturelle Veränderungen ab. Die Zahl der engagierten Jugendlichen in der Jugendverbandsarbeit in Baden-Württemberg ist im bundesweiten Vergleich nach wie vor relativ hoch, gleichwohl gibt es Anzeichen für Altersverschiebungen. In der Expertise von Rauschenbach u. a. zur Situation der Kinder- und Jugendarbeit in Baden-Württemberg wird konstatiert, dass sich Jugendverbandsarbeit in einigen Verbänden im Schwerpunkt zur Kinderarbeit entwickelt. Die stark abnehmenden Zahlen im Bereich der aktiven Jugendlichen über 16 Jahre weist dies auf wie auch die der zunehmend jüngeren ehrenamtlichen Jugendleiter unter 15 Jahren (vgl. Rauschenbach u. a. 2010: IV). Die Autoren sehen in ihrer Einschätzung das Bildungspotenzial und die selbstbestimmten Aneignungsformen der Jugendverbandsarbeit „im Sinne eines ganzheitlichen Bildungskonzepts“ als wichtige Ergänzung zur formalen schulischen Bildung an (vgl. Rauschenbach u.a. 2010, S. IV). Als aktuelle Herausforderungen und Schlüsselfrage werden hier das Verhalten der Kinder- und Jugendarbeit zum Ausbau ganztägiger Bildungsangebote gesehen.

Hinter einer allgemeinen Krisenrhetorik und kommunalpolitischen Anspruchsdruck scheint es aktuell um viel für die Jugendarbeit zu gehen. Ihre Zukunft, so der Weckruf der DJI-Studie nicht nur zur Situation in Baden-Württemberg, stehe auf dem Spiel (vgl. Rauschenbach u.a. 2010). Als Krisenmomente wird auf eine Dauerstrukturkrise im mehrfachen Sinne hingewiesen: Die Schule habe sich breit gemacht, ist weiter in den Nachmittag hinein gewachsen. Berufstätige Eltern brauchen verlässliche Betreuungsangebote, was eine freiwillige und ehrenamtliche Struktur kaum sicherstellen kann, und die verbandlich organisierten Teilnehmer werden deutlich jünger. Der Anteil der Jugendlichen in der Gesellschaft insgesamt wird geringer und der Anteil von Jugendlichen mit Migrationshintergrund steigt deutlich an. Mit welchen Angeboten, Strukturen und Profilmerkmalen kann sich die Jugendarbeit in Zukunft im veränderten Umfeld behaupten?

Schule und die Kinder- und Jugendhilfe sind die beiden zentralen Institutionen des „Aufwachsens in öffentlicher Verantwortung“ (BMFSFJ 2002). Sie sind wie zwei ungleiche Geschwister, die sich um dieselben Heranwachsenden mit ihren jeweiligen Aufträgen zu Erziehung und Bildung kümmern. Sie weisen als zwei verschiedene Systeme im Vergleich markante Strukturdifferenzen auf (vgl. Schwab 2012). Organisatorisch stehen sie als zwei getrennte Systeme mit je eigenständigen gesetzlichen Regelungen nebeneinander. Einerseits die Jugendhilfe, die ein ausdifferenziertes, spezialisiertes, von unterschiedlichen Trägern dezentral organisiertes Angebot zur Verfügung stellt, das von Adressaten überwiegend freiwillig in Anspruch genommen wird. Die Schule auf der anderen Seite ist ein je nach Bundesland eher homogen organisiertes und zentral verwaltetes System. Entwicklungen des 19. Jahrhunderts haben das Schulsystem in Deutschland und die Schulpädagogik nachhaltig mitgeprägt. Die sich gegenwärtig in den meisten Bundesländern zunehmend auflösende klassische Dreigliedrigkeit des Systems von der Haupt- über die Realschule bis zum Gymnasium geht zurück auf die Struktur der Dreiklassen-Gesellschaft im deutschen Kaiserreich des 19. Jahrhunderts (vgl. Schwab 2012).

# Perspektiven – Schule und schulbezogene Jugendarbeit

Die schulbezogene Jugendarbeit ist ein relativ neues Angebot der Jugendarbeit mit Bildungsauftrag (§ 11 SGB VIII). Ihr Ziel ist es, einen Beitrag zur Förderung der Persönlichkeitsentwicklung durch Soziales Lernen und der Orientierung in der individuellen Lebensführung zu leisten. Dadurch sollen Jugendliche zu Engagement angeregt werden. Für die Schüler entstehen neue Lernmöglichkeiten an der Schule, die in der Logik der Jugendarbeit eine selbstgesteuerte Auseinandersetzung mit authentischen Lebensentwürfen und Weltanschauungen fördern. Die Kinder- und Jugendarbeit gewinnt in der Zusammenarbeit mit Schule Zugang zu Kindern und Jugendlichen, die im Normalfall ihre Angebote nicht nutzen. Als Anbieter treten die Träger von Kinder- und Jugendarbeit auf, u. a. die Jugendverbände, Jugendringe, Einrichtungen der Offenen Jugendarbeit, Vereine und Initiativen der Jugendarbeit, Jugendbildungsstätten und Kommunale Jugendarbeit.

In den letzten 20 Jahren hat sich Schule und der schulische Erfahrungsraum insgesamt durch die zeitliche Ausdehnung mehr und mehr zum zentralen Lebenskontext für Kinder und Jugendliche entwickelt. Der Aufenthalt im System Schule hat sich, auch nach Alter betrachtet, deutlich verlängert. Man spricht mit der Verlängerung von Schulzeit von einer Prolongation der Jugendphase. „Die Jugendphase ist keine Arbeitsphase mehr, sondern eine Schulphase" geworden (Fend 2003 S. 153). Die Schullandschaft gibt Entwicklungswege an individuellen Leistungskriterien orientiert vor und entscheidet auch über Bewertungen. Schule bestimmt in einem hohen Masse über spätere Lebenschancen und übt eine Selektions- und Allokationsfunktion in der Gesellschaft aus.

Die Kinder- und Jugendhilfe arbeitet mit den Eltern, der Schule und den Institutionen der Berufsausbildung sowie allen gesellschaftlichen und politischen Organisationen zusammen. „Die Kinder- und Jugendhilfe braucht die Schule und die Schule braucht die Kinder- und Jugendhilfe, wenn beide ihren gestellten Aufgaben gerecht werden wollen", so hat es der Deutsche Verein für öffentliche und private Fürsorge formuliert (Deutscher Verein 2000, S. 15). Die Jugendhilfe muss zur Kenntnis nehmen, dass die Schule als dominanter Akteur in der Lebenswelt der Kinder und Jugendlichen zu akzeptieren ist, der weithin ihre Zukunftschancen, berufliche Perspektiven und ihre aktuelle Lebensführung mitprägt. „Gesellschaftliche Veränderungen machen zunehmend eine institutionell gesicherte Betreuung und Versorgung von Kindern und jüngeren Jugendlichen außerhalb der eigenen Familie notwendig, nicht zuletzt um eine Vereinbarkeit von Familie und Beruf sowie die Berufstätigkeit beider Eltern zu gewährleisten" (Oelerich 2007).

Die Öffnung der Schule zu Sozialräumen und Gemeinwesen hin mit einer eigenen Profilbildung vor Ort wird verstärkt diskutiert und auch betrieben. Die bundesweite Entwicklung der sogen. „Regionalen Bildungslandschaften" setzt dies um und zielt darauf ab, Kooperationen mit außerschulischen Partnern zu schaffen und dauerhaft zu verankern (vgl. AGJ 2006; Deutscher Verein für öffentliche und private Fürsorge e.V. 2007; Stolz 2011; Schalkhaußer/Thomas 2011). Seit den 1990er Jahren wird ein zunehmender Bedarf an Kooperation zwischen der Kinder- und Jugendarbeit sowie Schulen fachlich diskutiert und von der Politik eingefordert (BMFSFJ 2002). Der Trend wird von gesellschaftlichen Veränderungen des privaten und öffentlichen Aufwachsens von Kindern und Jugendlichen getragen und kann als politischer Konsens über Parteigrenzen hinweg verstanden werden (vgl. BMFSFJ 2005). Formen und Umfang der Kooperation sollen weiter entwickelt werden. Das Profil und die Kompetenzen, der im Vergleich deutlich kleineren Kinder- und Jugendarbeit, drohen in der schulischen Indienstnahme unterzugehen. Die Furcht vor einer drohenden Selbstaufgabe, aber auch Hoffnungen und Perspektiven für die Jugendarbeit sind greifbar. Dies erscheint vielen Trägern der Jugendarbeit wie der sozialpädagogischen Profession als eine kritische Situation. Eine Art von Kippfigur, die sich je nach Sicht einer realen Zukunftsperspektive oder einer Art von Fremdübernahme zuneigen kann. Der Blick auf Projekte zeigt manch ungelöste Probleme, aber auch Chancen in der Kooperation von Kinder- und Jugendarbeit und Schule (vgl. Rauschenbach 2010; KVJS Baden-Württemberg 2012). Chancen einer Kooperation können sich für die Träger der Jugendarbeit ergeben in den „Möglichkeiten einer Durchführung von Angeboten, Erweiterung der Zielgruppe, mehr Präsenz in der Öffentlichkeit, stärkerer Sozialraumanbindung, größere Anerkennung sowie konzeptionelle Impulse“ (Fröhlich-Gildhoff et al. 2006).

Die Fachdiskussion in der Kinder- und Jugendarbeit wird von Identitäts- und Existenzfragen bestimmt, die sich auf Träger- und Mitarbeiterebene spiegeln. Das Zukunftspapier des Deutschen Jugendinstituts hat dies für Baden Württemberg formuliert (vgl. Rauschenbach et alii 2010). Diese Gemengelage von Zukunftsangst und Identitätsfrage provoziert auf beiden Seiten mehrfach Bedarf für Orientierungen (vgl. BMBFSFJ 2006). Der Prozess wird mit teils schmerzhaften Profilierungen und wohl auch einer Neudefinition für die Kinder- und Jugendarbeit verbunden sein. Beiden Partnern mag da fachliches Know-how nützen, das sie darin unterstützt, Kooperationen zwischen verschiedenen Systemen erfolgreich aufzubauen. Dazu tragen Projekte und Erfahrungen in der Konzeptentwicklung aus dem öffentlichen Sektor und dem Non-Profit-Bereich Bewährtes bei (vgl. Grossmann/Lobnig/Scala 2007; KVJS Baden-Württemberg 2012).

## Fazit zur Jugendarbeit

Kinder- und Jugendarbeit erscheint als eine Patchwork-Decke, genäht aus unterschiedlichen Materialien, bunten Mustern und Farben. Mit verschiedenen Trägern, Angeboten, Aktivitäten und Schwerpunkten, die je nach Gruppierung, sozialen Räumen und regionalen Besonderheiten variieren, ist es unmöglich, alles unter einen definitorischen Hut zu bringen. Die Vielfalt stellt Problem wie Potential des Felds in Kreativität und Flexibilität dar. Nach außen macht sie es aber schwierig, als professioneller Partner mit einem Profil und Leistungen aufzutreten. Das methodische Repertoire ist von Gruppen-, über thematische Projekt- und Serviceangebote, über Erstberatung bis Großereignisse mit Eventcharakter gefächert. Offene Jugendarbeit ist häufig sozialräumlich ausgerichtet und arbeitet in lokalen Netzwerken. Es zeichnet sich eine hohe Bedeutung der Kooperation von Jugendarbeit und Schule ab. Hier gilt es neue Kooperationen zu suchen, die Eigenheiten und besondere Chancen von Jugendarbeit wahren. Altbekannte Strukturprinzipien dürften in Frage gestellt werden, wenn Jugendarbeit mit dem, was sie kann, erfolgreich sein will. In der Geschichte hat sie sich häufig als alternativer, der Gesellschaft entgegen gesetzter Raum verstanden und für Jugendliche manches so eröffnen können (vgl. Schwab 2012).

## Die Jugendsozialarbeit

Einerseits gilt Jugendsozialarbeit als relativ junges Feld der Jugendhilfe, das berufsbezogene Erziehungs- und Bildungshilfen umfasst und das erst nach 1945 unter dem Eindruck der „arbeits-, berufs- und heimatlosen Jugend" entstanden ist (Jordan/Sengling 2000). Andererseits weist Gögercin zu Recht auf die Anfänge früher Initiativen und Einrichtungen zur Integration von jungen Menschen in der Industriellen Revolution zur Mitte des 19. Jahrhunderts hin (Gögercin 1999, S. 22). Unter anderem ist die Gründung von katholischen Gesellenvereinen durch Breuer und Adolph Kolping in Elberfeld – 1846 Gründung des ersten Gesellenvereins durch Johann G. Brauer, 1847 wird Kolping zum Präses gewählt – hier zu nennen. Heute geht es in der Jugendsozialarbeit um gesellschaftliche und berufliche Integration junger Menschen am Übergang von Schule und Beruf. Die Jugendsozialarbeiter übernehmen Orientierungs- und Anwaltsfunktion in Hilfen und Maßnahmen. Für die Gruppe junger Menschen, die mit Benachteiligungen in die Gesellschaft starten, bieten sie in verschiedenen Arbeitsgebieten Unterstützung an:

- Jugendberufshilfe
- Eingliederungshilfe für jugendliche Aussiedler
- Jugendwohnen
- Mädchensozialarbeit und
- Ausländerjugendsozialarbeit.

Im § 13 Abs. 1 führt das SGB VIII den Auftrag zur Jugendsozialarbeit aus. Bildung wird hier verstanden als ein Qualifikationsziel, um eine berufliche Zukunft zu realisieren: „Jungen Menschen, die zum Ausgleich sozialer Benachteiligungen oder zur Überwindung individueller Beeinträchtigungen in erhöhtem Maße auf Unterstützung angewiesen sind, sollen im Rahmen der Jugendhilfe sozialpädagogische Hilfen angeboten werden, die ihre schulische und berufliche Ausbildung, Eingliederung in die Arbeitswelt und ihre soziale Integration fördern" (§ 13 SGB VIII). Benachteiligte Jugendliche bedürfen einer intensiven Unterstützung in der einzelne Förderleistungen zielgerichtet und modular aufeinander bezogen werden sollen. Die AGJ fordert dazu gesetzliche und strukturelle Änderungen, um die Schnittstellen zwischen den Rechtskreisen des SGB II, III und VIII zu klären (AGJ 2010). Diese Schnittstellen bilden eine große Hürde für junge Menschen mit besonderem Unterstützungsbedarf beim Übergang ins Erwerbsleben.

Die eingesetzten Methoden der Jugendsozialarbeit reichen von einzelfallbezogenen Methoden der Jugendberatung, Mediation, über gruppen- und sozialraumbezogene Methoden und Ansätze der Gemeinwesenarbeit. Die Jugendberufshilfe bezieht sich auf § 13 SGB VIII, geht aber über eine rein jugendhilfespezifische Orientierung deutlich hinaus. Sie stellt vielmehr eine Kombination von Jugendhilfe, beruflicher Bildung und Arbeitsmarktpolitik dar, mit dem Ziel Integrationshilfe zu leisten (vgl. Jordan/Sengling 2000). Die zwischen Bildungs- und Beschäftigungssystem bestehende Kluft soll durch sog. Verbundsysteme überbrückt werden. Mit Kursen und Ausbildungen zwischen Schulen, Trägern der Jugendhilfe und Unternehmen der Wirtschaft werden Zugänge zum Berufsleben eröffnet. Unter anderem ihre Arbeitsmarktbezogenheit mit den Konjunkturzyklen wie auch die veränderte Ausschreibungspraxis der Bundesagentur für Arbeit (BA) dynamisierten das Feld und führten in den letzten 10 Jahren zu relativ schnelllebigen Programmzyklen. Einige Folgen davon sind u.a. eine vergleichsweise unstete Träger-, Maßnahmen- und Angebotslandschaft, sowie die Gefahr von Deprofessionalisierungstendenzen. die durch ständige Projektorientierung und hohen Kostendruck ausgelöst wurden. Gerade auf dem Hintergrund der multikulturellen Zusammensetzung der Jugendlichen in Deutschland gewinnt in den letzten Jahren der Ansatz des Diversity Managements für kompetenzorientierte Programme und Massnahmen an Bedeutung. Andererseits zeichnet sich auf dem Hintergrund des demographischen Wandels in Deutschland mit weniger Jugendlichen bereits ein Wettbewerb um Fach- und Nachwuchskräfte in der Wirtschaft ab, der zu verstärkten Anstrengungen der Förderung auf diesem Feld führen sollte.

## Die Schulsozialarbeit

Das Angebot der Schulsozialarbeit ist an der Schnittstelle zwischen der Jugendhilfe und Schule angesiedelt. Sie kann als eine Wiedereinführung des sozialpädagogischen Gedankens in die Schule verstanden werden (vgl. Bäumer 1929 nach Engelke 2002). In den letzten Jahren hat das Feld politische Aufwertung und quantitative Ausweitung erfahren. Eine Vielzahl landesweiter und kommunaler Programme wurde entwickelt und aufgelegt (vgl. Speck/Olk 2010, S. 7). In Baden Württemberg allein hat sich die Zahl der Schulsozialarbeiterstellen, eingerechnet befristete

Projektstellen, von etwa 400 inzwischen auf über 700 Stellen 2011 nahezu verdoppelt. Die Entwicklung ist insofern erstaunlich, da anders als bei der Jugendarbeit oder Jugendsozialarbeit das Feld nicht über eine eigene gesetzliche Grundlage eines Paragraphen im SGB VIII verfügt. Gesetzliche Bezüge werden meist über § 13 des SGB VIII sowie bei Ausführungen im Rahmen schulbezogener Jugendarbeit in § 11, hergeleitet. Unter anderem bedingt dies die offene Situation und Interpretationsvielfalt der Aufgaben und Arbeitsformen von Schulsozialarbeit.

Andererseits sprechen die zeitliche Ausdehnung von Schule und veränderte gesellschaftliche Bedarfe für die Entwicklung. Nach Handlungsmethoden, Adressaten und Anliegen kann Schulsozialarbeit als besondere Mischung von Jugendarbeit, Jugendberatung und Jugendsozialarbeit verstanden werden. Nach lokalen Erfordernissen und Ressourcen können Schwerpunkte im Bereich des sozialen Lernens, der individuellen Orientierung und Förderung sowie der Arbeit an Bildungsbedingungen ausgebildet werden (vgl. Spiess/Pötter 2011). Die Förderung des Sozialen Lernens kann durch Angebote sozialpädagogischer Gruppenarbeit, der Ausbildung von Multiplikatoren und Mentoren u. a. für Mediation und Konfliktlotsenprogramme und offene Angebote geschehen. Unter dem Bereich der „individuellen Orientierung und Hilfe“ sind Angebote der sozialpädagogischen Beratung und Berufsorientierung zusammenzufassen (Spiess/Pötter 2011). Im Bereich von Bildungsbedingungen lassen sich verschiedene Hilfen und Beratung von schulbezogenen Hilfen, Bildungshilfeplanung Kontakte zur Schule und Elternpartizipation finden.

Gleichwohl das Handlungsfeld wächst, ist der empirische Forschungsstand zum Feld bruchstückhaft (vgl. Speck/Olk 2010). Die Trägerstrukturen der Schulsozialarbeit sind, wie in der Jugendarbeit, sehr different und reichen von der Etablierung von Trägern an, und Kooperation mit Schule bis zu eigenen, innerschulischen Anstellungen. Im Rahmen sog. Regionaler Bildungslandschaften spielen Formen der Kooperationen zwischen Trägern der Jugendhilfe und Schulen sowie die Etablierung und der Ausbau von Schulsozialarbeit eine wichtige Rolle.

Das System Schule weist Lehrern zwei widersprüchliche Aufgaben zu: einerseits Jugendlichen durch Bildung und Erziehung spezifische Fähigkeiten zu vermitteln, andererseits über Zensuren zu selektieren und zukünftige soziale Chancen zuzuteilen (Allokationsfunktion). Im deutschen Schulsystem scheint die Selektionsfunktion stärker ausgeprägt zu sein, wie Ergebnisse international vergleichender Bildungsforschung ausweisen (vgl. Tippelt, Schmidt 2010). In Baden-Württemberg wurde mit dem Landesprogramm „Jugendsozialarbeit an Schulen“ (2001–2003) zur Kooperation zwischen Jugendhilfe und Schule an Haupt-, Berufs-, und Förderschulen konzeptionell auf den § 13 SGB VIII gebaut (vgl. Bolay/Flad/Gutbrod 2004; Speck/Olk 2010).

Als typische Strukturmodelle der Schulsozialarbeit gelten (vgl. Olk/Bathkle/Hartnuß 2000): Der erste Typus konzentriert sich auf sozialpädagogische Betreuung und Freizeitgestaltung außerhalb des Unterrichts und im Sozialraum der Schule. Der zweite Typus konzentriert sich auf Bedürfnisse und Problemlagen von Kindern und Jugendlichen mit sozialen Benachteiligungen oder individuellen

Beeinträchtigungen u.a. Schulunlust, Schulverweigerung, aggressives Verhalten, Drogenprobleme. Der dritte Typus steht in der Tradition der lebensweltorientierten Sozialpädagogik und legt ein integriertes Konzept zugrunde, das einzelfall- und gruppenbezogene Probleminterventionen mit offenen, präventiv ausgerichteten Freizeit- und Betreuungsangeboten verknüpft (Olk/Bathke/Hartnuß 2000).

## Bedarf an sozialpädagogischen Konzepten

Es zeichnet sich bei den Entwicklungen der einzelnen Felder mehrfacher Bedarf an Positionierung ab. Es gilt systematisch konzeptionelle Antworten darauf zu entwickeln. Konzepte können Sozialarbeiter/Sozialpädagogen im praktischen Handeln entlasten und ihre Handlungssicherheit erhöhen. Eine reflektierende Struktur kann den dynamischen Verbindungen und Spannungsverhältnissen zwischen den Aufträgen und Auftragsgebern (doppeltes Mandat) im Handeln und den Bedingungen vor Ort gerecht werden. Handlungsorientierung Sozialer Arbeit bedeutet, Konzepte zu entwickeln, die Ziele und Aufträge, Anforderungen, Angebote, Adressaten, Interventionen, Kompetenzen der Mitarbeiter und Ressourcen zueinander in einen sinnvollen Bezug setzen. Eine Konzeption muss den Anlässen und Interessen Rechnung tragen. Der praxisnahe Konzeptbegriff der Kinder- und Jugendhilfe soll hier mit Werner Thole (2000) und Geißler/Hege (2001) als ein „Vor-Ort-Konzept" verstanden werden. Ein Konzept gilt als zeitlich befristeter Entwurf, eine grundsätzlich offene Entwicklung, die immer neu anzupassen ist. Ein „Vor-Ort-Konzept" umfasst die Ausgestaltung von Angeboten als sozialpädagogische Interventionen. Das Vor-Ort-Konzept beschreibt Handlungsfeld, Setting, Einrichtung und einen Arbeitsansatz mit Begründung. In einer „Ziel-Mittel-Logik" (vgl. Geißler/Hege 1995, S. 23) werden relevante Ziele, Adressaten, zugrundeliegende Werte und das Menschenbild, gesellschaftliche Orientierungen, gesetzliche Normen und die Handlungsmethoden aufeinander abgestimmt. Das Praxis- oder Vor-Ort-Konzept stellt auf eine konkrete räumlich-regionale Situation und die Adressaten/Zielgruppe vor Ort ab. Handlungsmethoden lassen sich in drei Kategorien als direkte, indirekte und strukturelle Methoden unterscheiden (Galuske 1999). Im Vor-Ort-Konzept sollten unter Berücksichtigung des Felds und der Aufgaben diese Ebenen der Interventionen nebeneinander berücksichtigt werden.

# Konzeption entwickeln – analysieren, intervenieren und evaluieren

Die Kinder- und Jugendhilfe kann, wie Soziale Arbeit generell, soziale Probleme, wie Armut, Arbeitslosigkeit oder Migration, die sie mit ihren Folgen bearbeitet, selbst nicht auflösen (vgl. Hamburger 2008; Sidler 2004; Rauschenbach 1999). Für eine erfolgreiche Bearbeitung problematischer Strukturen sind weitere gesellschaftliche Systeme, allen voran die Politik und die Wirtschaft, notwendig. Soziale Arbeit kann Auswirkungen Sozialer Probleme bei betroffenen Menschen und sozialen Gruppen durch ihre Dienste und Leistungen lindern. Sie kann helfen, neue Wege zu finden und zu beschreiten im Sinne einer Hilfe zur Selbsthilfe. Dazu ist es einerseits erforderlich, Nöte und Potentiale der Adressaten zu kennen und andererseits sie mit Hilfspotentialen abzugleichen. Dies geschieht reflektiert in einem Konzept. Für Handelnde und indirekt auch für die Adressaten ist es ein Gewinn, wenn Probleme analysiert und passende Methoden dazu beschreibbar gemacht werden. Gefragt sind professionelle und wechselseitige Übergänge von einer Tätigkeitsorientierung hin zur reflexiven, praxistauglichen Theorie. Konzepte stellen solche expliziten Entwürfe und sinnvollen Verbindungen dar. Sie weisen als reflektierte Theorie-Praxis-Verbindungen Bezüge zur fachlich-theoretischen Auseinandersetzung und der Intervention im Feld aus. Ein Vor-Ort-Konzept legitimiert zielgerichtetes pädagogisches Handeln und erhöht die Handlungssicherheit aller haupt-, nebenberuflichen oder ehrenamtlichen Mitarbeiter. Das Strukturmodell (Tab. 1) kann einer Konzeptentwicklung zugrunde gelegt werden. Es unterstützt als Denk- und Arbeitshilfe, Situationen zu analysieren, sozialpädagogische Vor-Ort-Konzepte zu entwickeln und Praxis evaluierbar zu machen. Interventionen werden dazu mit ihren Wirkungs- und Handlungszielen und nach Möglichkeit in Wirkungszusammenhängen beschrieben (vgl. Spiegel 2008). Wissensbestände und Modelle aus Theorie und Praxis werden als reflexive Bezugspunkte in der Entwicklung und Evaluation von Konzepten genutzt.

Keinesfalls darf die Sicht der Sozialen Arbeit und damit der SozialarbeiterInnen/SozialpädagogInnen sich auf das personale, direkte Handeln mit ihren Adressaten verkürzen. Der soziologisch-pädagogische Blick und der sozialpädagogische Gedanke, durch und mit sozialer Gemeinschaft Individuen zu bilden, erfordern soziale Systeme als bedeutsame Strukturen für Individuen und ihre sozialen Interaktionen zu berücksichtigen. Einfache Ursache-Wirkungsüberlegungen und entsprechend monokausale Ansätze müssen in komplexen sozialen Strukturen, mit denen es die Soziale Arbeit in aller Regel zu tun hat, zu kurz greifen.

**Tab. 1:** Ebenen sozialpädagogischer Konzeptentwicklungsarbeit (vgl. Schwab 2012)

| **Ebene** | **Angebote und Bearbeitungsformen** |
|---|---|
| Makrosoziale Strukturen:<br>staatliche Rahmung<br>• Bundesrepublik<br>• Bundesland | Staatliche Rahmung und Bedingungen, durch das Handlungsfeld, die sozialpädagogische Aufgabe und Gesetze, u. a. Leistungsgesetze |
| Mesosoziale Strukturen:<br>• Träger<br>• Kommune<br>• Bezirk | Strukturen und Subsidiarität<br>Wirkungs- und Handlungsziele (nach Spiegel) mit strukturellen Rahmenbedingungen |
| Mikrosoziale Strukturen:<br>• Adressaten<br>• Mitarbeiter | Adressaten und ihre Lebenswelt beschreiben,<br>Ziele professionellen Handelns<br>Kompetenzen der Mitarbeiter sowie Alltagswissen, Lebenserfahrung |
| Profession und wissenschaftliche Theorie<br>• sozialpädagogische Kompetenzen<br>• ethische Orientierung | Theorien und Modelle,<br>Professionalität der Mitarbeiter nach einem Kompetenzmodell<br>Werte und Haltungen |
| Handlungsmethoden und Intervention<br>• Direkte, indirekte und strukturelle Handlungsdimension | Angebote und Dienste,<br>Methoden |

# Handlungsmethoden

Handlungsmethoden lassen sich nach ihrem jeweiligen Ansatz in drei Kategorien als direkte, indirekte oder strukturelle Methoden begreifen (vgl. Galuske 1999). In der direkten Arbeit, in der sozialen Interaktion mit den Jugendlichen und jungen Erwachsenen, spielen die Soziale Gruppenarbeit und die Arbeit mit Peers und Mentorensystemen eine wichtige Rolle.

**Fall unter der Lupe:**

Im Fall Nietlingen ist der Beziehungsaufbau und die Pflege der Bindungen und Sozialkontakte zwischen den Jugendlichen und zu den Sozialpädagogen wesentlich. Die Beziehungen, individuelle Beratung wie auch passende Gruppenangebote können Brückenfunktionen bedeuten zu anderen Angeboten, die außerhalb des sozialen Nahbereichs der Jugendlichen liegen.

Indirekte Methoden, die zweite Kategorie, setzen bei den Personen im sozialen Nahbereich an. Im Fall Nietlingen sind dies etwa Familien und andere Bezugspersonen im Nahbereich. Strukturelle, professionsbezogene Methoden, wie Kooperations- und Netzwerkarbeit, Konzeptentwicklung und Jugendhilfeplanung (vgl. am Fall Nietlingen) als dritte Kategorie, sind relevant, um strukturelle Bedingungen der Lebenswelt zu bearbeiten, komplexe Anforderungen im Feld zu beantworten und Angebote angemessen weiter zu entwickeln.

## Handlungsfelder und Methoden

Bedeutsame Faktoren für ein passgenaues methodisches Setting sind die Adressaten, der gesetzliche Auftrag, die beteiligten Akteure, die spezifische Rahmung der Lebenswelten und der Sozialpädagoge/Sozialarbeiter als Person. Fragen dazu lauten etwa: Welche Adressaten nach Alter, Bildung, Geschlecht, Migrationshintergrund und kultureller Prägung sollen erreicht werden? Kommen diese freiwillig, als Teilnehmer aus eigenem Interesse oder unter bestimmten Auflagen? Wer macht das Angebot mit welchem Ziel? Antworten darauf sind für Auswahl und Modifizierung von Methoden wesentlich. Bestehen zwischen Offener Jugendarbeit und Jugendsozialarbeit große Übereinstimmungen hinsichtlich von Adressaten und Ziel, sind auch Methoden, die eingesetzt werden, kompatibel. Ist das Setting im Feld auf Freiwilligkeit und Selbstorganisation ausgerichtet, sind auch die Methoden, etwa in Jugendverbandsarbeit und Jugendkulturarbeit, austauschbar. Dagegen kann es im gleichen Feld mit unterschiedlichen Adressaten und Bedingungen, etwa der Schulsozialarbeit, durchaus große Unterschiede in der Wahl von Methoden geben. Eine fachlich qualifizierte Methodenwahl abseits von Handlungsroutine ist für Sozialpädagogen nur reflexiv lösbar (vgl. Galuske 2009; Spiegel 2008).

## Literaturverzeichnis

Abels, H.; König, A. (2010): Sozialisation. Soziologische Antworten auf die Frage, wie wir werden, was wir sind, wie gesellschaftliche Ordnung möglich ist und wie Theorien der Gesellschaft und der Identität ineinander spielen. Wiesbaden: VS Verlag

Arbeitsgemeinschaft für Kinder- und Jugendhilfe (AGJ) (2010): Chancen für junge Menschen beim Übergang von Schule zu Beruf verbessern – Schnittstellenprobleme zwischen SGB II, III und VIII. Abrufbar im Internet: http://www.agj.de/pdf/5/Schnittstellen.pdf [29. 09. 2011]

Arbeitsgemeinschaft für Kinder- und Jugendhilfe (AGJ) (2006): Handlungsempfehlungen zur Kooperation von Jugendhilfe und Schule. Abrufbar im Internet: http://www.agj.de/index.php?id1=5&id2=7&id3=0 [20. 08. 2010]

Arbeitsgemeinschaft für Kinder- und Jugendhilfe (AGJ) (2001): Außerhalb der Schule findet 70 % des Lernens statt! Stärkere Beachtung nichtschulischer Lernorte notwendig. Presseinformation vom 10. Dezember 2001.

Baumann, Z. (2003): Flaneure, Spieler, Touristen. Essays zu postmodernen Lebensformen. Hamburg: Hamburger Edition.

Baumann, Z. (1997): Flüchtige Moderne. Frankfurt/Main: Suhrkamp

Baumert, J. u. a. (2001): PISA 2000. Basiskompetenzen von Schülerinnen und Schülern im internationalen Vergleich. Deutsches PISA-Konsortium. Opladen: Leske + Budrich.

Bäumer, G. (1929): Die historischen und sozialen Voraussetzungen der Sozialpädagogik und die Entwicklung ihrer Theorie. In: Thole, W./Galuske, M./Gängler, H. (Hrsg.) (1998): KlassikerInnen der Sozialen Arbeit. Sozialpädagogische Texte aus zwei Jahrhunderten – ein Lesebuch. Neuwied/Kriftel, 149–161.

Beck, U. (1986): Risikogesellschaft. Auf dem Weg in eine andere Moderne. Frankfurt am Main: Suhrkamp.

[BMFSFJ] Bundesministerium für Familie, Senioren, Frauen und Jugend (Hrsg.) (2009): 13. Kinder- und Jugendbericht. Bericht über die Lebenssituation junger Menschen und die Leistungen der Kinder- und Jugendhilfe in Deutschland. Berlin. Abrufbar im Internet: http://www.bmfsfj.de/doku/kjb/ [22.07.2010].

[BMFSFJ] Bundesministerium für Familie, Senioren, Frauen und Jugend (Hrsg.) (2005): Zwölfter Kinder- und Jugendbericht. Bericht über die Lebenssituation junger Menschen und die Leistungen der Kinder- und Jugendhilfe in Deutschland. Bildung, Betreuung und Erziehung vor und neben der Schule. Berlin.

[BMFSFJ] Bundesministerium für Familie, Senioren, Frauen und Jugend (Hrsg.) (2002): Elfter Kinder- und Jugendbericht. Berlin.

Böhnisch, Lothar (2012): Sozialpädagogik der Lebensalter. Eine Einführung. 6. überarb. Auflage. Weinheim und Basel: Beltz Juventa

Bolay, E./Flad, C./Gutbrod, H. (2004): Jugendsozialarbeit an Hauptschulen und im Berufsvorbereitungsjahr in Baden-Württemberg. Herausgegeben vom Sozialministerium in Baden-Württemberg. Tübingen/Stuttgart Abrufbar im Internet: http://www.tobias-lib.ub.uni-tuebingen.de/volltexte/2005/1784/ [20.07.2011]

Deinet, U.; Krisch, R. (2011): Sozialräumliche Öffnung – ein gemeinsames Projekt von Jugendhilfe und Schule. In: Markowetz, R./Schwab, J. E. (i. E.): Kooperation von Jugendhilfe und Schule. Inklusion und Chancengleichheit zwischen Anspruch und Wirklichkeit. Bad Heilbrunn/Obb.: Klinkhardt

Deutscher Verein für öffentliche und private Fürsorge e. V. (2009): Empfehlungen des Deutschen Vereins zur Weiterentwicklung kommunaler Bildungslandschaften. Abrufbar im Internet: http://www.deutscher-verein.de/05-empfehlungen/empfehlungen_archiv/2009/pdf/DV%2019-09.pdf [30.08.2011]

Deutscher Verein für öffentliche und private Fürsorge e. V. (2007): Diskussionspapier des Deutschen Vereins zum Aufbau Kommunaler Bildungslandschaften. Abrufbar im Internet: http://www.je-na.de/fm/41/bildungslandschaften.pdf [30.08.2011]

Deutscher Verein für öffentliche und private Fürsorge e. V. (2000): Empfehlungen und Arbeitshilfe für den Ausbau und die Verbesserung der Zusammenarbeit der Kinder- und Jugendhilfe mit der Schule. Frankfurt/Main.

Düx, W., Prein, G.; Sass, E.; Tully, C. J. (2008): Kompetenzerwerb im freiwilligen Engagement. Eine empirische Studie zum informellen Lernen im Jugendalter. Wiesbaden: VS Verlag.

Engelke, E. (2002): Theorien der Sozialen Arbeit. Eine Einführung, 3. Auflage, Freiburg i. Br.: Lambertus Verlag.

Fend, H. (2003): Entwicklungspsychologie des Jugendalters. Ein Lehrbuch für pädagogische und psychologische Berufe. 3. Auflage Opladen: Leske + Budrich.

Fröhlich-Gildhoff, K.; Engel, E. M.; Kraus, G.; Scharschmidt, C. (2006): Bausteine zur Kooperation von Jugendarbeit und Schule. Erkenntnisse aus der Evaluation eines Modellprojekts. In: Deutsche Jugend 54. Jg., Heft 7/8, 311–319.

Galuske, M. (2009): Methoden der Sozialen Arbeit. Eine Einführung. 8. Aufl. Weinheim/München: Juventa.

Geißler, K. A./Hege, M. (2007): Konzepte sozialpädagogischen Handelns. Ein Leitfaden für soziale Berufe. 11. Aufl. Weinheim/München: Juventa.

Giesecke, H. (1981): Vom Wandervogel zur Hitler-Jugend. München.

Gögercin, S. (1999): Jugendsozialarbeit. Eine Einführung. Freiburg: Lambertus Verlag.

Gross, P. (1994): Die Multioptionsgesellschaft. Frankfurt/Main: Suhrkamp.

Grossmann, R; Lobnig, H.; Scala, K. (2007): Kooperationen im Public Management. Theorie und Praxis erfolgreicher Organisationsentwicklung in Leistungsverbänden, Netzwerken und Fusionen. Weinheim München: Juventa Verlag.

Jordan, E.; Sengling, D. (2000): Kinder- und Jugendhilfe – Einführung in die Geschichte und Handlungsfelder, Organisationsformen und gesellschaftliche Problemlagen. Weinheim, München: Juventa Verlag.

Hamburger, F. (2008): Einführung in die Sozialpädagogik. 2. überarb. Aufl. Stuttgart: Kohlhammer Verlag.

Henschel, A.; Krüger, R., Schmitt, C., Stange W. (2008): Jugendhilfe und Schule. Handbuch für eine gelingende Kooperation. Wiesbaden: VS Verlag.

Homfeldt, H. G. (2011): Kooperation von Jugendhilfe, Gesundheitshilfe und Behindertenhilfe. Hemmnisse, Anknüpfungsmöglichkeiten und -notwendigkeiten auf der Grundlage des 13. Kinder- und Jugendberichts. In: Neue Praxis, Sonderheft 10, 154–158.

Kooperationsverbund Schulsozialarbeit (2007): Berufsbild und Anforderungsprofil der Schulsozialarbeit. 2. korrig. Auflage Frankfurt.

Kommunalverband Jugend und Soziales Baden-Württemberg (Hg.) (2012): WiKO – Wirkungsorientierung in der Jugendhilfe 2008–2011. Abschlussbericht des Projekts WIKO. Unter Mitarbeit von Schwab, J. E.; Wegner-Steybe, N. et al. Stuttgart.

Kommunalverband Jugend und Soziales Baden-Württemberg (Hg.) (2010): Kinder- und Jugendhilfe im demographischen Wandel. Zusammenfassung zentraler Ergebnisse der Berichterstattung 2010. Verfasser Ulrich Bürger. Stuttgart.

Landesjugendring NRW e. V. (Hg.) (2010). Kapuzenpulli meets Nadelstreifen. Die Kinder- und Jugendarbeit im Fokus von Wissenschaft und Wirtschaft. M. Buschmann unter Mitarbeit von E. Sass. Neuss.

Lindner, W. (Hrsg.) (2009): Kinder- und Jugendarbeit wirkt. Aktuelle und ausgewählte Evaluationsergebnisse der Kinder und Jugendarbeit. 2. Auflage Wiesbaden: VS Verlag.

Maykus, S. (2010): Praxisforschung in der Kinder- und Jugendhilfe. Theorie, Beispiele und Entwicklungsoptionen eines Forschungsfeldes. 2. durchges. Auflage. Wiesbaden: VS-Verlag.

Markowetz, R.; Schwab J. E. (2012): Zusammenarbeit von Jugendhilfe und Schule. Inklusion und Chancengleichheit zwischen Anspruch und Wirklichkeit. Bad Heilbrunn/Obb.: Klinkhardt.

Münder, J. u. a. (1998): Frankfurter Lehr- und Praxiskommentar zum KJHG/SGB VIII. 3. völlig überarb. Auflage. Münster: Votum Verlag.

Niemeyer, C. (1998): Klassiker der Sozialpädagogik. Einführung in die Theoriegeschichte der Wissenschaft. Weinheim und München: Juventa Verlag.

Nikles, B. W.; Szlapka, M. (1998): Jugendhilfeplanung. Theorie, Organisation, Methodik. Eine Arbeitshilfe mit Präsentationsgrafiken. Münster: Votum Verlag.

Nörber, M. (2003): Peer Education. Bildung und Erziehung von Gleichaltrigen durch Gleichaltrige. Weinheim, Basel, Berlin.

OECD (2001): Lernen für das Leben. Erste Ergebnisse der internationalen Schulleistungsstudie PISA 2000. Paris.

Oelerich, G. (2007): Ganztagsschule und Ganztagsangebote in Deutschland – Schwerpunkte, Entwicklungen, Diskurse. In: Bettmer, F. u. a. (Hg.): Ganztagsschule als Forschungsfeld. Theoretsiceh Klärungen, Forschungsdesigns, und Konsequenzen für die Praxisentwicklung. Wiesbaden, 13–42.

Olk, T./Bathke, G./Hartnuß, B. (2000): Jugendhilfe und Schule. Empirische Befunde und theoretische Reflexionen zur Schulsozialarbeit. In: Otto, H.-U./Thiersch, H. (Hrsg.): Edition Soziale Arbeit. Weinheim und München: Juventa Verlag.

Rätz-Heinisch, R.; Schröer, W.; Wolff, M. (2009): Lehrbuch Kinder- und Jugendhilfe. Grundlagen, Handlungsfelder, Strukturen und Perspektiven. Weinheim und München: Juventa Verlag.

Rauschenbach, T. u. a. (2010): Lage und Zukunft der Kinder- und Jugendarbeit in Baden-Württemberg. Eine Expertise. Stuttgart: Ministerium für Arbeit und Sozialordnung, Familien und Senioren Baden-Württemberg.

Rauschenbach, T. (2009): Zukunftschance Bildung. Familie, Jugendhilfe und Schule in neuer Allianz. Weinheim und München: Juventa Verlag.

Rauschenbach, T.; Schilling, M. (Hrsg.) (2005): Kinder- und Jugendhilfereport. 2. Analysen, Befunde und Perspektiven. Beiträge zur Kinder- und Jugendhilfeforschung. Weinheim München.

Schalkhaußer, S.; Thomas, F. (2011): Lokale Bildungslandschaften in Kooperation von Jugendhilfe und Schule. Deutsches Jugendinstitut. Abrufbar: www.dji.de/.../2011_06_08_Lokale_Bildungslandschaften in Kooperation_von_Jugendhilfe_ und_Schule.pdf [29. 08. 2011].

Schröer, W.; Struck, N. Wolff, M. (Hg.) (2002): Handbuch Kinder- und Jugendhilfe. Weinheim München: Juventa Verlag.

Schwab, J. E. (2012 i. E.): Zusammenarbeit von Jugendarbeit und Schule. Bedarfe, Herausforderungen und Entwürfe. In: Markowetz, R.; Schwab J. E.: Zusammenarbeit von Jugendhilfe und Schule. Inklusion und Chancengleichheit zwischen Anspruch und Wirklichkeit. Bad Heilbrunn/Obb.: Klinkhardt.

Schwab, J. E.; Wegner-Steybe, N. (2012): Kinderschutz Kooperation von Jugendhilfe und Gesundheitswesen am Standort Freiburg. In: Kommunalverband Jugend und Soziales Baden-Württemberg kvjs (Hg.): WiKO – Wirkungsorientierung in der Jugendhilfe 2008–2011. Abschlussbericht des Projekts WIKO. Stuttgart.

Schwab, J. E. (2009): Von der Situation zur Konzeption. Überlegungen zum Konzeptionszirkel in Sozialer Arbeit und Pädagogik. Unveröff. Skript Sommersemester 2009 KFH Freiburg.

Schwab, J. E. (2006): Bildungseffekte ehrenamtlicher Tätigkeit in der Jugendarbeit. In: Deutsche Jugend, 54. Jg., Heft 7/8, 320–328.

Schwab, J. (2004): Es könnte lohnen... Hinweise für eine gelingende Partizipation von Jugendlichen. In: Maier, K.; Meßmer, M.: Soziale Kommunalpolitik für lebenswerte Quartiere. Forschungs- und Projektbericht 20. Kontaktstelle für praxisorientierte Forschung EFH Freiburg.

Schwab, J.; Stegbauer, C.; Stegmann, M. (2000): Gesellschaftlicher Wandel und blinde Flecken traditioneller Jugendhilfe. In: Deutsche Jugend 48. Jg., Heft 12, 519–528.

Sidler, Nikolaus (2004): Sinn und Nutzen einer Sozialarbeitswissenschaft. Freiburg i. Br.: Lambertus Verlag.

Speck, K./Olk, T. (Hrsg.) (2010): Forschung zur Schulsozialarbeit. Stand und Perspektiven. Weinheim München: Juventa Verlag.

Spiegel, H. (2008): Methodisches Handeln in der Sozialen Arbeit. Grundlagen und Arbeitshilfen für die Praxis. 3. Auflage. München: UTB.

Spiess, A.; Pötter, N. (2011): Soziale Arbeit an Schulen – Einführung in die Schulsozialarbeit. Wiesbaden: VS Verlag.

Stegbauer, C.; Schwab, J.; Stegmann, M. (1998): Blinde Flecken traditioneller Jugendhilfe. Eine empirische Studie zur Jugendhilfeplanung. Frankfurt/Main: Dipa Verlag.

Stegmann, M.; Schwab, J. E.; (2012 i. E.): Evaluieren und forschen für Soziale Arbeit. Ein Arbeits- und Studienbuch für empirische Projekte. 2. vollst. überarb. Auflage. Berlin: Deutscher Verein für öffentliche und private Fürsorge Eigenverlag.

Stolz, H. J. (2012): Jugendhilfe und Schule in der lokalen Bildungslandschaft. In: Markowetz, R./ Schwab, J. E.: Zusammenarbeit von Jugendhilfe und Schule. Inklusion und Chancengleichheit zwischen Anspruch und Wirklichkeit. Bad Heilbrunn/Obb.: Klinkhardt.

Thiersch, H.; Grunwald; K., Köngeter, S. (2002): Lebensweltorientierte Soziale Arbeit. In: Thole, W.: Grundriss Soziale Arbeit. Opladen, 161–178.

Thole, W. (2000): Kinder- und Jugendarbeit. Weinheim München: Juventa Verlag.

Tippelt, R./Schmidt, B. (2010): Handbuch Bildungsforschung. 3. Auflage Wiesbaden: VS Verlag.

Vollbrecht, R.; Wegener, C. (Hrsg.) (2010): Handbuch Mediensozialisation. Wiesbaden: VS Verlag.

# Kapitel 3 Handlungsfeld Soziale Arbeit mit Familien

*Christian Rösler*

## Familien heute

### Von der Schwierigkeit der Definition von Familie und dem Wandel der Sichtweisen

Scheint zunächst klar, worauf sich das Handlungsfeld der Arbeit mit Familien bezieht, wird bei dem Versuch, Familie zu definieren, schnell die Verschwommenheit dieses Begriffes angesichts postmoderner Unübersichtlichkeit deutlich. In den unterschiedlichen Festlegungen des Begriffes „Familie" zeigen sich dabei die gesellschaftlichen Veränderungen der letzten Jahrzehnte sowie der Wandel im Verständnis. In den Familienberichten der Bundesregierung findet man schon in einem vergleichsweise kurzen historischen Zeitraum enorme Veränderungen. Spricht noch der erste Familienbericht 1968 von Familie als der „Gruppe, in der ein Ehepaar mit seinen Kindern zusammenlebt", wird im zweiten Familienbericht 1975 schon der Aspekt der Ehe fallengelassen und nur noch von einem „Beziehungsgefüge eines Elternpaares mit einem oder mehreren eigenen Kindern (Kernfamilie)" gesprochen. Der dritte Familienbericht 1979 betrachtet Familie als eine „zwei Generationen umfassende Gruppe von Eltern und Kindern" und unterscheidet vollständige von unvollständigen Familien, 1986 ist Familie dann aber plötzlich eine „soziale Einheit von drei und mehr Generationen". Die ehemalige Bundesfamilienministerin Ursula von der Leyen versuchte diesen gordischen Definitionsknoten mit der einfachen Formel zu durchschlagen: „Familie ist da, wo Kinder sind." Einige Autoren bezeichnen es angesichts dieser Lage sogar als ein „Ding der Unmöglichkeit, Familie allgemeingültig zu definieren" (Bayerl 2006, S. 43). Zumindest können an jede dieser Definitionen verschiedene kritische Fragen gestellt werden: Ist eine Alleinerziehende mit Kind keine Familie? Endet Familie, wenn die Kinder ausziehen? Bezeichnet Familie die Kernfamilie oder nicht doch gerade den generationenübergreifenden Verband? Im Zeitalter hoher Scheidungsraten setzen sich Familien zudem neu zusammen und es entsteht die Frage, wo eine Familie endet und die andere beginnt – Scheidungskinder können demgemäß Mitglied in mehreren Familien sein.

Deutlich wird aber auch, dass es doch konstitutive Elemente gibt, die in den verschiedenen Definitionsversuchen immer wieder aufscheinen. Festzustellen ist, dass eine Partnerschaft von Eltern und das Vorhandensein von Kindern hauptsächliche Bestandteile von Familie sind. Die folgende Definitionen fasst solche konstitutiven Elemente zusammen und scheint damit auch heute einigermaßen konsensfähig:

„Familie ist eine Gruppe von Menschen, die durch nahe und dauerhafte Beziehungen miteinander verbunden sind, die sich auf eine nachfolgende Generation hin orientiert und die einen erzieherischen und sozialisatorischen Kontext für die Entwicklung der Mitglieder bereitstellt" (Hofer et al. 2002, S. 6).

## Familie(nbilder) im Wandel

Die aufgeführten Schwierigkeiten beim Versuch, Familie heute zu definieren, sind letztlich auf die gewaltigen gesellschaftlichen Veränderungsprozesse in diesem Feld zurückzuführen, die auch nach wie vor anhalten. Allgemein wird heute vom „Wandel der Familie" gesprochen, in vielen sozialwissenschaftlichen Analysen wird dies auch als „Krise" oder „Zerfall" der Familie bezeichnet. Verschiedene historische und gesellschaftliche Veränderungsprozesse tragen zu dieser Entwicklung bei und sollen im Folgenden erläutert werden (vgl. Peuckert 2008, Nave- Herz 2007).

*Demografische Veränderungen:* Betrachtet man die statistische Entwicklung der Geburtenrate seit Gründung des deutschen Reiches 1871, so hat die epochalste Veränderung schon vor über 100 Jahren stattgefunden: Mit Einführung einer allgemeinen Rentenversicherung entfiel die Notwendigkeit, die Existenz im Alter über eine möglichst hohe Kinderzahl abzusichern – in der Folge fiel die Geburtenrate dramatisch. Je höher ein Land technisch industrialisiert ist, je eher werden dem Kind immaterielle Werte beigemessen, z. B. die Befriedigung emotionaler Bedürfnisse. Seit Mitte der 1960er Jahre ist die Geburtenrate soweit abgesunken, dass Demografen mittlerweile von einer schrumpfenden Bevölkerung in Deutschland ausgehen, was vielfältige Folgen für Gesellschaft und Politik hat: Stichworte „Überalterung" und „Pflegenotstand", „Rentenproblem" usw.

*Wertewandel:* Dem liegt ein grundlegender Wertewandel in der Gesellschaft zugrunde: von Pflicht-und Akzeptanzwertorientierungen zu Selbstwertorientierungen. In diesem Zusammenhang wird oft von einer Krise von Ehe und Familie gesprochen. Dabei ist zu beachten, dass es sich bei der sog. „traditionellen Familienform" um eine historisch einmalige Situation handelte, da nie eine Familienform so dominant war wie in der Nachkriegszeit der 1950er und 1960er Jahre. Die moderne Kleinfamilie hatte sich beinahe universell durchgesetzt, es herrschte somit ein Zustand vor, der ungewöhnlich homogen war und diese Familienform als selbstverständliche Normallebensform voraussetzte (Institutionalisierung). Mit moderner Kleinfamilie ist die „selbst-ständige Haushaltsgemeinschaft eines Ehepaares mit seinen minderjährigen leiblichen Kindern" (Peuckert 2008, S. 9) gemeint. Mit der „Institution Ehe" ging auch die „Institution Elternschaft" einher. Historisch betrachtet ist diese Familienform keineswegs traditionell, vielmehr findet man vor 1900 ähnlich wie heute eine Vielzahl an Familienformen, u. a. Alleinerziehendenfamilien, Stieffamilien usw.; diese hatten jedoch andere Entstehungsbedingungen als heute, z. B. eine höhere Sterblichkeitsrate durch das damals nicht behandelbare Kindbettfieber u. a.

Aus soziologischer Sicht haben Prozesse der „Individualisierung", der „Pluralisierung" und der Deinstitutionalisierung die gesellschaftliche Situation von Familie grundlegend gewandelt, die moderne Kleinfamilie ist heute nur noch eine von vielen möglichen Lebensformen. Als bedeutendster Aspekt der Deinstitutionalisierung gilt die „Auflösung und Entkoppelung des bürgerlichen Familienmusters" (Peuckert 2008, S. 29). Die bürgerliche Ehe- und Familienordnung wird unverbindlicher, die Verknüpfung von Ehe und Familie mit Liebe, gemeinsamem Haushalt, Monogamie und biologischer Elternschaft lockert sich: „Liebe kommt gut ohne Ehe aus und Ehe auch ohne Kinder: Überhaupt treten Ehe und Elternschaft deutlicher auseinander: Die ‚pure' Ehe (ohne Kinder) wird ebenso zur Option wie die ‚pure' Mutterschaft ohne Ehemann" (Peuckert 2008, S. 30). Deinstitutionalisierung bringt neue Freiheiten und eine Zunahme an Wahlmöglichkeiten mit sich („Multioptionsgesellschaft"), woraus sich allerdings auch Verhaltensunsicherheiten ergeben können. Individualisierung bezeichnet dabei den Umstand, dass angesichts der abnehmenden Bindungskraft traditioneller Wertvorstellungen und Verhaltensnormen die Individuen ihre Lebensläufe und Identitäten eigenständig konstruieren dürfen, aber auch müssen. Dies führt zu der heute zu beobachtenden Pluralität an Lebens- und eben auch Familienformen.

Heute haben besonders kinderlose Lebensformen, wie z. B. nicht eheliche Lebensgemeinschaften und Alleinstehende an Bedeutung dazugewonnen. Aber auch die Struktur der bestehenden Familien hat sich verändert, womit besonders die Stieffamilien und Einelternfamilien gemeint sind. Als Ursache gelten dafür heute u. a. die hohen Scheidungszahlen, woraus sich die neuen Familienformen häufig ergeben (Peuckert 2008, Nave-Herz 2007). Hinzu kommt, daß durch die gestiegenen Scheidungszahlen es immer mehr Menschen gibt, die wieder als zukünftige Partner infrage kommen

Es ist allerdings zu beachten, dass trotz des beschriebenen Wertewandels und entgegen anderslautender medialer Darstellungen auch heute noch die Mehrzahl der Bevölkerung nach konventionellen Mustern lebt. Die hohe Scheidungsrate führt dabei nicht zwangsläufig zu einem Bedeutungsverlust der Ehe, es ist viel mehr festzustellen, dass Paare ihre Ehe auflösen, weil sie dieser eine hohe Bedeutung und Wichtigkeit zuordnen, auch in der Hoffnung auf eine spätere bessere Partnerschaft.

*Wandel der Eltern-Kind-Beziehung:* Die allgemeine Entwicklung der Eltern-Kind-Beziehung kann man in einer wachsenden Kindorientierung, Verringerung von Kontrolle und einer Verstärkung von Emotionalität und Kommunikation beschreiben. Der psychologisch-emotionale Wert von Kindern hat sich erhöht, das Kind wird dementsprechend verändert wahrgenommen und behandelt. Zudem hat sich in der Familienforschung seit den 1990er Jahren eine Sicht auf die Eltern-Kind-Beziehungen entwickelt, welche die individuellen Rechte und Bedürfnisse des Kindes betont: das Kind wird als Akteur in eigener Sache konzeptualisiert. Die Erziehung in der Familie wird vor diesem Hintergrund als „Koproduktion von Eltern und Kindern" verstanden. Der Wandel in der Wahrnehmung von Kindern hat sich zudem in veränderten familien-rechtlichen Regelungen gezeigt, besonders im veränderten Kindschafts- und Sorgerecht (s. u.). Diese Regelungen orientieren sich an einem Leitbild, welches ein partnerschaftliches Verhältnis zwischen Eltern und Kindern in den Vordergrund stellt. Damit geht einher, dass der Begriff des Kindeswohls zentrale Bedeutung für die Gestaltung familiärer Beziehungen erhält (s. u.).

*Neue Sozialisationsbedingungen:* Aufgrund der beschriebenen Entwicklungen wachsen heute die Mehrheit der Kinder in Ein- oder Zwei-Kinder-Familien auf. Dies und der beschriebene Wertewandel führen zwangsläufig zu neuen Sozialisationsbedingungen für Kinder. Die Funktion der Kinder in den Familien hat sich gewandelt ebenso wie das Selbstverständnis von Eltern: das Kind hat einen hohen Wert und „darf nicht scheitern" mit der Folge einer Intensivierung von Beziehung; Erziehung findet informierter statt; es gibt neue Mutter- und Vaterrollen; immer mehr Leistungen müssen, vor allem von Seiten der Mütter, mobilisiert werden; aufgrund egalitärerer beruflicher Chancen entsteht ein Bedarf nach umfassender Fremdbetreuung von Kindern auch schon unter drei Jahren; usw. Es ist jedoch festzuhalten, dass angesichts der verschiedene Lebensformen der Familie es keinen empirischen Beleg dafür gibt, dass Eltern aufgrund der Lebensform ihre Kinder schlechter erziehen würden; jedoch sind die verschiedenen Familienformen jeweils spezifischen Belastungen ausgesetzt (Tschöppe- Scheffler 2006).

## Neue Familienformen: Stieffamilien und Einelternfamilien

Bei den Einelternfamilien handelt es sich in Deutschland vorwiegend um alleinerziehende Mütter (90 %, Bundesministerium für Familie 2009), die entweder schon seit der Geburt des Kindes ledig und alleinlebend sind oder aber verwitwet oder durch Trennung/Scheidung in diesen Status gelangt sind. Dieser Familientyp galt lange Zeit als „unvollständig" und wurde aus der Defizitperspektive heraus betrachtet. Mittlerweile gilt dies als kritisch, da zwar empirisch belegt ist, dass man bei mutter- bzw. vaterlos aufwachsenden Kindern mit Auffälligkeiten rechnen kann, in heutigen Einelternfamilien aber aufgrund des zunehmenden gemeinsamen Sorgerechts und unterschiedlicher praktischer Besuchs-, Umgangs- und Sorgerechtsregelungen die Kinder in der Regel einen regelmäßigen Kontakt und eine anhaltende Bindungsbeziehung zum anderen Elternteil haben (Rauchfleisch 1997, Peuckert 2008). Alleinerziehende sehen sich jedoch trotz gesellschaftlicher Normalisierung spezifischen, v. a. wirtschaftlichen Belastungen ausgesetzt. Die Armutsquote Alleinerziehender ist ca. dreimal so hoch wie im Bundesdurchschnitt, was nachweislich einen schädigenden Einfluß auf die betroffenen Kinder hat (Bundesministerium für Familie 2009). Dies ist in den meisten Fällen bedingt durch die eingeschränkten Erwerbsmöglichkeiten dieser Eltern, was wiederum auf die Notwendigkeit der Schaffung angemessener Betreuungsmöglichkeiten verweist. Darüber hinaus führt die Situation, bei Erziehungsfragen in der Regel auf sich allein gestellt zu sein (Alleinerziehende haben auch ein deutlich kleineres Unterstützungsnetzwerk), häufig zu Überforderung, mit der Folge, dass bei Einelternfamilien ein größerer Anteil von inadäquatem Erziehungsverhalten vorkommt (Vetter et.al. 2004). Hinzu kommen Probleme bei Konflikten zwischen getrennten Eltern (s. u.). Gerade in dieser Lebensform sind Eltern also auf Unterstützung angewiesen (Funcke & Hildenbrand 2009).

Die Stieffamlie ist historisch keine neue Familienform, entstand früher aber in der Regel durch Verwitwung, während sie heute durch Scheidung und anschließende neue Partnerschaften der Eltern entsteht. Ein oder beide Elternteile bringen Kinder in die neue Familienform mit, zusätzlich können gemeinsame Kinder hinzukommen. Generell lässt sich sagen, dass Patchworkfamilien vor hohe Herausforderungen gestellt sind, als da wären: Akzeptanz des neuen Partners durch die Kinder, Loyalitätsprobleme und Rollenunsicherheiten bei allen Familienmitgliedern, Notwendigkeit der Abstimmung mit außerhalb der Familie lebenden Elternteilen u. a. m. Patchworkfamilien haben ein nicht auflösbares Strukturproblem im Vergleich zu konventionellen Familien in der Tatsache, dass sie aufgrund von Eltern-Kind-Beziehungen, die von außen in die Familie hineinreichen, ihre Grenzen nach außen nie klar definieren können. Die damit verbundenen Anforderungen an Flexibilität, Kommunikationsfähigkeit usw. machen professionelle Beratung für solche Familien fast unabdingbar (Funcke & Hildenbrand 2009, Krähenbühl 2007).

Schließlich sei hier noch die neue, zwar bislang seltene, aber im Wachsen begriffene Familienform des gleichgeschlechtlichen Paares mit Kindern zumindest erwähnt (Funcke & Thorn 2009).

Abschließend lässt sich sagen: Auch wenn nicht von einem Verfall der Familie gesprochen werden kann, so muss man doch feststellen, dass Lebenswelten von Familien und Erziehungsmilieus sich voneinander entfernen und die verschiedenen Familienformen sehr unterschiedliche Chancen, Ressourcen und Belastungen in sich tragen. In der Gruppe der hochbelasteten Familien treten häufig Unterversorgungslagen auf, die spezifische Unterstützungen und Interventionen gerade auch aus der Sozialen Arbeit erforderlich machen.

## Analyse- und Deutungskompetenz: Wie erkennt man Probleme von Familien?

In Bezug auf das Handlungsfeld Familie bedeutet Analyse- und Deutungskompetenz zum einen eine fundierte Kenntnis der oben dargestellten gesellschaftlichen Hintergründe und der sich daraus ergebenden Anforderungen an die Gestaltung von Familienleben heute. Darüber hinaus entstehen sozialarbeiterisch relevante Hilfebedarfe von Familien insbesondere an überindividuell auftretenden kritischen

Übergängen im Familienzyklus (Schneewind 2010). Insofern braucht es auch eine Kenntnis der typischen Entwicklungsverläufe von Familie, wie sie im sog. Lebenszyklus der Familie mit seinen Phasen und kritischen Übergängen abgebildet ist.

## Phasen, Übergänge und Krisen im Lebenszyklus der Familie als Ansatzpunkte für Hilfebedarfe und Interventionen

In der unten dargestellten Tabelle sind zum einen die typischen Entwicklungsphasen und Übergänge im Lebenszyklus der Familie dargestellt als auch die in den jeweiligen Phasen typischerweise auftretenden Probleme. In der rechten Spalte sind die entsprechenden institutionellen Hilfeformen aufgeführt, die auf die Bearbeitung dieser Probleme ausgerichtet sind. Der Lebenszyklus der Familie beginnt hier damit, dass ein Paar sich zusammenfindet und ein Kind diese Paarbeziehung erweitert – insoweit wir hier der Definition von Familie folgen als dem Ort, wo Kinder sind. Entsprechend dem wachsenden Alter der Kinder und ihrer Entwicklungsphasen durchläuft die Familie verschiedene Phasen bis hin zum Auszug der Kinder und der Reorganisation des „alten" Paares auf ein Leben ohne Kinder bzw. eine Orientierung auf eine dritte Generation der Enkel. Die jeweiligen Übergänge zwischen den Phasen können sich – auch regelmäßig – krisenhaft gestalten und bedürfen dann erheblicher Anpassungsleistungen durch die Familienmitglieder, die dann auch nicht selten versagen. Ein Beispiel für eine derartige Krise ist die Geburt des ersten Kindes, die den Übergang von der Zweisamkeit des Paares zu den Anforderungen der Elternschaft darstellt und eine kritische Herausforderung für die „neugeborenen Eltern" bedeutet, was in Deutschland immer noch recht wenig bekannt ist.

Dieser Lebenszyklus der Familie stellt natürlich einen idealtypischen Phasenverlauf dar, der, wie oben ausgeführt, heutzutage an jedem Punkt durch Trennung/Scheidung der Eltern unterbrochen werden kann und häufig auch wird, woraus dann jeweils wieder eigene Problemstellungen und Unterstützungsbedarfe entstehen (s. u.). Auf die spezifischen Probleme und Hilfebedarfe neu sich zusammensetzender Familien bzw. Ein-Eltern-Familien wurde oben schon eingegangen.

**Tab. 1:** Familienphasen, Problemfelder und Hilfeformen

| Phase | Mögliche Probleme | Hilfen, Interventionen |
|---|---|---|
| Paarfindungsphase | Bindungsprobleme | Ehe-, Familien-, Lebensberatung |
| Ehe/Paar noch ohne Kinder | Paarbildung: Bindungsprobleme, Nähe-Distanz-Konflikte usw.<br>Räumliche Trennung wg. Mobilität, Beruf<br>Konflikt um Kinder-Entscheidung<br>Ungewollte Kinderlosigkeit | Ehe-, Familien-, Lebensberatung<br>Familienbildung: Gesprächstrainings für Paare<br><br>Medizin. Beratung<br>Adoptionsberatung |

| Phase | Mögliche Probleme | Hilfen, Interventionen |
|---|---|---|
| Schwangerschaft | Schwangerschaftskonflikt<br>Komplikationen<br>Behinderung des Kindes | Schwangerschaftskonfliktberatung<br>Schwangerenberatung<br>Beratung bei Pränataldiagnostik |
| Paar mit erstem Kind, Kleinkindphase | Probleme mit Veränderung der Paarbeziehung<br>Entwicklungsprobleme des Säuglings/Kleinkinds<br>Überforderung der Eltern | Schwangerenberatung (bis 3 Jahre)<br>Frühe Hilfen<br>Sozialpädagogische Familienhilfe (SPFH) |
| Weitere Kinder, Kleinkindphase | Erziehungsprobleme<br>Belastung/Überforderung der Eltern<br>Vereinbarkeit Familie/Beruf<br>Entwicklungsstörung bei Kind | Frühe Hilfen, SPFH<br>Erziehungsberatung<br>Familienbildungsangebote: Elterntrainings<br>Frühförderung |
| Familie mit Vorschulkindern | Erziehungsprobleme | Erziehungsberatung, SPFH<br>Familienbildungsangebote |
| Familie mit Schulkindern | Schul- und Leistungsprobleme<br><br>Eltern-Kind-Konflikte | Schulsozialarbeit<br><br>Erziehungsberatung<br>Familientherapie/-beratung |
| Familie mit Jugendlichen | Pubertäts- und Adoleszenzkonflikte<br><br>Probleme mit Suchtmitteln | Familien-/Erziehungsberatung<br>Beratung für Jugendliche<br>Email- und Online-Beratung<br>Sexualberatung u. -pädagogik<br>Sozialpädagogische Gruppenangebote<br>Suchtberatung |
| Kinder gehen aus dem Haus | „Empty nest"<br><br>Ablösungsprobleme | Lebensberatung<br>Beratung für Eltern, junge Erwachsene und Jugendliche |
| „Altes Paar" ohne Kinder | Generationenkonflikte (z.B. Erziehung der Enkel)<br>Anpassungsprobleme der Paarbeziehung | Familientherapie/-beratung<br><br>Paarberatung |

## Kindeswohl und Kindeswohlgefährdung als zentrale Begründungskonzepte der Familienhilfe

Seit Ende der 1970er Jahre steht das Prinzip des Kindeswohls nun im Familienrecht im Mittelpunkt und ist zum wesentlichen Begründungsmerkmal für soziale Familienhilfen geworden (siehe Hugoth i. d. Band). Es sei hier nur angemerkt, dass hinter dieser Entwicklung die zunehmende Bedeutung der Bindungstheorie (Brisch et.al. 2006, 2009; Grossmann & Grossmann 2004) für das Verständnis von familiären Beziehungen und die Einflußnahme auf diese steht.

## Die sozialpädagogische Diagnose

Analyse und Deutung familiärer Problemsituationen und Hilfebedarfe bündeln sich in der sog. Sozialpädagogischen Diagnose (Schmidt 2007). Diese mündet in die konkrete Hilfeplanung, in der in jedem Fall auch die Dilemmata- und Entscheidungskompetenz der sozialen Fachkraft gefordert ist. Der Begriff Sozialpädagogische Diagnose beschreibt dabei keine feststehende Methodik, sondern ist eher ein Sammelbegriff für in der Sozialen Arbeit übliche Vorgehensweisen, sich einen diagnostischen Eindruck von einer Familie und ihrer Situation zu machen. So beschreibt Schmidt (2007) ein recht ausführliches Modell der Datensammlung, bei dem auf sieben Ebenen bzw. „Faktoren" die aktuellen Handlungsbedarfe anhand einer vierstufigen Bewertung (0 = Handlungsunmöglichkeit/akuter Handlungsbedarf, 1 = mangelhafte Situation, 2 = akzeptable Situation, 3 = zufriedenstellende Situation) eingeschätzt werden. Diese Faktoren beschreiben sieben Ebenen, die für Familienleben relevant sind: geographisch/soziologisch, ökonomisch, gesundheitlich, familiensoziologisch, Motivation, kognitive Fähigkeiten, emotionale Fähigkeiten. Andere Modelle (Schrapper 2004, Uhlendorff & Marthaler 2004) ergänzen dies um Aspekte der Entwicklung der Familie und Familiengeschichte. Insbesondere generationenübergreifende Aspekte der Familienproblematik lassen sich durch die Methode des Genogramms abbilden. Dabei werden die Familienmitglieder und ihre Beziehungen über mindestens drei Generationen durch Symbole in einem zusammenhängenden Schema dargestellt. Generationenübergreifende Problemmuster wie z. B. Suchtproblematiken lassen sich so leichter erkennen. Die Arbeit von Harnach (2007) liefert eine sehr umfassende Übersicht über Heuristiken der Datensammlung in der Familiendiagnostik. Grundsätzlich gilt, dass Soziale Arbeit mit Familien immer auf Aktivierung der Selbsthilfekräfte der Klienten ausgerichtet ist; insofern sollte eine Betrachtung der Familie neben einer genauen Analyse der Probleme immer auch die vorhandenen Ressourcen der Familie in den Blick nehmen. Gerade an diesen letzteren lassen sich nämlich häufig Hilfepläne und Interventionen anknüpfen. Diese Betrachtung sollte dann immer in eine übergreifende Interpretation der Gesamtsituation und ihrer Bedingungszusammenhänge münden (f. Bsp. s. Schmidt 2007, Harnach 2007).

# Institutionen und Interventionsformen

Wenn wir nun zu den Formen der Hilfe für Familien in der Sozialen Arbeit kommen, so müssen zunächst die Meso-Ebene der Organisationen bzw. Institutionen (z. B. Mehrgenerationenhaus) unterschieden werden von der Mikro-Ebene der klientenbezogenen Interventionen (z. B. Familientherapie). Andererseits ist diese Unterscheidung häufig theoretisch, während in der praktischen Arbeit beide Ebenen zusammenfließen. Zur besseren Unterscheidung der Ebenen sollen deshalb im Folgenden zunächst Interventionsmethoden im engeren Sinne herausgegriffen werden, die für die Soziale Arbeit mit Familien besonders typisch sind.

## Beratung

In den verschiedensten Kontexten der Sozialen Arbeit mit Familien kommen Methoden der Beratung zum Einsatz, insbesondere natürlich in der Familienberatung, Paar- und Erziehungsberatung als auch in der Schwangeren- und Schwangerschaftskonfliktberatung. Beratung umfassend zu definieren, erweist sich dabei als nicht einfach (vgl. Rausch et.al. 2008). Folgende Definition von Nestmann et.al. (2004) scheint hier allgemein konsensfähig: „Beratung ist in ihrem Kern jene Form einer interventiven und präventiven helfenden Beziehung, in der ein Berater mittels sprachlicher Kommunikation und auf der Grundlage anregender und stützender Methoden innerhalb eines vergleichsweise kurzen Zeitraums versucht, bei einem desorientierten, inadäquat belasteten oder entlasteten Klienten einen auf kognitiv-emotionale Einsicht fundierten aktiven Lernprozeß in Gang zu bringen, in dessen Verlauf seine Selbsthilfebereitschaft, seine Selbststeuerungsfähigkeit und seine Handlungskompetenz verbessert werden können“ (S. 2). Davon abgegrenzt werden muss Beratung im Sinne von Information/Auskunft, wie sie bspw. in der Allgemeinen Sozialberatung für Familien als Information über finanzielle Hilfen stattfindet.

## Systemische Methoden/Familientherapie

Der Begriff „systemisch“ stellt einen Sammelbegriff für eine Anzahl Methoden in der Arbeit mit Familien dar, denen eine bestimmte Art des Denkens und Handelns zugrunde liegt. Dieses Denkmodell gründet in der Familientherapie, die wiederum in der Mitte des letzten Jahrhunderts in den USA entstanden ist. Zentral ist dabei, die problembehafteten Klienten als Mitglieder eines zusammenhängenden Gefüges zu sehen und die Probleme nicht in erster Linie als individuell, sondern als Ausdruck von Problemen und Konflikten der zusammenhängenden Gruppe bzw. Familie, kurz: des „Systems“ zu betrachten. Dies bedeutet eine Abkehr von linearen Ursache-Wirkungs-Modellen hin zu einem zirkulären Modell, nach dem die Wirklichkeit eines Individuums untrennbar mit seiner Einschätzung des Kontextes verbunden ist. Hinzu kommt eine konstruktivistische Erkenntnishaltung, die sowohl die Sichtweisen der Familienmitglieder als auch die „Diagnosen“ der Fachkräfte als Konstruktionen, d. h. als Interpretationen von Wirklichkeit betrachtet, die nicht Wahrheiten darstellen, sondern Versuche der Reduktion erlebter Komplexität. In der systemischen Herangehensweise werden die KlientInnen als die eigentlichen Experten ihrer Probleme angesehen. Die Fachkräfte verstehen sich nicht als Problemlöser, ihre Aufgabe besteht vielmehr darin, gemeinsam mit den KlientInnen einen Rahmen zu schaffen, in dem das Problem bearbeitet und gelöst werden kann (Schlippe & Schweitzer 2002). Zu den systemischen Methoden zählen bestimmte Fragetechniken, die weniger auf Informationserhalt abzielen, als vielmehr die fixierten Sichtweisen der Klienten auf ihre Probleme erschüttern und neue Sichtweisen ermöglichen sollen; weitere Methoden sind das Umdeuten (Reframing), Formen der graphischen (z.B. Genogramm) und physischen (z.B. Familienskulptur) Darstellung von Familienbeziehungen u.a.m. (s. Schlippe & Schweitzer 2002). In vielen Feldern der Sozialen Arbeit mit Familien (z.B. SPFH, s.u.) sind diese Methoden mittlerweile unverzichtbar und stellen eine zentrale Methodik der sozialen Fachkräfte dar.

## Aufsuchende Hilfen

Ein zentrales Problem in der Sozialen Arbeit mit Problemfamilien ist, dass diejenigen Familien, die am dringendsten Hilfe benötigen, häufig die Angebote z.B. von Beratungsstellen, die eine sog. Komm-Struktur haben, nicht wahrnehmen. Daher hat man in der Sozialen Arbeit schon frühzeitig erkannt, dass diese Familien nur dann mit entsprechenden Hilfsangeboten erreicht werden, wenn die Fachkräfte sie aktiv aufsuchen und unmittelbar im häuslichen Kontext mit der Familie arbeiten. Die klassische Hilfeform in diesem Bereich ist die Sozialpädagogische Familienhilfe, die als Hilfeform auch im SGB VIII festgeschrieben ist und deshalb weiter unten ausführlich erläutert wird.

## Konfliktschlichtung/Mediation

Wie oben dargestellt, ist ein entscheidender Faktor im Wandel der Familie die mittlerweile hohe und weiter steigende Scheidungsrate in westlichen Gesellschaften. Wie schon ausgeführt wurde, setzen sich Familien nach Trennung/Scheidung vielfach neu zusammen. Mittlerweile kommt es dabei häufig zu Streitigkeiten zwischen den nach wie vor beiderseits erziehungsberechtigten Elternteilen um Sorge- und Umgangsrechtsfragen. In diesem Feld der Arbeit mit streitenden Eltern hat sich mittlerweile eine Form der Konfliktvermittlung etabliert, die als Mediation bezeichnet wird. Bei der Mediation wird in Sachkonflikten zwischen streitenden Parteien durch unparteiische Dritte, die Mediatoren, vermittelt. Diese unterstützen die Streitenden dabei, konstruktiv zu verhandeln und eigenständig einvernehmliche Lösungen für die Probleme zu erarbeiten (Haynes 1993, Montada & Kals 2007). Seit den 1980er Jahren hat sich die Trennungs- und Scheidungsmediation (oder auch Familienmediation) neben dem streitigen Verfahren in Deutschland als Möglichkeit etabliert, Paaren in Trennung/Scheidung dabei zu helfen, die entstehenden Sachfragen auf faire Weise zu lösen (Roesler 2007). Mediation zielt darauf ab, von den anfänglichen unvereinbaren Positionen der Parteien durch Untersuchung der dahinter stehenden Interessen und Bedürfnisse zu Lösungen zu kommen, die die Interessen beider in fairer Weise abbilden. Der

Ablauf des Mediationsverfahrens lässt sich in fünf Phasen gliedern: Das Arbeitsbündnis, die Erarbeitung der Themenbereiche, die Bearbeitung der Konfliktfelder durch Untersuchung der Interessen, das Sammeln von Optionen und Einigung sowie schließlich die rechtliche Gestaltung der erreichten Vereinbarung (Haynes 1993). In diesem Vertrag sollen die Bedürfnisse und Interessen beider Parteien entsprechend einfließen bzw. befriedigt werden. Es liegt auf der Hand, dass dieses Verfahren angesichts hoher Scheidungsraten und der Zunahme elterlicher Nachscheidungskonflikte in der Arbeit mit diesen Familien eine immer größere Bedeutung gewinnt.

**Eine Familie „unter der Lupe"**

In der folgenden Darstellung der Entwicklung einer Familie wird aufgezeigt, welche Interventionsmöglichkeiten für Soziale Arbeit an unterschiedlichen Stellen jeweils bestehen. Im Anschluss werden diese Hilfeformen ausführlicher beschrieben.
Pauls Mutter kam Anfang der 1990er Jahre als jugendliches Mädchen mit ihrer Familie im Rahmen der ersten Spätaussiedlerkontingente aus Russland nach Deutschland. Sie lernte hier rasch einen jungen Deutschen kennen und wurde noch vor Erreichen des 18. Lebensjahres ungewollt schwanger.

*(Schwangerenberatung)*
Der gerade 19jährige werdende Vater ist strikt gegen das Austragen des Kindes und entzieht sich der Beziehung, indem er sich für 12 Jahre bei der Bundeswehr verpflichtet.

*(Paarberatung im Rahmen der Erziehungsberatung)*
Die Eltern der Mutter zwingen sie aufgrund ihrer evangelikalen Orientierung zum Austragen des Kindes. Unmittelbar nach der Geburt fällt die Mutter in eine postpartale Depression, die nicht erkannt wird, vermutlich auch weil sie relativ isoliert lebt. Die Depression klingt zwar nach einigen Wochen wieder ab und ihre Eltern, bei denen sie nach wie vor lebt, können einiges in der Betreuung des Kindes auffangen, trotzdem hat sich dieses mit drei Monaten zu einem ausgeprägten Schreibaby entwickelt. Die junge Mutter gerät regelmäßig in Überforderungssituationen, bei denen sie das Kind zuweilen auch kräftig schüttelt oder aber schreien lässt und sich in ein anderes Zimmer zurückzieht.

*(Frühe Hilfen, aufsuchende Familienhilfe)*
*(Familienzentrum, Mehrgenerationenhaus, Familienbildungsangebote)*
Als Paul mit 4 Jahren verspätet den Kindergarten besucht, fällt er hier durch Verhaltensprobleme auf.

*(Erziehungsberatung)*
Einige Monate nach seiner Einschulung beklagt sich Pauls Lehrerin bei seiner Mutter über Pauls Unruhe in der Klasse, er könne nicht 5 Minuten stillsitzen und störe immer wieder den Unterricht. Der Kinderarzt diagnostiziert daraufhin bei Paul ein Aufmerksamkeitsdefizit-Syndrom mit Hyperaktivität (ADHS) und verordnet Ritalin, womit Pauls Verhalten in der Schule sich deutlich bessert. Trotzdem schafft Paul es nur auf die Hauptschule. Hier kommt es in der 6. Klasse zu einem Eklat: Paul verprügelt einen anderen Jungen im Streit und schlägt so brutal zu, dass der andere für einen Tag ambulant in der Klinik behandelt werden muss. Pauls Klassenlehrer bestellt daraufhin die Mutter zu einem Elterngespräch (Pauls leiblicher Vater lebt in einem anderen Bundesland mit einer eigenen Familie und hat keinen Kontakt zu Paul) und erfährt von ihr, dass Paul „sehr traurig" sei, weil er keinen Kontakt mehr zu seinen Groß-

eltern habe, nachdem sie dort ausgezogen sei. Sie habe einen neuen Partner und der habe darauf bestanden, dass sie mit Paul zu ihm ziehe. Paul habe jetzt einen „richtigen Vater", der ihn „sehr streng" erziehe, aber das sei auch nötig, weil Paul immer wieder über die Stränge schlage. Ihre Eltern seien gegen den Kontakt gewesen und sie besuche sie deshalb nur selten. Für Paul sei das natürlich schon eine große Veränderung, weil ihre Eltern sich immer um ihn gekümmert hatten, wenn sie arbeiten ging.

*(Elterntraining, Sozialpädagogische Familienhilfe, Kindeswohlgefährdung, Erziehungsberatung)*
Einige Jahre später hat Pauls Mutter ihren Partner geheiratet. Zwischen Paul und seinem Stiefvater ist der Konflikt eskaliert, Paul schlägt mittlerweile zurück, wenn der Stiefvater ihn prügelt oder die Mutter schlägt. Paul hat die Hauptschule ohne Abschluss verlassen. Er verbringt so viel Zeit wie möglich auf der Strasse mit seinen Kumpels und kehrt teilweise auch nachts nicht nach Hause zurück. Wenn sie getrunken haben, „mischen sie gern auch mal andere Jugendliche auf".

## Schwangerschaftskonfliktberatung und Schwangerenberatung

Die Neufassung des „Schwangeren- und Familienhilfeänderungsgesetzes" hat zum Ziel, das Leben ungeborener Kinder durch Beratung der Mutter besser zu schützen, andererseits mit dem Leitsatz „Hilfe statt Strafe" im Rahmen einer ergebnisoffenen Pflichtberatung im Schwangerschaftskonflikt die Frau über die vorhandenen Hilfemöglichkeiten zu informieren (BMFSFJ 2010b). Darüber hinaus besteht ein Rechtsanspruch auf Beratung bis zum vollendeten 3. Lebensjahr des Kindes. Die psychosoziale Beratung im Schwangerschaftskonflikt stellt eine Mischung aus psychologischen, sozialpädagogischen, aber auch seelsorgerischen Methoden dar. Mit der Anwendung dieser spezifischen Methodik wird die Schwangere dazu befähigt, ihre Gesamtsituation besser zu überblicken und ihre Selbsthilfekräfte zu stärken, um dann eine eigenständige und persönlich verantwortete Lösung ihrer Konflikte und Probleme zu finden (Lammert et.al. 2002; Langsdorff 2000).

Die Kunst der Beraterin ist es, mit jeder Ratsuchenden eine vertrauensvolle und partnerschaftliche Beziehung aufzubauen, offen zu sein für die unterschiedlichsten Wertorientierungen und getroffene Entscheidungen der Frauen zu akzeptieren, auch wenn sie nicht den eigenen Wertvorstellungen entsprechen. Beraterinnen dürfen weder parteiisch Stellung beziehen, noch die Frau beeinflussen. Sie bieten den Frauen Hilfen in jeder Phase des Schwangerschaftskonflikts an, zeigen Risiken, Möglichkeiten und Auswege auf und vermitteln spezifische Informationen, welche die betroffenen Frauen individuell, je nach Problemlage benötigen. Typische Themen der Beratung in der Schwangerenberatung:

1. Sexualaufklärung, Verhütung und Familienplanung
2. Familienfördernde Leistungen
3. Vorsorgeuntersuchungen bei Schwangerschaft und die Kosten der Entbindung

4. Soziale und wirtschaftliche Hilfen (z.B. Bundesstiftung „Mutter und Kind – Schutz des ungeborenen Lebens“)
5. Hilfs- und Fördermöglichkeiten vor und nach der Geburt eines möglicherweise behinderten Kindes
6. Die Methoden zur Durchführung eines Schwangerschaftsabbruchs, die physischen und psychischen Folgen und Risiken
7. Lösungsmöglichkeiten für psychosoziale Konflikte im Zusammenhang mit einer Schwangerschaft
8. Die rechtlichen und psychologischen Gesichtspunkte im Zusammenhang mit einer Adoption.

**Familie unter der Lupe**

Bei der von uns betrachteten Familie hätte zum einen in der Frühphase der Schwangerschaft eine Schwangerschaftskonfliktberatung die werdende Mutter dabei unterstützen können, ihre persönliche Situation und Zukunftsplanung zu reflektieren und zu einer selbstverantworteten Entscheidung unabhängig von den Erwartungen der Eltern zu kommen. Darüberhinaus hätte sie umfassende Informationen zu finanziellen und anderen Hilfen erhalten können. Schließlich wäre sogar denkbar gewesen, den werdenden Vater zu diesen Gesprächen einzuladen, um die Möglichkeiten für eine gemeinsam gelebte Elternschaft auszuloten. All dies hätte sicherlich dazu beigetragen, den beiden noch sehr jungen Eltern den Übergang in die Elternschaft zu erleichtern und dies auch mit einem Autonom-Werden von der Ursprungsfamilie und deren Werten zu verbinden. Außerdem gilt: je früher in potentiell problematischen Entwicklungsverläufen professionelle Intervention stattfindet, desto eher können diese Verläufe noch verhindert oder zumindest abgemildert werden. So hätte man die werdende Mutter in unmittelbar an die Geburt anschließende Hilfen (Frühe Hilfen) weitervermitteln können.

## Frühe Hilfen

Wie schon deutlich wurde, zeichnen sich problematische Verläufe von Familienentwicklungen meist schon recht frühzeitig, in unserem Beispiel gar vor der Geburt des ersten Kindes ab. Die aktuelle Ausrichtung der Sozialen Arbeit mit Familien zielt nach dem Prinzip Prävention darauf ab, möglichst frühzeitig zu intervenieren und so ungünstige Entwicklungen schon im Vorfeld zu verhindern (Hahlweg 2000). In den letzten Jahren hat sich hier ein breites Feld von Angeboten und Hilfen entwickelt, die unter dem Begriff „Frühe Hilfen“ zusammengefasst werden (Lindner 2008) (s. Hugoth i.d. Band).

Prävention findet in der Sozialen Arbeit mit Familien neben den schon genannten Frühen Hilfen insbesondere in der Form von Eltern- und Familienbildungsprogrammen statt. Beispielhaft für solche Familienbildungsangebote sollen im Folgenden Elterntrainings dargestellt werden.

## Familienbildung und Elterntrainings – Stärkung der Elternkompetenzen

Für eine gesunde und altersgemäße Entwicklung der Kinder sind die elterlichen Erziehungskompetenzen von entscheidender Bedeutung. Schutzfaktoren wie eine gute Beziehung zwischen Eltern und Kindern oder hohe Selbstwirksamkeitserwartung der Eltern können eine gesunde Entwicklung stärken. Im Zusammenwirken mit Risikofaktoren wie deprivierten Verhältnissen, schwierigem Temperament des Kindes etc. können Mängel in der elterlichen Erziehungskompetenz die Entwicklung des Kindes stark beeinträchtigen und in Extremfällen zu Kindeswohlgefährdung führen. Die Erkenntnis dieser Zusammenhänge hat in den letzten Jahren zur Entwicklung sog. Elterntrainings geführt, die darauf abzielen, die Erziehungskompetenz von Eltern zu stärken, im Grunde also Eltern entwicklungsförderliche Erziehungsmethoden beizubringen (Tschöpe-Scheffler 2006).

Erziehungskompetenz setzt sich hierbei aus unterschiedlichen Aspekten zusammen: a) selbstbezogene Kompetenz meint die Fähigkeit, sich Wissen im Bezug auf die Entwicklung von Kindern anzueignen und die eigenen Wertvorstellungen sowie das eigene Erziehungshandeln reflektieren zu können; b) bei den kindbezogenen Kompetenzen geht es um die elterliche Anpassungsfähigkeit an die Bedürfnisse und individuellen Entwicklungserfordernisse der Kinder, die Fähigkeit, Empathie und Zuneigung zu zeigen, c) kontextbezogene Kompetenz besteht darin, den Alltag des Kindes entsprechend dieser Ziele zu organisieren und positive Erfahrungen zu ermöglichen; d) handlungsbezogene Kompetenzen zeigen sich im Vertrauen in das eigene Handeln und in entsprechender Konsequenz, z.B. Abmachungen bei Regelverstößen einzuhalten, ebenso aber auch darin, den Kindern je nach Situation entsprechende Freiräume zu gewähren, um sie in ihrer Selbständigkeit zu fördern. Aus dieser Aufzählung wird schon deutlich, welche komplexen Fähigkeiten Erziehungskompetenz voraussetzt.

Elterntrainings zielen auf Verbesserungen in den genannten Beeichen ab und arbeiten dabei auf unterschiedlichen Ebenen. Informationen über die Bedürfnisse des Kindes und dessen Entwicklung sind ein erster wichtiger Baustein. Des weiteren werden konkrete Handlungsoptionen im Umgang mit dem Kind erarbeitet und danach erprobt. Damit der Transfer der neuen Handlungsweisen in den Alltag erleichtert werden kann, sollte während des Lernprozesses in der Elterngruppe ein ständiger Austausch erfolgen. Um ein Hineinzwängen in starre Regeln zu vermeiden, sollte genügend Raum zur Selbsterfahrung und Reflektion vorhanden sein. Da sich Probleme der Eltern selbst unbewusst negativ auf die Beziehung mit dem Kind auswirken, ist es ebenso eine Aufgabe der Elternbildung, deren Persönlichkeitsentwicklung anzuregen. Die Bildung funktionaler Netzwerke von Eltern untereinander sind ein weiterer wichtiger Punkt der Erziehungsunterstützung (Romeike & Immelmann 2010).

Mittlerweile habe sich verschiedene Elterntrainings entwickelt und etabliert, die auf teilweise sehr unterschiedlichen Menschenbildern aufbauen, unterschiedliche

Erziehungswerte und -ziele verfolgen und hierbei auch mit verschiedenen Methoden arbeiten. So legen manche Trainings großen Wert auf die Auseinandersetzung der Eltern mit ihren eigenen Kindheitsmustern und die Reflexion der aktuellen Erziehungsgewohnheiten. Zu diesen gehören beispielsweise das „Gordon-Familientraining", „Starke Eltern-starke Kinder" (Frank 2010) oder KESS (Horst 2005), die als Grundlage Menschenbilder aus dem humanistischen oder tiefenpsychologischen Bereich haben und daher auch höhere Anforderungen an die Reflexionsfähigkeit der beteiligten Eltern stellen. Eher verhaltens- und lerntheoretisch fundierte Programme wie „Triple P" (Markie-Dadds et.al. 2003) dagegen vermitteln Eltern eher stark vorgegebene Erziehungswerte und legen die Betonung auf das konkrete Einüben dieser Methoden. Diese Variationsbreite stellt allerdings in der konkreten Familienbildungspraxis eher einen Vorteil dar, da so das Bildungsangebot auf die spezifischen Bedarfe unterschiedlicher Elterngruppen abgestimmt werden kann. Eltern lassen sich dahingehend unterscheiden, ob sie bisher keine auffälligen Probleme in der Erziehung hatten, ob schon unangemessenes Erziehungsverhalten vorliegt oder – ganz am anderen Ende des Spektrums – massive Familienprobleme gegebenenfalls sogar schon mit Kindeswohlgefährdung aufgrund von gewaltsamem Erziehungshandeln vorliegen. Gerade für letztere Gruppe kann es durchaus sinnvoll sein, ohne Reflexion der eigenen Entwicklungsgeschichte unmittelbar konstruktivere Verhaltensweisen einzuüben – häufig fehlt es gewalttätigen Eltern nämlich schlichtweg an Handlungsalternativen. Es lässt sich aber auch nicht leugnen, dass die existierenden Elterntrainings in einem Konkurrenzkampf auf einem gemeinsamen „Markt" stehen und daher die Passung von Methode und Zielgruppe nicht immer sachlich begründet ist (für einen ausführlichen Vergleich vgl. Tschöppe-Scheffler 2006, Hees & Wahl 2006).

## Erziehungsberatung

Erziehungsberatung ist zum einen eine spezifische Form der Beratung bei familiären Problemen, zum anderen in Deutschland fester Bestandteil der Kinder- und Jugendhilfe und entsprechend gesetzlich verankert (§ 28 SGB VIII): zur Erziehungsberatung haben Erziehungsberatungsstellen und andere Beratungsdienste, unter Zusammenwirken verschiedener Fachkräfte, Kinder, Jugendliche und Eltern bei der Bewältigung von Problemen zu unterstützen (vgl. Gastiger & Winkler 2008). Diese Beratung ist für die Klienten kostenneutral anzubieten, es besteht ein entsprechender Beratungsanspruch. Gefährdungen und Störungen der seelischen Entwicklung der Kinder und Jugendlichen werden abgeklärt und behandelt bzw. durch präventive Angebote (s. o. Familienbildung) abgewendet. Da Erziehungsprobleme häufig komplex und mehrdimensional sind, arbeitet in den Beratungsstellen immer ein Team aus Fachkräften verschiedener Professionen zusammen (SozialarbeiterInnen, PsychologInnen, HeilpädagogInnen, oft auch ÄrztInnen, LogopädInnen, JuristInnen u. a.). Die Beratungsangebote haben die Stärkung der elterlichen Kompetenz zum Ziel, damit diese eigenständige Lösungen finden. Damit zielt Erziehungsberatung auf die Erhöhung der Selbstwirksamkeit der Eltern und Kinder ab.

In der Erziehungsberatung kommen unterschiedliche Methoden zum Einsatz, die sich zumindest teilweise aus den unterschiedlichen Therapieschulen (tiefenpsychologisch, systemisch, humanistisch, verhaltenstherapeutisch usw.) speisen (Romeike & Immelmann 2010, Nestmann et.al. 2004). Die in diesem Bereich wirkenden Verbände (z. B. Bundeskonferenz für Erziehungsberatung) bieten eigene spezialisierte Ausbildungen für Erziehungsberatung an.

In den Beratungsstellen finden unterschiedliche Angebote statt: Beratung von Eltern als Erziehungsberatung im engeren Sinne, Beratung und Therapie für Kinder und Jugendliche, Familiengespräche, Gruppenangebote (z. B. für Eltern Pubertierender, Elterntrainings u. a.). Eine der eingesetzten Methoden, die videogestützte Erziehungsberatung, soll am Beispiel der Familie unter der Lupe erläutert werden.

**Familie unter der Lupe:**

Bei der von uns betrachteten Familie hätte spätestens zu dem Zeitpunkt, an dem Paul in der Schule auffiel, eine Erziehungsberatung der Mutter und ihres Partners, der ja sozusagen Stiefvaterfunktion für Paul übernimmt, stattfinden müssen. Im Zuge dessen hätte man den Eltern einen der oben beschriebenen Elternkurse anbieten können. Mittlerweile vermitteln viele Jugendämter in Deutschland Eltern, die aufgrund von Erziehungsproblemen dem Jugendamt bekannt werden, in entsprechende Elterntrainings, nicht selten sogar als verbindlicher Bestandteil von Hilfeplänen. Bei der von uns betrachteten Familie liegt allerdings eine komplexere Multiproblemsituation vor (Früherlternschaft, Stieffamilie, Migrationshintergrund, niedriger Bildungsstand, Gewalt in der Familie, Generationenkonflikt u. a.), die eine direktere Form der Intervention notwendig erschienen lässt.

Eine solche direktere Beratungsform besteht in der videogestützten Erziehungsberatung nach der Marte-Meo-Methode (Bünder et.al. 2009). Der Name dieser von Maria Aarts in den Niederlanden entwickelten Methode des Video-Feedbacks an Eltern bezieht sich auf das lateinische „mars martis“ und bezeichnet „etwas aus eigener Kraft erreichen“, macht also den auf Selbstwirksamkeit und die Ressourcen der Eltern ausgerichteten Ansatz deutlich. Nach einem Vorgespräch, in dem die Ausgangssituation der Familie, die Ziele und Erwartungen der Eltern erfasst werden, wird eine Videoaufnahme der Familie z. B. bei einer gemeinsamen Mahlzeit gemacht, d. h. zunächst nicht in einer problematischen Erziehungssituation. Diese Videoaufnahme von ca. 10 bis 15 Min. wird dann in einer Videointeraktionsanalyse (VIA) gemeinsam mit den Eltern betrachtet, wobei in vier Schritten vorgegangen wird: zunächst werden die Initiativen des Kindes analysiert, damit die Eltern eine Wahrnehmung für die Eigenimpulse des Kindes bekommen und diese als altersgemäß einschätzen lernen; als nächstes wird betrachtet, wie die Eltern auf die Initiativen des Kindes reagieren, um dann zu prüfen, ob dieses Elternverhalten einer förderlichen Kommunikation entspricht; zuletzt wird erarbeitet, welche

Kommunikationselemente im Verhalten der Eltern noch fehlen, um die Eltern-Kind-Interaktion zu verbessern. Der Marte-Meo-Ansatz beschreibt dabei fünf Elemente einer förderlichen Eltern-Kind-Kommunikation: 1. Die Eltern nehmen die Initiativen und Signale ihres Kindes wahr und interpretieren sie richtig; 2. die Eltern wenden sich dem Kind zu und bestätigen es, d.h. signalisieren ihm, dass sie seine Signale wahrgenommen haben; 3. die Eltern benennen das Tun des Kindes, d.h. geben den Initiativen und Signalen Worte, und sie benennen ihr eigenes Tun, z.B. kündigen sie an, was sie als Reaktion auf das Kind tun werden; 4. die Eltern achten darauf, dass es in der Interaktion zu Wechselseitigkeit kommt, d.h. dass das Kind erlebt, dass es sich einbringen kann, aber auch, dass es einmal abwarten oder sich an Initiativen der anderen beteiligen muss; 5. Eltern haben in der Familie die Funktion des Lenkens und Leitens, d.h. sie setzen Grenzen, stellen Regeln auf und geben den Rahmen vor (z.B. Bettgehzeiten), sie geben den Kindern Anleitung bei Neuem und schaffen so Ordnung, Konituität und Vorhersehbarkeit (Bünder et.al. 2009). Generell zielt der Ansatz auf die Stärkung vorhandener Ressourcen und Fähigkeiten und vermeidet Kritik oder Zurechtweisung der Eltern.

**Familie unter der Lupe:**

Bei der von uns betrachteten Familie wird in der VIA dem Stiefvater von Paul zunächst zurückgemeldet, dass er seine Erwartungen an Paul und die Familienregeln sehr klar kommuniziert und dies für Paul auch nachvollziehbar ist. Allerdings zeigt sich, dass dem Stiefvater nur ein sehr geringes Verhaltensrepertoire zur Verfügung steht, sobald Paul eine Regel nicht einhält oder sich widersetzt, es dann hier sehr schnell zu einer Eskalation kommt, bei der der Stiefvater dann auch Schläge einsetzt. Dem Vater wird zunächst aufgezeigt, dass eine Ressource in der Beziehung zu Paul im gemeinsamen Fußballspielen schon vorhanden ist und es wird empfohlen, dies vermehrt zu tun, damit Paul überwiegend positive Erfahrungen mit seinem Stiefvater machen kann und dies die Beziehung verbessert. Auf dieser Grundlage wird Paul eher bereit sein, dem Stiefvater auch in anderen Bereichen zu folgen. Für den Fall, dass Paul bewusst gegen Regeln verstößt oder sich widersetzt, wird dem Vater vorgeschlagen, dass er angemessene, gewaltfreie Sanktionen vorher ankündigt und diese dann durchführt, z.B. Paul den abendlichen Fernsehkonsum kürzt.

## Aufsuchende Familienhilfe: Die Sozialpädagogische Familienhilfe

Die Sozialpädagogische Familienhilfe (SPFH) ist ebenso wie die Erziehungsberatung eine im SGB VIII (§ 31) definierte Hilfeform:

„Sozialpädagogische Familienhilfe soll durch intensive Betreuung und Begleitung Familien in ihren Erziehungsaufgaben, bei der Bewältigung von Alltagsproblemen, der Lösung von Konflikten und Krisen sowie im Kontakt mit Ämtern und Institutionen unterstützen und Hilfe zur Selbsthilfe geben. Sie ist in der Regel auf längere Dauer angelegt und erfordert die Mitarbeit der Familie“ (Gastiger & Winkler 2008, S. 304).

Aus dieser Definition werden schon die wesentlichen Aspekte der SPFH deutlich: sie ist eine intensive und längerfristige (in der Regel auf 16 Monate angelegte) Maßnahme, bei der die soziale Fachkraft direkt in der Familie tätig wird und sie umfassend unterstützt, d. h. nicht nur Gespräche führt, sondern bspw. bei Ämtergängen begleitet bis hin zur Leistung praktischer Haushaltshilfe; zugleich ist sie pragmatisch ausgerichtet und zielt auf die Wiederherstellung bzw. Aktivierung der Selbsthilfekräfte der Familie. Methodisch bedeutet dies, dass ein breites Spektrum ganz unterschiedlicher Methoden der Sozialen Arbeit hier zum Einsatz kommt: Beratung (z. B. Erziehungsberatung), systemische Methoden (z. B. Familiengespräche), sozialpädagogische Förderung (z. B. Hausaufgabenhilfe), Rechtsberatung und allgemeine Sozialberatung (z. B. Beantragung von Wohngeld), Strukturierung des Alltags, Förderung des Gesundheitsbewusstseins u. a. m. (Schmidt 2007, Hofgesang 2001).

Die SPFH wurde in Deutschland Ende der 1960er Jahre begründet mit der Forderung nach einer Reduzierung der Fremdplatzierung von Kindern und der Kritik am etablierten Heimwesen – unabhängig von den damit verbundenen höheren Kosten für den Sozialhilfeträger bedeutet Fremdunterbringung für die betroffenen Kinder immer auch eine Bindungsunterbrechung (s. o.), die es zu vermeiden gilt. Zugleich bestand und besteht auch heute noch ein Bedarf nach einer direkteren und intensiveren Betreuung von Familien, die nicht in der Lage sind, Dienste mit Komm-Struktur (z. B. Beratungsstellen) zu nutzen. Sie ist v. a. in Fällen drohender Deklassierung wegen mangelnder Ressourcen (Finanzen, Arbeit, Wohnung, Bildung, gesundheitliche und psychosoziale Probleme) angebracht. Insofern sind typische Zielgruppe einer SPFH sog. Multiproblemfamilien, die aufgrund der Vielzahl gleichzeitig vorliegender und miteinander verknüpfter Probleme und Notlagen mit der Bewältigung ihres Alltages überfordert sind. Die Vorteile einer SPFH gegenüber einer Herausnahme von Kindern aus der Familie liegen auf der Hand: der bisherige Lebensmittelpunkt des Kindes bleibt erhalten, die Familie und das nähere soziale Umfeld werden in die Hilfe mit einbezogen, so dass mit den Eltern an einer Veränderung gearbeitet werden kann, um die Maßnahme mittelfristig entbehrlich zu machen. Die SPFH ist schon von ihrem Grundgedanken her systemisch ausgerichtet, da sie das Kind nicht als isolierten Symptomträger, sondern vielmehr als eingebunden in den familiären Kontext betrachtet, den es als ganzen zu bearbeiten gilt. Insofern eignet sie sich als Institution besonders gut, um systemische Methoden der aufsuchenden Familientherapie als einer Methode der Sozialen Arbeit am Beispiel unserer Familie unter der Lupe zu beschreiben.

## Aufsuchende Familientherapie

Das Konzept der aufsuchenden Familientherapie (Conen 2002) orientiert sich an der „Home-Based-Family Therapie“ in den USA und stimmt diese gezielt auf die Arbeit mit sog. Multiproblemfamilien ab, ist damit also der SPFH sehr ähnlich:

„Ziel der aufsuchenden Familientherapie ist es, zu Veränderungen im jeweiligen familiaren Interaktions- und Kommunikationssystem beizutragen, so dass vor allem die Eltern soweit stabilisiert sind, ihre elterliche Verantwortung wieder zu übernehmen, und zwar in solch einer Weise, dass staatliche Institutionen wie Jugendamt und Schule keine Interventionen mehr für notwendig erachten“ (Conen 2002, S. 82). In der konkreten Arbeit mit der Familie kommt insbesondere eine systemische Methode zum Tragen: Das Reflecting Team. Es geht dabei um eine angeleitete Reflexion durch mehrere zusätzlich anwesende Therapeuten, die im Beisein der Klienten über diese reflektieren (Schlippe & Schweitzer 2002). Die unterschiedlichen Betrachtungsweisen des Problems und die verschiedenen Argumente der Therapeuten werden in einem Dialog vor der Familie geäußert. Diese stellvertretende Reflexion blockiert problematische Verhaltensweisen der Familie und setzt Veränderungsprozesse in Gang. Anschließend wird in einer gemeinsamen Besprechung das von den Therapeuten Gehörte kommentiert und die Gedanken oder auch entstandenen Ideen der Familienmitglieder ausgetauscht. Des weiteren werden typische systemische Fragetechniken eingesetzt: So kann z. B. die Frage nach den Gründen für das Beibehalten des Problems gestellt werden oder auch die Frage nach den positiven Aspekten des Problems für die Familie.

**Familie unter der Lupe:**

Unsere Familie hat über einen längeren Zeitraum Erziehungsberatung erhalten. Dabei wurde den Beratern deutlich, dass die Eltern diese Beratung nicht gut für sich nutzen können, weil die Vielzahl der vorliegenden Probleme Veränderungen verhindert. So mischen sich z. B. die Eltern von Pauls Mutter immer wieder in die Erziehung ein und machen erreichte Fortschritte zunichte, indem sie Pauls Mutter verunsichern, ob neue Verhaltensweisen wirklich nützlich sind. Daraufhin kommt es zum Streit zwischen Pauls Mutter und ihrem Partner, in deren Zuge er z. T. auch gegenüber ihr gewalttätig wird. Hinzu kommen beengte Wohnverhältnisse, weil Pauls Mutter mit ihm zu ihrem Partner in dessen kleine Wohnung gezogen ist, die für diese Familie eindeutig zu klein ist. Die Fachkräfte in der Erziehungsberatung haben darüber hinaus den Verdacht eines Alkoholmissbrauchs bei Pauls Stiefvater. Die Beratungsstelle zieht daraufhin eine Fachkraft der SPFH zu einem Gespräch in der Stelle mit den Eltern hinzu, um das Angebot vorzustellen und gemeinsame Ziele abzustimmen. Bei dieser Auftragsklärung wird darauf geachtet, auch die geringsten Ressourcen der Familie herauszustellen, um den Blick der Familienmitglieder aufeinander zu verändern. Die Familien haben meist eine eher negative, defizitäre und abwertende Sichtweise auf sich und die anderen. Dieses System gilt es, durch das Wahrnehmen und Ansprechen von positiven Aspekten und der Orientierung an den Kompetenzen und Stärken, das „Tragen einer rosa Brille" zu erschüttern (Conen 2002). So wird in unserem Falle das widerständige Verhalten von Paul als ein Versuch umgedeutet, die Familienbande zu seiner Großelterngeneration zu bewahren und zu würdigen. Man einigt sich in den Vorgesprächen schließlich u. a. auf das Ziel, dass Pauls Mutter sowohl die Verbindungen als auch die Grenzen ihrer eigenen Familie zu ihren Eltern neu festlegt.

In der eigentlichen Arbeitsphase der Familientherapie, die sich über mehrere Monate hinzieht und in der die Familientherapeuten die Familie ein bis zwei Mal pro Woche zuhause aufsuchen, werden nach entsprechender Vorbereitung auch Pauls Großeltern zu einer Sitzung eingeladen. In diesem Gespräch drückt Pauls Mutter ihren Eltern ihren Dank für deren Unterstützung bei Pauls Erziehung aus und macht anschließend deutlich, dass diese Phase ihres Lebens nun abgeschlossen sei und sie auf die Hilfe ihrer Eltern nur noch punktuell angewiesen

sein werde, weil sie nun eine eigene Familie habe. Sie werde für die Pflege der Beziehung zwischen Paul und seinen Großeltern durch regelmäßige gegenseitige Besuche sorgen. Damit hat sie zum einen eine Grenze zu ihrer Herkunftsfamilie deutlich markiert und gleichzeitig Besorgnisse über einen möglichen Beziehungsabbruch ausgeräumt.
In der Abschlussphase der aufsuchenden Hilfe überlassen die Familientherapeuten der Familie zunehmend selbst die Findung von Lösungen für aktuelle Probleme, um deren gewachsene Bewältigungskompetenzen zugleich zu testen und zu stärken. Als Ergebnis der Familientherapie bleibt die Familie in verschiedene Helfersysteme dauerhaft eingebunden: Paul nutzt die sozialpädagogischen Angebote in seiner Schule, Pauls Mutter nutzt mit dem jüngeren Geschwister ein Angebot der Frühen Hilfen und Pauls Stiefvater hat begonnen, seine Alkoholproblematik in einer Suchtberatungsstelle zu bearbeiten.

# Literaturverzeichnis

Alberstötter, U. (2006): Wenn Eltern Krieg gegeneinander führen. Zu einer neuen Praxis der Beratungsarbeit mit hoch strittigen Eltern. In: Weber, M. & Schilling, H. (Hrsg.): Eskalierte Elternkonflikte. Weinheim, München, Juventa, 29–52.

Arbeitskreis Trennung- Scheidung im Landkreis Cochem- Zell. Cochemer Modell (2009). Aufgerufen am 15. Mai 2010. http://www.ak-cochem.de

Bayerl, M. (2006): Die Familie als gesellschaftliches Leitbild. Ein Beitrag zur Familienethik aus theologisch- ethischer Sicht. Würzburg: Echter Verlag.

Bröning, S. (2009): Kinder im Blick: Theoretische und empirische Grundlagen eines Gruppenangebotes für Familien in konfliktbelasteten Trennungssituationen. Münster: Waxmann.

Böhm, B. & Scheuerer-Englisch, H. (2000): Neuere Ergebnisse der Scheidungsforschung. In: Buchholz-Graf, W. & Vergho, C. (Hg.): Beratung für Scheidungsfamilien. Weinheim: Juventa.

Brisch, K.H., Grossmann, K.E., Grossmann, K. & Köhler, L. (Hrsg.) (2006): Bindung und seelische Entwicklungswege. Stuttgart: Klett-Cotta

Brisch, K.-H. & Hellbrügge, T. (2009): Wege zu sicheren Bindungen in Familie und Gesellschaft. Stuttgart: Klett-Cotta.

Bünder, P.; Sirringhaus-Bünder, A.; Helfer, A. (2009): Lehrbuch der Marte-Meo-Methode – Entwicklungsförderung mit Video-Unterstützung. Göttingen: Vandenhoeck & Ruprecht.

Bundesministerium für Familie, Senioren, Frauen und Jugend (2009): Mikrozensus 2007. Material für die Presse. Berlin: Eigenverlag.

Conen, M.-L. (2002): Aufsuchende Familientherapie. In: Pfeifer-Schaupp, U. (Hrsg): Systemische Praxis. Modelle – Konzepte – Perspektiven. Freiburg: Lambertus Verlag.

Dietrich, P.S.; Fichtner, J.; Halatcheva, M.; Sandner, E.; Weber, M.; Deutsches Jugendinstitut (2010): Arbeit mit hochkonflikthaften Trennungs- und Scheidungsfamilien: Eine Handreichung für die Praxis. München: graphik + druck GmbH.

Elternbildung – ein kompetenzstärkendes Angebot für Familien (2010): Effektivität der Intervention: „Starke Eltern – starke Jugend"/Sieglinde Frank. München: Utz.

Fthenakis, W.E. (2008): Begleiteter Umgang von Kindern. Ein Handbuch für die Praxis. München: C.H. Beck.

Füchsle- Voigt, T. & Gorges, M. (2008): Einige Daten zum Cochemer Modell. In: Zeitschrift für Kindschaftsrecht und Jugendhilfe. 6, 2008, 246–248.

Funcke, D. & Hildenbrand, B. (2009): Unkonventionelle Familien in Beratung und Therapie. Heidelberg: Carl-Auer-Verlag.

Funcke, D. & Thorn, P. (2009): Die gleichgeschlechtliche Familie mit Kindern: Interdisziplinäre Beiträge zu einer neuen Lebensform. Bielefeld: transcript.

Gastiger, S. & Winkler, J. (2008): Gesetztestexte für Soziale Arbeit, Studienausgabe 1 – Kinder-, Jugend- und Familienhilfe. Freiburg i. Br.: Lambertus.

Grossmann, K. & Grossmann, K. E. (2004): Bindungen – das Gefüge psychischer Sicherheit. Stuttgart: Klett-Cotta.

Hahlweg, K. et al. (2000): Prävention von Paar- und Familienproblemen – eine nationale Aufgabe. In: Schneewind, K. A. (Hg.): Familienpsychologie im Aufwind. Göttingen: Hogrefe.

Harnach, V. (2007): Psychosoziale Diagnostik in der Jugendhilfe. Weinheim: Juventa.

Haynes, J. M. u. a. (1993): Scheidung ohne Verlierer. Mediation in der Praxis. München: Kösel.

Hees, K. & Wahl, K. (Hg.) (2006): Helfen Super-Nanny und Co.? Ratlose Eltern – Herausforderung für die Elternbildung. Weinheim: Beltz.

Horst, C. u. a. (2005): KESS erziehen – Der Elternkurs. München: Knaur.

Markie-Dadds, C. et.al. (2003): Das Triple-P-Elternarbeitsbuch: der Ratgeber zur positiven Erziehung mit praktischen Übungen. Münster: Verlag für Psychotherapie.

Hofer, M.; Wild, E. & Noack, P. (2002): Lehrbuch Familienbeziehungen – Eltern und Kinder in der Entwicklung. 2. Aufl. Göttingen: Hogrefe Verlag.

Hofgesang, B. (2001): Sozialpädagogische Familienhilfe. In: Otto, H.-U. & Thiersch, H. (Hg.): Handbuch der Sozialarbeit/Sozialpädagogik. Neuwied: Kriftel.

Jaede, W.; Wolf, J.; Zeller-König, B. (1996): Gruppentraining mit Kindern aus Trennungs- und Scheidungsfamilien. Weinheim: Beltz.

Jaede, W. (2006): Was Scheidungskindern Schutz gibt: wie sie unbeschädigt durch die Krise kommen. Freiburg im Breisgau: Herder.

Krabbe, H. (2004). Trennungs- und Scheidungsberatung. In: Nestmann, F.; Engel, F. & U. Sickendiek (Hrsg.): Das Handbuch der Beratung. Band 2: Ansätze, Methoden, Felder. Tübingen, dgvt-Verlag, 1041–1048.

Krähenbühl, V. et. al. (2007): Stieffamilien. Freiburg: Lambertus

Kriegel, K. (2006). Mediationspflicht? Über die Notwendigkeit einer Begleitung von Eltern bei Trennung und Scheidung. Jena: IKS.

Koritz, N. (2009). Das neue FamFG. München: Beck.

Montada, L. & Kals, E. (2007): Mediation. Ein Lehrbuch auf psychologischer Grundlage. 2. vollst. überarb. Aufl. Weinheim, Basel: Beltz PVU.

McGoldrick, M.& Gerson R. (2000): Genogramme in der Familienberatung, Bern; Göttingen: Huber.

Nestmann, F.; Engel, F.; Sickendiek, U. (Hg.) (2004): Handbuch der Beratung. Tübingen: dgvt.

Nave-Herz, R. (2007): Familie heute – Wandel der Familienstrukturen und Folgen für die Erziehung. Darmstadt: WBG.

Peuckert, R. (2008): Familienformen im sozialen Wandel. 7. Auflage. Wiesbaden: VS Verlag.

Rauchfleisch, U. (1997): Alternative Familienformen. Eineltern, gleichgeschlechtliche Paare, Hausmänner. Göttingen, Vandenhoeck & Ruprecht.

Rausch, A.; Hinz, A. & Wagner, R. F. (2008): Modul Beratungspsychologie. Bad Heilbrunn: Klinkhardt.

Ritscher, W. (2006): Einführung in die Soziale Arbeit mit Familien. Heidelberg: Auer.

Roesler, C. (2007): Klienten nutzen Mediation als Scheidungsbegleitung. Unerwartete Nutzungsmuster des Angebots Scheidungs-Mediation an Beratungsstellen und Vorschläge zur Modifikation der Vorgehensweise. In: Beratung Aktuell, 8 (4), 204–217.

Romeike, G. & Immelmann, H. (2010): Eltern verstehen und stärken. Weinheim: Juventa.

Rudolph, J. (2007): Du bist mein Kind. Die „Cochemer Praxis“ – Wege zu einem menschlicheren Familienrecht. Berlin: Schwarzkopf & Schwarzkopf.

Schlippe, A. v. & Schweitzer, K. (2002): Lehrbuch der Systemischen Therapie und Beratung. Göttingen: Vandenhoeck und Ruprecht.

Schmidt, M. (2007): Sozialpädagogische Diagnose: Die SPFH und andere Angebote der Kinder- und Jugendhilfe. Altenberge: Niederle Media.

Schneewind, K. A. (2010). Familienpsychologie. 3., überarb. u. erw. Aufl. Stuttgart: Kohlhammer.

Schrapper, C. (2004): Sozialpädagogische Diagnostik und Fallverstehen in der Jugendhilfe. Weinheim: Juventa.

Tschöpe-Scheffler, S. (Hrsg.) (2006): Konzepte der Elternbildung – eine kritische Übersicht. Opladen: Budrich.

Uhlendorff, U. & Marthaler, T. (2004): Sozialpädagogische Familiendiagnostik. In: Heiner, M. (Hg.): Diagnostik und Diagnosen in der Sozialen Arbeit. Berlin: Deutscher Verein Eigenverlag.

Vetter, H.-R.; Richter, G.; Seil, K. (Hg.) (2004): Lebenslage Alleinerziehen. Theoretische Modelle und internationale Perspektiven. München: Mering.

Wallerstein, J. S. u. a. (2002): Scheidungsfolgen – Die Kinder tragen die Last. Eine Langzeitstudie über 25 Jahre. Münster: Votum.

Weber, M. (Hg.) (2006): Eskalierte Elternkonflikte: Beratungsarbeit im Interesse des Kindes bei hoch strittigen Trennungen. Weinheim: Juventa.

# Kapitel 4 Soziale Arbeit in gerontologischen Handlungsfeldern und im Gesundheitswesen

*Cornelia Kricheldorff*

## Von der Armenfürsorge, über die „klassische" Altenhilfe zu den aktuellen Handlungsansätzen der Sozialen Gerontologie

Wie auch in anderen ihrer eher traditionellen Handlungsfelder, sind die Anfänge der Sozialen Arbeit, die sich an ältere und alte Menschen richtet, in der *Armenfürsorge* verankert. Spitäler und Hospize waren seit dem Mittelalter die Orte, an denen hilfebedürftige und gebrechliche Menschen Unterkunft und eine einfache Versorgung erhielten. Diese waren für alle Bedürftigen und Not leidenden Menschen offen – so auch für die Alten. Später entstanden spezielle Heime für die Alten, oft in der Trägerschaft von Ordensgemeinschaften und – vor allem in den Städten – auch von Zünften und mildtätigen Bürgerstiftungen (Hammerschmidt und Tennstedt 2010, S. 236). Noch heute ist diese Tradition in der Trägerlandschaft der stationären Altenhilfe teilweise sichtbar.

Bis zum Ende des 19. Jahrhunderts wurden alte Menschen in der Armenpflege nicht als spezielle Zielgruppe wahrgenommen, „(...) obwohl sie – vor allem Frauen (ehelose, geschiedene, verwitwete) – die Mehrzahl der dauernd unterstützten Armen stellten" (Göckenjan 1990, S. 109ff.). Dies lag vor allem daran, dass das höhere Alter an sich kein Kriterium war, sondern es wurde unterschieden zwischen arbeitsfähigen und arbeitsunfähigen Armen. So wurden alte Menschen vor allem dann bedürftig, wenn sie nicht mehr arbeiten konnten, keine eigenen Mittel oder Ersparnisse hatten und nicht auf familiäre Unterstützung im Alter zurückgreifen konnten (Hammerschmidt & Tennstedt 2010, S. 236f.). Es ging dabei vor allem um die materielle Sicherung im Alter.

Die sozialen und ökonomischen Verwerfungen im Kontext der Industrialisierung, verbunden mit starker Binnenwanderung in die Städte, führten zu ausgeprägter Massenverelendung und damit zur sozialen Frage als zentralem Problem des ausgehenden 19. Jahrhunderts. Das machte neue Antworten dringend notwendig. Mit der Einführung der Bismarck'schen Sozialgesetze – 1883 entstand die gesetzliche Krankenversicherung, 1889 die Rentenversicherung – wurde die Sicherung des Alters, in gesundheitlicher und ökonomischer Hinsicht, erstmalig zum Gegenstand staatlicher Sozialpolitik.

Die sozialen Sicherungssysteme erfuhren seitdem vielfache Veränderungen und Modifizierungen, die jeweils geprägt waren von wechselnden politischen Bedingungen. Die grundlegenden Prinzipien der Alterssicherung, getragen vom Gedanken der Solidargemeinschaft, haben aber bis heute Bestand, wenngleich ihre Basis, vor dem Hintergrund des demografischen Wandels, inzwischen immer brüchiger wird,

Die *Soziale Altenhilfe* ist erst seit dem Jahr 1962 im § 75 BSHG und seit 2005 im § 71 des SGB XII verankert. Insgesamt muss die rechtliche Absicherung der Anliegen und Belange des Alters, auch im Vergleich mit anderen Handlungsfeldern der Sozialen Arbeit, als relativ schwach bezeichnet werden. Die Aufsplitterung in unterschiedliche Sozialgesetzbücher und Rechtsgebiete führt zur Unübersichtlichkeit und liefert die Voraussetzung für eine deutliche Diversität in der landes- und kommunalpolitischen Förderpraxis (vgl. Aner 2010, S. 48 ff.). Dies ist vor allem bei den präventiven Aufgaben und Interventionen der *Sozialen Altenarbeit* der Fall, die oft zum Bereich der freiwilligen sozialen Leistungen gezählt werden und nicht oder nur ungenügend über die klassische Altenhilfe im Sinne des § 71 SGB XII abgedeckt sind.

Ihre Bandbreite hat seit Mitte der 1990er Jahre erheblich zugenommen und die Praxis der *Sozialen Gerontologie* ist mittlerweile stark ausdifferenziert. Dabei geht es schwerpunktmäßig um die Rahmenbedingungen eines gelingenden Alterns sowie um die Förderung sozialer Beziehungen und Netzwerke im Alter. Für diese neuen Ansätze der Sozialen Gerontologie, die auf die gesellschaftliche Teilhabe älterer und alter Menschen zielen sowie die Sicherung ihrer Bedürfnisse in den Blick nehmen, sind Selbstbestimmung und Autonomie wichtige Wertorientierungen und es geht zentral um die Frage von Lebensqualität und -zufriedenheit (Rupprecht 2006), unter den jeweils gegebenen Voraussetzungen und Bedingungen des individuellen Alterns, im Sinne einer *differenziellen Gerontologie*.

Neue Aufgabenfelder, die auch dieser Differenziertheit des Alterns entsprechen, sind nicht selten das Ergebnis von Pilotvorhaben und Modellprojekten, die vom Bund oder über Drittmittel zunächst für eine gewisse Zeit gefördert, nach Ablauf der Erprobungsphase aber von den Kommunen weitergeführt werden müssten. Das stößt an deutliche Grenzen der finanziell immer stärker belasteten Städte und Landkreise. Auf diesem Weg wird die Altenhilfe zum Spielball unterschiedlicher ökonomischer Bedingungen in den Kommunen – gesichert sind nur die Pflichtaufgaben, die sich vor allem aus der Logik der traditionellen, fürsorgerischen Praxis ableiten lassen. In diesem Dilemma befindet sich die Soziale Arbeit in diversen gerontologischen Arbeitsfeldern heute.

# Neue Herausforderungen für die Soziale Altenarbeit und demografischer Wandel

Die Praxis der Sozialen Altenarbeit entwickelt und differenziert sich heute vor dem Hintergrund des *demografischen Wandels*: die Anzahl der Älteren nimmt deutlich zu, die der Jüngeren rapide ab, was zu deutlichen Verschiebungen in der Gesellschaft führt (Statistisches Bundesamt 2008, S. 42). Nach der 11. koordinierten Bevölkerungsvorausberechnung des Statistischen Bundesamtes (2006) sollen ein Deutschland im Jahr 2050 doppelt so viele ältere wie jüngere Menschen leben. Es ist zu erwarten, dass die Zahl der über 65-Jährigen bis zum Ende der 2030er Jahre etwa um die Hälfte von aktuell knapp 16 Mio. auf circa 24 Mio. steigt, danach wird sie leicht zurückgehen. Die Bevölkerung ab 80 Jahren nimmt dagegen unablässig zu: von 3,7 Mio. im Jahr 2005 auf 10 Mio. im Jahr 2050 (Statistisches Bundesamt 2006: 5 f.). Damit wird die Zahl der 80-jährigen und älteren Menschen voraussichtlich beinahe dreimal so hoch sein wie heute. „Mit dieser sehr starken Zunahme der ab 80-Jährigen wird voraussichtlich auch die Zahl der Pflegebedürftigen zunehmen" (ebd., 23). Denn, auch wenn das allgemeine Lebensrisiko von Pflegebedürftigkeit im Alter sich nicht grundsätzlich erhöht hat, so hat der demografische Wandel doch mit seiner wachsenden Zahl an hochaltrigen Menschen in den Jahren 1991 bis 2002 zu einem relativen Anstieg der Pflegebedürftigen um etwa 29 % geführt (Schneekloth/Wahl 2005, S. 227).

*Generationenbeziehungen* müssen vor dem Hintergrund dieses umfassenden gesellschaftlichen Wandels also neu gedacht werden, sie brauchen neue Formen und Bedingungen (Beck-Gernsheim 1993 und 2002; Bertram 2000). Wenn Generationensolidarität auch für die Zukunft sicher gestellt werden soll – und ohne ein Miteinander von Jung und Alt gibt es keine funktionierende Gesellschaft –, muss das Unterstützungspotenzial sowohl in den Familien, aber verstärkt auch in Nachbarschaften und Wohnquartieren gezielt gefördert werden (Kricheldorff 2008, S. 237 ff.).

Die Ausweitung der Lebensphase Alter, vom so genannten *jungen Alter*, mit dem die Übergangszeit der notwendigen Neuorientierung nach Beruf und Familie beschrieben wird, bis hin zum *sehr hohen Alter*, das geprägt ist von einem zunehmenden Hilfe- und Unterstützungsbedarf, führt zu einer zunehmenden Differenzierung in der Sozialen Altenarbeit. Insgesamt kann konstatiert werden, dass die Soziale Arbeit mit älteren und alten Menschen und ihren Angehörigen ein Handlungsfeld der Sozialen Arbeit ist, das sich in den letzten Jahrzehnten stark verändert hat, vielfältiger wurde und ein deutlich breiteres Profil entwickeln konnte.

Dabei hat ein mehrfacher Paradigmenwechsel stattgefunden, vom *betreuten Alter*, über das *aktive Alter* bis zum *gestalteten Alter*, was heute die dominierende fachliche Orientierung darstellt. Dabei geht es um Fragen der Sinnfindung im Alter und die Vorstellung von einem *Biografisierten Altern* (Schweppe 2002, S. 331), bei dem es um Lebensgestaltung im Sinne von Reflexion und eines begreifbaren Kontinuums im Leben geht. Dabei wird der alternde Mensch, vor dem Hintergrund seiner unter biografischen Bedingungen erworbenen Ressourcen und Kompetenzen, als Gestalter seiner Umwelt gesehen (vgl. auch Staudinger 2003). Altern kann damit zur Herausforderung und zur neuen Chance werden. Dieses aktuell dominierende Verständnis von Sozialer Altenarbeit entspricht dem der Sozialen Arbeit insgesamt, mit einer starken Ausrichtung auf Lebenswelten (Thiersch 2005) und Ressourcenorientierung im Sinne von Empowerment (vgl. Herriger 2006). Dies gilt zumindest für die frühen Jahren der inzwischen stark ausgeweiteten Altersphase, die oft länger ist als Kindheit und Jugend zusammen.

Vor dem Hintergrund des beschriebenen Paradigmenwechsels entstanden und entstehen für die Soziale Altenarbeit neue Aufgaben und Handlungsfelder, beispielsweise im Bereich der Engagementförderung und Bürgerbeteiligung, bei der Entwicklung neuer Wohnformen und der Gestaltung förderlicher Lebenswelten, die die Begegnung und Kommunikation zwischen den Generationen möglich machen (Maier/Sommerfeld 2005). Praktische Beispiele dafür sind Stellen im Quartiermanagement, Moderation und Mediation in der Prozessbegleitung für gemeinschaftliche und generationsübergreifende Wohnformen, Koordinations- und Vernetzungsaufgaben in Seniorenbüros, Freiwilligenzentralen, Tauschbörsen und in Mehr-Generationen-Häusern (Kricheldorff 2010 a).

Neben diesen eher neuen Tätigkeitsbereichen und -profilen entstehen aber auch vielfältige Beratungsanliegen für die Fragen und Probleme, die das *neue Altern* mit sich bringt, die weit über das eigentliche Feld der Sozialen Altenarbeit hinausreichen. Modernisierung, Pluralisierung und Individualisierung verändern Lebenslagen im Alter, traditionelle Familienmuster und -bezüge werden auch im Alter brüchiger. So sind beispielsweise angesichts steigender Scheidungszahlen auch ältere Paare vermehrt eine Zielgruppe für die Ehe- und Familienberatung (vgl. Beck-Gernsheim 1993: 160). Sie sind eine zunehmende Größe in der Suchtberatung (vgl. Havemann-Reinecke et al. 1998) und in anderen „klassischen" Feldern Sozialer Arbeit, die so zunehmend mit Fragen des Alterns befasst sind (vgl. Kricheldorff 2010 b).

# Spezifische Handlungsansätze, Arbeitsformen und Methoden der Sozialen Arbeit – dargestellt an typischen Fallbeispielen

## Fallbeispiel Frau Mayer

Frau Mayer, heute 66 Jahre alt, kommt zur Beratung ins städtische Seniorenbüro. Sie will sich informieren, welche Freizeit-, Kultur- und Bildungsangebote es in der Region gibt. Im Gespräch mit ihr wird deutlich, dass dahinter eigentlich ein weiteres Anliegen steht. ist vor allem auf der Suche nach Kontakten, weil sie seit dem Ausscheiden aus dem Berufsleben, vor mehr als 2 Jahren, nur noch wenige soziale Bezüge hat. Frau Mayer berichtet, dass sie schon lange allein lebe, was während der Zeit ihrer Berufstätigkeit völlig in Ordnung gewesen sei. Sie hätte oft viel und lange gearbeitet, was sie nach der Scheidung, vor fast 20 Jahren, als sehr hilfreich erlebt habe. Der Beruf sei ihr immer sehr wichtig gewesen und habe Freude gemacht. Dadurch sei aber ihr ohnehin kleiner Freundeskreis immer mehr geschrumpft – eine sehr enge Freundin sei vor einigen Monaten an Krebs gestorben. Frau Mayer hat keine Kinder, ihre Schwester, die verheiratet ist und zwei inzwischen erwachsene Kinder hat, lebt mit ihrem Mann vier Autostunden entfernt. Weitere Verwandte gibt es nicht.

Nach einem Unfall konnte Frau Mayer in ihrem erlernten Beruf als Krankenschwester nicht mehr tätig sein. Deshalb hat sie die letzten 15 Berufsjahre in einer Arztpraxis gearbeitet. Sie berichtet davon, dass ihr diese Tätigkeit großen Spaß gemacht habe, auch weil damit viel Kontakt zu Menschen verbunden gewesen sei. Das vermisse sie heute sehr. Sie äußert Interesse, sich irgendwie sozial zu engagieren, weiß aber nicht so recht, wie sie das angehen kann und was zu ihr passen würde. Sie habe sich nach der Berentung kurzzeitig einem Krankenhausbesuchsdienst angeschlossen, den die Kirchengemeinde organisiert – das sei aber nicht das Richtige für sie gewesen. Die erste Zeit als Rentnerin habe sie durchaus genießen können, weil es für eine gewisse Zeit doch ganz schön sei, keine festen Verpflichtungen zu haben. Nun merke sie aber, dass es Zeit werde, sich wieder stärker nach außen zu orientieren und etwas Sinnvolles zu tun.

„Man wird auch bequem und es fällt immer schwerer, sich aufzuraffen, andererseits fällt mir auch an bestimmten Tagen die Decke auf den Kopf", beschreibt sie ihre derzeitige Situation. Frau Mayer sucht in einem freiwilligen Engagement auch neue Anregungen und Kontakte zu Menschen verschiedener Altersgruppen.

Sie erhofft sich, von Ihnen nun die entsprechenden Hinweise und Informationen zu bekommen und sie möchte Unterstützung und Vermittlung in ein für sie passendes Engagementfeld.

Der Übergang vom Erwerbsleben in die nachberufliche Phase ist ein Weichen stellender Prozess und er ist verbunden mit einer wichtigen Entwicklungsaufgabe im Lebenslauf, denn es geht um eine Art Neuordnung des eigenen Lebens und um eine Neuverortung in der Gesellschaft. Diese Herausforderung ist verbunden mit dem Ringen um eine neue innere Balance, wenn die tragende Rolle der beruflichen Tätigkeit wegfällt, die vorher das Alltagsleben strukturiert hat. Der soziologische Terminus *Statuspassage* beschreibt diesen Entwicklungsprozess sehr treffend, weil er sowohl die Vorstellung der Übergangssituation (Passage) als auch die damit einhergehende Veränderung des Status aufgreift (Kricheldorff 2011b, 2001 und 1999).

Im unstrukturierten Prozess des Übergangs, der nicht zwingend und linear zu einer neuen stabilen Situation und Statuszugehörigkeit führt, müssen bisherige Gewohnheiten, Handlungsmuster und Deutungen modifiziert werden. Zentrales Anliegen ist also *Neuorientierung*, die der einzelne ältere Mensch für sich individuell bewältigen muss. Dabei können vorhandene und im biographischen Kontext erworbene Potenziale und Ressourcen hilfreich sein. Andererseits wird dieser Prozess aber auch durch gesellschaftliche Bedingungen und Voraussetzungen maßgeblich beeinflusst, die auch im Sinne kumulativer Disparitäten im Lebenslauf wirken. Das Gelingen der Statuspassage zur nachberuflichen Phase bestimmt also maßgeblich mit, wie der alternde Mensch sein immer länger werdendes Leben im weiteren Altersverlauf gestaltet beziehungsweise gestalten kann (vgl. Kricheldorff 2011b und 2001).

Der Sozialen Arbeit kommt dabei eine Rolle zu, die sich an *Ressourcen und Kompetenzen* des einzelnen älteren Menschen orientiert, in der Logik und im Sinne des Empowermentkonzepts (Herriger 2006). In der Beratung von Frau Mayer geht es also darum, gemeinsam ihre Interessen und Stärken zu erörtern und eine Sinn stiftende Engagementform für sie zu finden. Berücksichtigt werden müssen dabei auch Erfahrungen, Neigungen und biografische Prägungen. Der Deutsche Freiwilligensurvey, erhoben 1999, 2004 und 2009, weist für einen Zeitraum von 10 Jahren nach, dass bei den Altersgruppen ab 60 Jahren der Zuwachs an freiwilligem Engagement am deutlichsten zugenommen hat und dass sowohl der einzelne ältere Mensch wie auch die Gesellschaft von dieser Entwicklung deutlich profitieren (BMFSFJ 2010a; Gensicke u. a. 2006). Er zeigt aber auch auf, dass das noch nicht genutzte Potenzial in diesem Bereich groß ist. Gleichzeitig kann in Detailanalysen nachgewiesen werden, dass Engagementbereitschaft deutlich korreliert mit Bildung, Haushaltseinkommen und früherem beruflichen Status (Gensicke u. a. 2006). Die Förderung von Engagement spricht also bisher vor allem die eher privilegiert alternden Gruppen an, während die eher marginalisierten Älteren viel weniger erreicht werden und damit also diejenigen, die ohnehin von sozialer Ausgrenzung bedroht sind. Frau Mayer gehört ganz sicher nicht zu dieser Zielgruppe. Sie ist aktiv auf das Seniorenbüro zugegangen und durchaus in der Lage, ihre eigenen Interessen und Bedürfnisse klar zu artikulieren. Sie reflektiert ihre eigene Situation kritisch und entspricht in ihrem Verhalten eher den *aktiven, neuen Alten.* Menschen, die eher zurückgezogen und in traditioneller Form altern, brauchen dagegen eine zugehende Form der Ansprache und Beratung. Dies ist auch insofern bedeutsam, als zu den positiven Wirkungen des freiwilligen und bürgerschaftlichen Engagements, auch auf das individuelle Gesundheitserleben, einschlägige empirischer Befunde vorliegen. Soziale Einbindung und das Gefühl, gebraucht zu werden, erhöhen das Erleben von Selbstwirksamkeit und haben damit eine eindeutig präventive Wirkung (Wahl & Heyl 2004, S. 173ff). Vor diesem Hintergrund darf sich die Förderung von Engagement nicht auf diejenigen beschränken, die über gute Ressourcen verfügen. Vielmehr gilt es, auch sozial benachteiligte Gruppen und eher marginalisiert alternde Menschen gezielt anzusprechen, sie zum Engagement einzuladen, ohne reglementierenden Verpflichtungscharakter. Dies dient letztlich nicht nur dem einzelnen älteren Menschen, was an sich schon einen hohen Wert darstellt. Positiv erlebte soziale Teilhabe und ein subjektiv guter Gesundheitszustand, auch bei objektiven Einschränkungen, wirken präventiv und tragen so dazu bei, Krankheits- und Pflegekosten in der langfristigen Perspektive zu minimieren. Die Einladung zum Engagement, für alle gesellschaftlichen Gruppen, ist also ein wichtiger Aspekt im Sinne der Gesundheitsförderung und damit auch von gesellschaftlicher Relevanz.

Die Aufgabe der Sozialen Arbeit mit älteren Menschen besteht deshalb auch darin, über Möglichkeiten des Engagements zu informieren, zu vermitteln und zu beraten. Dies geschieht durch spezielle Formen der Beratung (Engagementberatung) von Einzelnen und Gruppen, gezielte Öffentlichkeitsarbeit und Vernetzung von Diensten und Anbietern. Methoden dabei sind neben der Sozialpädagogischen Beratung auch Soziale Netzwerkarbeit sowie Ansätze aus der Gemeinwesenarbeit (vgl. Galuske 2007). Aber auch die Vorbereitung auf ein freiwilliges Engagement über Qualifizierungsangebote sowie die Begleitung von Freiwilligen durch Praxisberatung und Supervision ist ein immer bedeutenderes Arbeitsfeld für die Soziale Arbeit. Sie bewegt sich dabei in einem Feld des ständigen Interessenausgleichs zwischen der klassischen Trägerlandschaft, repräsentiert vor allem durch die Wohlfahrtsverbände und den neuen, eher selbst organisierten Organisationsformen, die inzwischen viele Freiwilligeninitiativen Älterer für sich wählen. Für diesen Aufgabenbereich entstehen ganz neue Einrichtungstypen, wie die in den 1990er Jahren neu geschaffenen Seniorenbüros, Selbsthilfekontaktstellen, Freiwilligen-Zentren, -Zentralen oder -Agenturen und andere Einrichtungen, die einer ähnlichen Logik folgen. Im intergenerationellen Bereich haben sich neue Facetten der Sozialen Arbeit in den Stadtteilzentren, Bürgertreffs und Mehr-Generationen-Häusern entwickelt, in denen es vor allem um die Schaffung von ermöglichenden Strukturen für Bürgerengagement und -beteiligung sowie um solidaritätsstiftende Ansätze zur gegenseitigen Unterstützung der Generationen in Nachbarschaften und Wohnquartieren geht. Dieser sozialräumliche Ansatz der Sozialen Arbeit braucht eine neue professionelle Rolle und Identität. Es geht nämlich verstärkt darum, die Bedingungen und Strukturen des Quartiers im Blick zu haben (vgl. Beitrag Becker in diesem Buch) und neue Funktionen in der Organisation, im Management und im Aufbau von dafür notwendigen Strukturen zu übernehmen, in enger Abstimmung mit Freiwilligen und bürgerschaftlich Engagierten.

Frau Mayer ist also ein ganz typisches Beispiel dafür, wie zentral einerseits die sinnvolle Gestaltung der Lebensphase nach dem Ausscheiden aus dem Beruf für das eigene Erleben von Lebensqualität, im Sinne eines gelingenden Alterns, ist. Andererseits zeigt es aber auch, dass geeignete Strukturen der Beratung, Unterstützung und Begleitung notwendig sind, die eine gelungene Neuorientierung für viele ältere Menschen erst möglich machen. Im Kontext der Entwicklung dieser neuen konzeptionellen Orientierungen und deren theoretischer Fundierung bezieht sich die Soziale Altenarbeit in der Praxis unter anderem auch auf eine Vielzahl von *Alternstheorien*, die sich in der Sozialen Gerontologie inzwischen breit ausdifferenziert haben (vgl. Martin & Kliegel 2008; Kricheldorff 2011 a). Für die alterstheoretische Fundierung der Interventionen im Fallbeispiel Frau Mayer bietet sich ein Bezug zur *Kontinuitätstheorie* (Atchley 1989), zur *Kompetenztheorie* (Olbricht 1987) oder zur *Theorie der Selektion, Optimierung und Kompensation* (Baltes & Baltes 1986; 1990) an.

Die *Kontinuitätstheorie* geht von der Prämisse aus, dass Menschen dann zufriedener altern, wenn es ihnen gelingt, ihren Lebensstil durch die verschiedenen Lebensphasen kontinuierlich beizubehalten (Atchley 1989). Dabei wird Kontinuität durch Anwendung vertrauter Strategien an den bisherigen Schauplätzen des Lebens erreicht. Unterschieden wird zwischen *äußerer Kontinuität (*Beziehungen zu anderen/Struktur der physischen und sozialen Umwelt) und der *inneren Kontinuität* (Beständigkeit von psychischen Einstellungen, Eigenschaften, Temperament und Affektivität sowie Erfahrungen und Fähigkeiten). Im Fall von Frau Mayer bedeutet das, sie dabei zu unterstützen, eine Wiederherstellung von Kontinuitäten anzustreben, die ihren früheren Lebensstil bestimmt hatten (z.B. Umgang mit Menschen, Kontakt- und Organisationsfähigkeit), und ihr so ein Altern mit mehr Zufriedenheit zu ermöglichen (vgl. Kricheldorff 2011 a).

Im Mittelpunkt der *Kompetenztheorie* (Olbrich 1987) steht die Frage, in wie weit es dem einzelnen Menschen gelingt, im Prozess des Alterns vorhandene Kompetenzen (lebenslang erworbene Kenntnisse, Fähigkeiten und Fertigkeiten) situationsadäquat einzusetzen und so im Sinne einer Performanz nach außen abzubilden. Diese gewinnbringende Nutzung vorhandener Kompetenzen wird allerdings häufig verhindert durch das Wirksamwerden von Einflussfaktoren, die diese Performanz beeinträchtigen. Typische Einflussfaktoren im Alter sind kritische Lebensereignisse (z.B. Partnerverlust, Erleben eigener Krankheit und Pflegebedürftigkeit, Verlust der vertrauten Umgebung durch Übersiedelung in eine stationäre Einrichtung, aber auch geringe soziale und ökonomische Ressourcen). Wenn diese Einflussfaktoren längerfristig wirksam sind, führt das zu einem negativ getönten Selbstbild und zu schwindendem Selbstvertrauen. Die Bedeutung von Selbstwirksamkeit und Kontrollüberzeugung wächst, wenn im Prozess des Alterns Unsicherheiten und potenzielle „Bedrohungen" der inneren und äußeren Stabilität zunehmen. Darauf verweisen auch Markus und Herzog (1991) sowie Heckhausen und Schulz (1995). Frau Mayer hat für sich selbst erkannt, dass ihre Kompetenzen brach liegen und dass sie sich immer stärker zurückzieht. Deshalb sucht sie aktiv nach neuen Kontakten und Rollen durch ein freiwilliges Engagement. In der Beratung geht also darum, negative Einflussfaktoren im Sinne der Kompetenztheorie zu identifizieren und diese abzuschwächen, beziehungsweise abzubauen (vgl. Kricheldorff 2011 a)

Das *Modell der selektiven Optimierung mit Kompensation (SOK)* von Baltes und Baltes (Baltes & Baltes, 1986, 1990; vgl. auch Baltes & Carstensen, 1996) ist eine Alternstheorie, bei der es um individuelle Anpassungsstrategien geht, mit den unvermeidbaren Veränderungen des Lebens im Alter konstruktiv umzugehen. Die SOK-Theorie geht davon aus, dass es gelingen kann, ein zwar eingeschränktes, aber dennoch selbstwirksames Leben zu führen. Voraussetzung dafür ist, dass Selektion und Optimierung so erfolgen, dass dadurch eine Kompensation für erlebte Verluste und Einbußen erfahren werden kann. Selektion bedeutet, unter den biografisch erworbenen und für die einzelne Person besonders bedeutsamen Interessen und Aufgaben eine bewusste Entscheidung und Auswahl zu treffen. Es geht darum, die Interessensgebiete und Aufgabenbereiche auszuwählen, die der jeweiligen Person immer besonders wichtig waren oder die noch realisiert und gelebt werden sollen (alte Wünsche, bisher nicht gelebte Lebenspläne). Optimierung meint die Konzentration auf und Intensivierung dieser bewusst ausgewählten Interessen und Aufgaben, um, angesichts der sich verändernden Bedingungen im Prozess des Alterns, unvermeidbare Verluste zu kompensieren. Im Fall von Frau Mayer müssen der Verlust des beruflichen Status und das Alleinleben im Alter akzeptiert werden. Wenn es Frau Mayer gelingt, an die ihr wichtigen Themen und Aufgaben anknüpfen und dadurch wieder soziale Kontakte aufbauen zu können, wirkt das gleichzeitig als Kompensation in Bezug auf die erlebten Verluste der nachberuflichen Phase. Eine Neuorientierung ist in ihrer Situation geknüpft an Identität stiftende Rollen und das (Wieder-)Entstehen eines sozialen Netzwerks (vgl. Kricheldorff 2011 a).

Ebenso kann aber auch auf gesundheitswissenschaftliche Theorieansätze, wie zum Beispiel das Salutogenesekonzept, Bezug genommen werden. Der Medizinsoziologe Aaron Antonovsky (1979/1997) hat in den Gesundheitswissenschaften einen Paradigmenwechsel von einem krankheitszentrierten Modell der Pathogenese hin zu seinem gesundheitsbezogenen, ressourcenorientierten und präventiv ansetzenden Modell der *Salutogenese* eingeleitet. Anstelle der Bearbeitung von Risikofaktoren liegt bei der salutogenetischen Sichtweise die Aufmerksamkeit auf den die Gesundheit erhaltenden Faktoren, die Menschen dazu verhelfen sollen, so erfolgreich wie möglich mit Krisen und Schwierigkeiten in ihrem Leben umgehen zu können. Die Leitfragen lauten demnach:

- Was erhält den Menschen trotz vieler potenziell Gesundheit gefährdender Einflüsse gesund?
- Wie schaffen Sie es, sich von Erkrankungen wieder zu erholen?
- Was ist das besondere an Menschen, die trotz extremster Belastungen nicht krank werden?

Diese Schutzfaktoren nennt Antonovsky in seinem Konzept *Widerstandsressourcen.* Ein zentraler Aspekt in der Theorie von Antonovsky ist der Sense of Coherence (SOC), in der deutschen Sprache als Kohärenzgefühl oder Kohärenzsinn bezeichnet. Antonovsky definierte das Kohärenzgefühl als: „(…) eine globale Orientierung, die das Ausmaß ausdrückt, in dem jemand ein durchdringendes, überdauerndes und dennoch dynamisches Gefühl des Vertrauens hat, dass erstens die Anforderungen aus der inneren oder äußeren Erfahrungswelt im Verlauf des Lebens strukturiert, vorhersehbar und erklärbar sind und dass zweitens die Ressourcen verfügbar sind, die nötig sind, um den Anforderungen gerecht zu werden. Und drittens, dass die Anforderungen Herausforderungen sind, die Investitionen und Engagement verdienen“ (Antonovsky, zitiert in Bengel 2002, S. 30).

Das Kohärenzgefühl beschreibt also eine subjektive Grundeinstellung gegenüber unvorhergesehenen oder belastenden Ereignissen. Es geht dabei darum, wie ein Individuum potenziell belastende Umweltreize antizipiert und bewertet, vor dem Hintergrund eines Vertrauens in die Möglichkeiten der Bewältigung. Nach Antonovsky ist das Kohärenzgefühl eine zeitstabile Persönlichkeitskonstante, die sich aus drei Anteilen zusammensetzt:

- *Comprehensibility* (Verstehbarkeit):
  Die Erwartungen einer Person, dass externe und interne Reize bzw. Entwicklungen zu ordnen, zu überschauen und vorherzusagen sind. Ein Mensch mit einem hohen Maß an Comprehensibility geht davon aus, dass Ereignisse, die ihm begegnen werden, vorhersagbar sind, oder – wenn sie überraschend kommen – dass sie in einen Zusammenhang einzuordnen und zu erklären sind.
- *Manageability* (Handhabbarkeit)
  Das optimistische Vertrauen, aus eigener Kraft oder mit fremder Unterstützung künftige Lebensaufgaben meistern zu können.
- *Meaniningfulness* (Sinnhaftigkeit):
  Die individuelle Überzeugung, dass künftige Ereignisse sinnvolle Aufgaben sind, die dem Individuum gestellt werden und für die es sich lohnt, sich tatkräftig und emotional zu engagieren.

Antonovsky misst der Sinnhaftigkeit – im Sinne einer motivierenden Kraft – den größten Einfluss auf die Gesunderhaltung zu. Er vermutet, dass ohne die zentrale Kategorie Sinnhaftigkeit starke Ausprägungen der beiden anderen, eher kognitiven Komponenten Überschaubarkeit und Handhabbarkeit, wahrscheinlich ohne nachhaltigen gesundheitsprotektiven Effekt sein werden, besonders im Alter (Wissmann u. a. 2004). Die Sinnhaftigkeit entspricht mehr einer emotionalen Verfassung als einer kognitiven Einstellung und nimmt daher in seinem Konzept eine Sonderrolle ein (vgl. Kricheldorff 2011 a). Genau darum geht es im Fall von Frau Mayer. Sie sieht in ihrem zurückgezogenen Leben, ohne soziale Kontakte, für sich keinen Sinn. Es gilt also, hier durch ihre gewünschte Vermittlung in ein Engagement, der erlebten Sinnleere etwas entgegenzusetzen. Das Engagement in einer als sinnvoll erlebten Aufgabe wirkt aber auch gleichzeitig auf die Handhabbarkeit und Verstehbarkeit und verstärkt damit den *Sense of Coherence (SOC)* bei Frau Mayer.

## Fallbeispiel Familie Schulz

Herr Martin Schulz sucht, nach telefonischer Voranmeldung und zusammen mit seinen beiden erwachsenen Töchtern Katharina und Simone, eine Beratungsstelle für ältere Menschen und ihre Angehörigen auf, die sich im ländlichen Raum befindet. Im Verlauf des Gesprächs wird deutlich, dass die gesamte Familie inzwischen unter großem Druck lebt. Ursache ist die zunehmende Hilflosigkeit und Pflegebedürftigkeit von Maria Schulz, der Ehefrau und Mutter, die an einer *Demenz vom Alzheimertyp* leidet, inzwischen in einem fortgeschrittenen Stadium. Die Familie berichtet davon, dass der Zustand von Frau Schulz den Alltag der verschiedenen

Familienmitglieder auf unterschiedliche Weise sehr belastet. Herr Schulz kam erst auf Drängen seiner Töchter in die Beratung, die seine Überforderung sehen und sich um ihn und seinen Gesundheitszustand Sorgen machen. Sie erwarten sich aber auch Entlastung für die eigene Situation, die geprägt ist von einer Art Zerrissenheit zwischen den Anforderungen, die das eigene Familienleben und die eigene Lebensplanung mit sich bringen, und dem Loyalitätsgefühl gegenüber den alten Eltern. Dazu käme auch das Empfinden von Hilflosigkeit und Schuld.

Katharina, die ältere Tochter, ist 48 Jahre alt und Simone, die Nachzüglerin, hat gerade ihren 35. Geburtstag gefeiert. Aus beruflichen Gründen lebt Katharina in Stuttgart, zusammen mit ihrem Mann und ihren beiden Söhnen, die 22 und 18 Jahre alt sind. Sie fühlt sich von jeher „verantwortlich", leidet darunter, nicht so verfügbar sein zu können, wie sie das gerne wäre. Simone ist ledig und hat nach einer Phase der Ausbildung und Berufstätigkeit als Bürokauffrau ihrem Leben eine neue Wendung gegeben. Sie hat gerade ein Studium der Kulturwissenschaften aufgenommen, verwirklicht damit einen lange gehegten Wunsch und genießt diese neue Freiheit sehr. Beide fühlen sich für die Eltern verantwortlich, stehen aber aus den jeweils unterschiedlichen Lebenssituationen heraus nur sehr eingeschränkt für die häusliche Pflegesituation zur Verfügung.

Herr Martin Schulz ist 72 Jahre alt, seine Frau Maria 2 Jahre jünger. Sie sind seit fast 50 Jahren verheiratet, feiern also noch in diesem Jahr die „Goldene Hochzeit". Die Rollenverteilung in der Familie war immer sehr traditionell: Frau Schulz war Hausfrau und er hat „die Brötchen verdient", also die Familie ernährt. So drückt sich Herr Schulz im Gespräch aus. Während seiner Berufstätigkeit war er als Gewerbelehrer an einer beruflichen Schule tätig, bis zum Ausscheiden aus dem Erwerbsleben vor 7 Jahren. Dieser Übergang in die nachberufliche Phase war für Herrn Schulz eine Zäsur, was seine sozialen Kontakte außerhalb der Familie betrifft. Während der Berufstätigkeit hatte er innerhalb des Kollegiums regelmäßige Kontakte zu einer Handvoll Kollegen, die wie er Fußballfans waren. Daraus ergab sich der „Stammtisch" der älteren Lehrerkollegen, der sich aber im Ruhestand nicht fortsetzte, da niemand die Initiative ergriff. Während der ersten Ruhestandsjahre freute er sich aufs Heimwerken, renovierte begeistert Küche und Bad, unternahm gemeinsam mit seiner Frau und dem Hund ausgedehnte Spaziergänge. Frau Schulz lud die Nachbarn manchmal zu monatlichen Straßen-Treffen ein. Im vergangenen Jahr zog sie sich aber immer mehr zurück.

Langsam bemerkte Herr Schulz, dass sich seine Frau veränderte, dass mit ihr „etwas nicht mehr stimmt". Sie schien sich immer öfter an erst kürzlich Besprochenes oder Erlebtes nicht mehr zu erinnern. Sie war zeitweise verwirrt, vergaß Termine und dann fand er einen Notizzettel mit der Wegbeschreibung zum Supermarkt. Herr Schulz reagierte zunächst verständnislos, immer öfter auch ärgerlich: „Ich hab's ihr doch gesagt!". Während Simone zunächst beschwichtigt, es „als harmlos" und normal für ihr Alter „abtat", beharrte Katharina, die in Stuttgart gerade Ähnliches bei ihrem Schwiegervater erlebt, darauf, eine diagnostische Abklärung in der Memory-Ambulanz der Universitätsklinik vornehmen zu lassen.

Die Diagnose war nur noch eine Bestätigung für alle. Nun zeigt sich aber immer mehr, dass das häusliche Pflegesetting immer brüchiger wird und dass sich etwas verändern muss.

Vor diesem Hintergrund wurde der Termin für den gemeinsamen Besuch in der Beratungsstelle vereinbart. Das Hauptthema ist: Wie kann die Situation für alle Beteiligten besser gestaltet werden?

*Pflegebedürftigkeit im Alter* ist heute ein Thema von hoher gesellschaftlicher Relevanz und kann, vor dem Hintergrund der ansteigenden durchschnittlichen Lebenserwartung, als *allgemeines Lebensrisiko* angesehen werden. Da einem Familienverband heute bis zu fünf Generationen gleichzeitig angehören (neue Generationenfolgen), wird auch die Wahrscheinlichkeit größer, dass in einer Familie zwei

Generationen parallel, also etwa Groß- und Urgroßeltern, Unterstützung brauchen. Bei abnehmender Kinderzahl und zugleich größerer Mobilität der jüngeren Generationen sind hier Probleme vorgezeichnet (Bubolz-Lutz & Kricheldorff 2011). Familie Schulz ist dafür ein typisches Beispiel: beide Töchter wohnen nicht vor Ort und sind aus beruflichen oder biografischen Gründen, die mit eigener Familie und beruflicher Orientierung verbunden sind, im Pflegealltag nicht verfügbar. Sie fühlen sich aber dennoch moralisch zuständig für die Gestaltung und Bewältigung der häuslichen Pflegesituation und sehen die Überforderung des Vaters. Diese Zerrissenheit von nahen Angehörigen, oft verbunden mit Schuldgefühlen ist typisch in pflegenden Familien. Die Auseinandersetzung mit Pflegebedürftigkeit innerhalb des Lebenslaufs ist sowohl für den Einzelnen als auch für die Gesellschaft damit insgesamt unumgänglich, weil die eigene potenzielle Betroffenheit sehr hoch ist (Schneekloth & Wahl 2005). Ganz gleich in welcher Lebensphase – Pflegebedürftigkeit und chronische Krankheit stellen immer Einschnitte im persönlichen Leben dar und müssen integriert werden (vgl. Schaeffer 2006: 193).

Unmittelbar von Pflegebedürftigkeit betroffen sind zunächst diejenigen, die mit zunehmendem Alter verstärkt Hilfe und Pflege benötigen. Inzwischen sind es 1,62 Millionen Personen, die Leistungen der Pflegeversicherung in privaten Haushalten in Anspruch nehmen, von denen 1,07 Millionen ohne Unterstützung professioneller ambulanter Pflegedienste, nur von pflegenden Angehörigen oder sozial nahestehenden Personen, versorgt und gepflegt werden. Hinzu kommen 727 000 pflegebedürftige Personen, die in stationären Einrichtungen leben (Statistisches Bundesamt 2009). Zu diesen insgesamt 2,35 Millionen Menschen, deren Pflegebedarf offiziell durch Pflegegutachter des MDK (Medizinischer Dienst der Pflegekassen) festgestellt und einer der 3 Pflegestufen (vgl. SGB XI) zugeordnet wurde, kommen geschätzte weitere knapp 3 Millionen sonstige Hilfsbedürftige, die keine Leistungen aus der Pflegekasse erhalten (Schneekloth & Wahl 2005:61). Eine davon besonders betroffene Personengruppe sind Menschen mit Demenz, deren Unterstützungsbedarf ganz häufig nicht mit der im SGB IX festgeschriebenen verrichtungsbezogenen Pflege beantwortet werden kann. Die Debatten um eine notwendige Erneuerung des Pflegebedürftigkeitsbegriffs halten seit Jahren an, einschlägige Entwürfe von Experten liegen vor, wirksame Veränderungen werden aber immer wieder verschoben.

Die Soziale Arbeit hatte im Feld der Pflege schon immer einen schweren Stand. Dies ist einerseits erklärbar durch unklare Rollenverteilungen in der Praxis (was macht die Pflege, wofür ist die Soziale Arbeit zuständig?) und tatsächlich vorhandene Konkurrenzsituationen in bestimmten Tätigkeitsfeldern, z. B. im Case Management, in der Pflegeberatung, in der Arbeit mit pflegenden Angehörigen. Andererseits verfügt gerade die Soziale Arbeit über spezifische Kompetenzen im Bereich der Arbeitformen und Methoden, die sie besonders für die Arbeitsbereiche ausweisen, in denen es um spezifische Angebote geht. Folgende Bereiche und Tätigkeiten lassen sich dabei unterscheiden:

- *Beratung*
  Dabei geht es um die Klärung der Situation sowie das Erarbeiten von alternativen Lösungen und Handlungsansätzen. Neben einer sozialpädagogischen oder Klient zentrierten Beratungsarbeit zu Lebensfragen und in Krisensituationen geht es auch um spezielle Angebote zur Beratung pflegender Angehöriger für Einzelne oder in Gruppen, Telefonberatung (Hotline) und Beratungsarbeit mit Unterstützung neuer Medien (Internetberatung).
- *Vermittlung*
  Die Soziale Arbeit verfügt über Verweisungswissen und baut Brücken zu entlastenden und unterstützenden Diensten oder in den stationären Bereich. Vermittlung erfolgt über niederschwellige Angebote, die eine Lotsenfunktion im System der Pflege übernehmen. Es geht aber auch um Vermittlung zwischen Akteuren im Feld der Pflege, Kenntnis von Angebotsstrukturen und von rechtlichen Bestimmungen. Notwendig sind dafür neben der Beratungskompetenz auch spezielle Methoden wie Mediation (Interessenausgleich) oder Soziale Netzwerkarbeit (Bullinger & Nowak 1998).
- *Koordination und Vernetzung*
  Dabei geht es einerseits um den Aufbau von *personenbezogenen Netzwerken* im Sinne von Case Management und Vernetzung der Akteure im Pflegemix. Ebenso wichtig sind andererseits aber auch die Initiierung und Koordination *themenbezogener Netzwerke*, wie Arbeitskreise, Runde Tische etc.
- *Betreuung*
  Neben den klassischen Betreuungsaufgaben des Sozialdiensts in der ambulanten und stationären Pflege geht es immer mehr auch um gesetzliche Betreuung (auch als freiberufliche Tätigkeit). Die Soziale Arbeit ist im Rahmen der gesetzlichen Betreuung oft spezialisiert auf bestimmte Gruppen, wie z. B. Menschen mit Demenz oder Menschen mit Psychiatrie-Erfahrung.
- *Initiierung und Begleitung von Beteiligungsprozessen*
  Die Soziale Arbeit hat hier ein wichtiges Betätigungsfeld in der Arbeit mit Freiwilligen und der Förderung von bürgerschaftlichem Engagement. Dabei geht es auch um die Ermöglichung von Beteiligungsprozessen für Pflegebedürftige und ihre Angehörigen, im Sinne von Empowerment und Kompetenzentwicklung sowie um Formen des Zusammenspiels von Freiwilligen und Institutionen und die Beteiligung verschiedener Akteure im Pflege-Mix (vgl. Bubolz-Lutz & Kricheldorff 2006).
- *Bildung*
  Das Aufgabenfeld der Sozialen Arbeit erstreckt sich dabei auf die Vermittlung von Kompetenzen und Wissen, auf die Qualifizierung für freiwilliges Engagement sowie die Weiterbildung für professionelle Kräfte. Es geht aber auch um die Entwicklung und Gestaltung von Angeboten in der Geragogik, auch für hochaltrige Menschen und Pflegebedürftige (Bubolz-Lutz, Kricheldorff u. a. 2010).

Diese Aufgaben der Sozialen Arbeit sind verankert im *Vorfeld von Pflege*, als *Pflege begleitende* Beratungs- und Interventionsformen und als koordinierende und vernetzende *Arbeit im Feld der Pflege.* Grundsätzlich lassen sich drei unterschiedliche Handlungsfelder identifizieren, in denen Soziale Arbeit tätig werden kann:

- der häusliche Bereich
- der institutionelle Bereich
- der kommunale/öffentliche Bereich.

Besondere Bedeutung kommt dabei den *Schnittstellen* zwischen diesen drei Bereichen zu, die es zu gestalten gilt, denn um Gesundheit zu erhalten und Krankheit und Pflegebedürftigkeit zufriedenstellend bewältigen zu können, braucht es Kommunikation und konstruktive Zusammenarbeit. Soziale Arbeit mit ihrem multiperspektivischen Ansatz wirkt hier als Brückenbauer und Vernetzer (vgl. Zeman 2005).

Die aktuellen fachlichen Positionen in der Sozialen Arbeit, die stark geprägt werden von einer Orientierung an Lebenswelt, an Kompetenzen und Ressourcen sowie an rekonstruktiven Methoden und Ansätzen, sind anschlussfähig an die laufenden Debatten und Entwicklungen in der Pflege, wo es ebenfalls um Fragen der Autonomie und immer stärker auch um die sozialräumliche Verankerung von Angebotsstrukturen geht (Kricheldorff 2008).

Ein zunehmend wichtiges Aufgabenfeld für die Soziale Arbeit stellt die *Arbeit mit pflegenden Angehörigen* dar, die noch immer den größten Teil der im Privatbereich geleisteten Hilfe und Pflege übernehmen. Aus familienpsychologischer Sicht wird die Sorge und Pflege um alte Verwandte – aus der Perspektive der so genannten mittleren Generation – inzwischen als eine *neue Phase im Lebensverlauf einer Familie* bezeichnet (vgl. Schütze u. Lang 1992, 336). Dies erscheint durchaus berechtigt. Da nicht selten mehrfach Pflege übernommen wird und dafür oft viele Jahre zu veranschlagen sind, lässt sich vorstellen, dass die Gesamtdauer der Pflege die der Kindererziehung zuweilen sogar übersteigt. Und trotz veränderter Familienstrukturen (z.B. Patchworkfamilien) und erhöhter Mobilität ist lebenslange familiale Solidarität ungebrochen, sie folgt aber immer mehr anderen Mustern (vgl. Szydlik 2002). Nach einer Infratest-Repräsentativerhebung (vgl. Schneekloth und Wahl 2005) erhalten 92 % der Pflegebedürftigen von den nächsten eigenen Angehörigen Hilfe und Betreuung, nach den Angaben des Statistischen Bundesamtes sind es 68 % (Amtliche Pflegestatistik 2009). Für die nächsten 10 Jahre wird damit gerechnet, dass sich dieser Anteil zwischen 60 % und 80 % hält, da hier noch geburtenstarke Jahrgänge für die Pflege zur Verfügung stehen – danach werden mehr und mehr andere Formen und Ressourcen benötigt (Schnabel 2007).

Bei den verheirateten Pflegebedürftigen pflegt der Ehepartner, wie das auch bei Herrn Schulz der Fall ist. Bei verwitweten und geschiedenen alten Menschen sind es die eigenen erwachsenen Kinder oder Schwiegerkinder, die regelmäßig Unterstützung leisten. Die Anzahl der mit der Bewältigung der Pflege gedanklich befassten Personen geht in der Mehrzahl der Fälle aber über einen einzigen Angehörigen weit hinaus. Das zeigt sich ganz deutlich im Fall der Familie Schulz, in der die

Töchter, trotz großer räumlicher Entfernung, im Alltag doch stark mit der Pflegesituation und ihren Folgen befasst sind, auch wenn sie nicht unmittelbar pflegen. Es ist immer davon auszugehen, dass sich innerhalb und außerhalb der Familien mehrheitlich mehrere Personen, zunehmend auch aus der Enkelgeneration, um das Wohl eines oder mehrerer Pflegebedürftigen kümmern. Da sich tendenziell aber immer weniger Kinder um immer mehr Ältere zu sorgen haben, nimmt künftig der Trend zu, dass sich eine einzige Person um mehrere Hilfsbedürftige zu kümmern hat. Die wachsende Zahl Älterer, die keine Verwandten mehr haben, ist allein auf außerfamiliäre Pflegearrangements angewiesen. Zu beobachten ist eine Entwicklung hin zur einer Pflege durch private Helfer (Freunde, Nachbarn, Bekannte): immerhin werden 9 % der Pflegebedürftigen von Privatpersonen betreut, mit denen sie nicht verwandt sind (Schneekloth & Wahl 2005). Über die Zahl der ausländischen, größtenteils nicht ausgebildeten Pflegekräfte, die in privaten Haushalten tätig sind, liegen keine belastbaren Zahlen vor.

Die sozialen Bedürfnisse dieser mehr als 5 Millionen Menschen, aber auch die Koordination und Vernetzung der verschiedenen Akteure im Pflege-Mix (vgl. Bubolz-Lutz & Kricheldorff 2006) bestimmen zunehmend das Aufgabenspektrum der Sozialen Arbeit im Feld der Pflege. Eine flexible bedarfsgerechte Planung und Koordination der Vorsorge- und Versorgungssysteme ist auch deshalb notwendig, weil sich Situation und Bedarfslage der Betroffenen immer wieder verändern und so immer wieder neue Pflegearrangements erforderlich machen.

Ein anderer wichtiger Aspekt ist, dass das System der Pflege weitgehend auf „Komm-Strukturen“ basiert und dass der subjektiv notwendige Pflegebedarf aktiv geltend gemacht werden muss. Es gibt bislang kaum zugehende Formen von Information und Beratung bezüglich möglicher Hilfs- und Unterstützungsleistungen und deren Finanzierung. Ein erster Ansatzpunkt zur Veränderung dieser Situation bieten die neu geschaffenen Pflegestützpunkte, in denen überwiegend Sozialarbeiterinnen und Sozialarbeiter tätig sind. Insgesamt ist festzustellen, dass die bedarfs- und bedürfnisgerechte Versorgung in der Pflege also deutliche Hemmschwellen aufweist, von denen diejenigen besonders betroffen sind, die schon vor Eintritt der Pflegesituation benachteiligt waren – oft lebenslang. Auch in diesem Kontext ist die Soziale Arbeit gefordert, denn Benachteiligung und soziale Ungleichheit im Lebenslauf führen zu einem deutlich geringer ausgeprägten Selbsthilfepotential. Ungleichheiten in der Versorgungsnutzung im Alter bestehen auch, weil die nötigen Nutzungskompetenzen nicht ausreichend vorhanden sind. Hinzu kommt, dass Pflegebedürftigkeit in sozial benachteiligten Gruppen früher und häufiger eintritt (Bauer/Schaeffer 2006, 29). Für die Soziale Arbeit ergeben sich daraus neue Arbeitsfelder, wie zugehende Formen der Beratung (präventive Hausbesuche), Pflegeberatung und Gruppenarbeit mit pflegenden Angehörigen. Entsprechende Arbeitsansätze und Methoden sind auch hier ressourcen- und kompetenzorientiert und stark bezogen auf die jeweiligen Lebenswelten und Milieus.

# Handlungsfeldorientierung im Studium der Sozialen Arbeit – eine Möglichkeit der systematischen Vorbereitung auf die professionelle Tätigkeit in gerontologischen Arbeitsfeldern und im Gesundheitswesen

Unter Bezugnahme auf das systematische Modell, auf dem das Studium der Sozialen Arbeit in der Logik der Handlungsfeldorientierung basiert (vgl. das einleitende Kapitel dieses Buches), ergeben sich für die Bezugsdisziplinen und die Profil bildenden Module die folgenden thematischen Orientierungen. Studierende haben so die Möglichkeit, sich in einem exemplarischen Handlungsfeld der Sozialen Arbeit – hier die Soziale Arbeit in gerontologischen Arbeitsfeldern und im Gesundheitswesen – deutlich zu profilieren und dabei Erfahrungen zu machen, die auch auf andere Handlungsfelder übertragbar sind. Es erfolgt also eine Profilierung ohne einengende Spezialisierung.

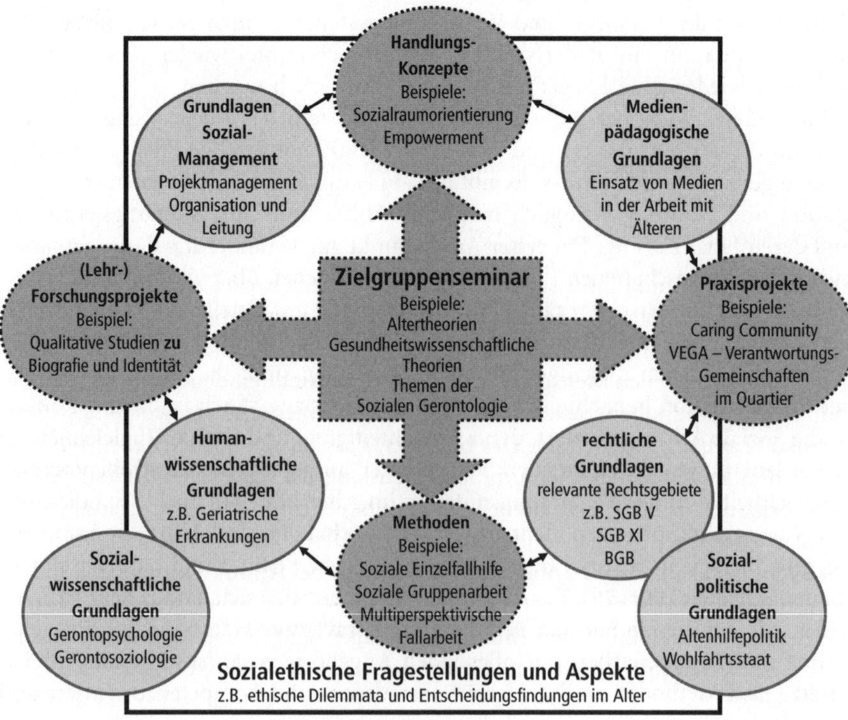


**Abb. 1:** Profilbildung durch Handlungsfeldorientierung

# Soziale Gerontologie als Querschnittsthema in der Sozialen Arbeit

Es gibt spezifische Adressatengruppen Sozialer Arbeit, bei denen eine Kumulation von materieller und sozialer Benachteiligung im Alter besteht. Dies sind beispielsweise gering qualifizierte Menschen, die im Erwerbsleben schwer körperlich, oft in prekären Arbeitsverhältnissen beschäftigt waren, und auch allein lebende Frauen, mit einem biografisch bedingt geringen Rentenanspruch. Für diese Personengruppen ist Altersarmut ein zentrales Thema mit absehbar steigender Tendenz. Denn, wie der 5. Altenbericht im Kapitel „Einkommenslage im Alter und zukünftige Entwicklung" belegt, wird die Einkommensschere im Alter in Zukunft noch sehr viel weiter auseinanderklaffen, als das schon heute teilweise der Fall ist (Kricheldorff 2010c). Zu diesen sozio-ökonomischen Problemlagen kommen häufig auch noch *kritische Lebensereignisse im Alter* hinzu, wie zum Beispiel

- Verlust des Partners oder naher Bezugspersonen
- Verlust von Rollen und Aufgaben, verbunden mit persönlichen Erfahrungen von Entwertung (z. B. vorzeitige Berentung nach Langzeitarbeitslosigkeit)
- eigene Krankheit oder Pflegebedürftigkeit
- Verlust der gewohnten Umgebung und von sozialen Kontakten bei Umzug in eine Pflegeeinrichtung
- Rückzug/Vereinsamung.

Diese Ereignisse sind Einflussfaktoren, die die Tendenz zur *sozialen Ungleichheit im Alter* zusätzlich verstärken. Dabei gilt: wenn zentrale und lebenswichtige Ressourcen nur eingeschränkt vorhanden sind, nehmen gesundheitliche Beeinträchtigungen zu, die betroffenen Menschen schätzen ihre Gesundheit deutlich schlechter ein (subjektiver Gesundheitszustand) und unterliegen einem höheren vorzeitigen Sterberisiko (Lampert/Ziese 2005). Das bedeutet, dass für die Soziale Arbeit mit älteren und alten Menschen, die zum Teil lebenslang Benachteiligungen und Exklusion erfahren haben, ein breites Tätigkeitsspektrum in eher traditionellen sozialarbeiterischen Aufgabenbereichen und Feldern besteht. Wichtig sind dabei vor allem die klassischen Formen der Intervention bei Armut, Devianz und Exklusion, unter Rückgriff auf spezifische Methoden Sozialer Arbeit, wie zum Beispiel die Soziale Einzelfallhilfe, bei Multiproblemlagen auch Case Management, aber auch Soziale Gruppenarbeit und Gemeinwesenarbeit (Galuske 2007; Galuske & Thole 2006).

Zu diesen typischen Adressaten Sozialer Arbeit kommen nun, vor dem Hintergrund des gesellschaftlichen und demografischen Wandels, zusätzlich neue Personengruppen älterer und alter Menschen, die zunehmend in den Fokus der Sozialen Gerontologie genommen werden, wie zum Beispiel ältere Migrantinnen und Migranten (vgl. Beitrag Schirilla in diesem Buch). Sie sind gemäß Bevölkerungsprognosen die in den nächsten Jahren am stärksten wachsende Gruppe unter der Altersbevölkerung, unter anderem auch, weil die in den 1960er- und 1970er-Jahren zugewanderten Arbeitsmigrantinnen und -migranten in Deutschland alt werden. Sie haben oft spezifische Bedarfe, die sich oft weniger aus ihrem Migrationshintergrund herleiten lassen, sondern eher aus ihren Lebenslagen, die oft geprägt sind von typischen Benachteiligungsfaktoren in kumulierter Form, wie schlechtere Bildung, materielle Ungleichheit und zusätzlich sprachliche und mentale Zugangsbarrieren zu sozialen Diensten und Angeboten. Das Thematisieren sozialer Problemlagen ist auf Grund spezifischer Sozialisationsbedingungen bei ihnen oft weniger stark ausgeprägt, belastende Faktoren können deshalb weniger bearbeitet oder beseitigt werden, was in der Folge zu vermehrter Krankheitshäufigkeit führt. In der Gerontologie wird in diesem Kontext von der Neigung zur *Medikalisierung psychosozialer Probleme* bei älteren Migrantinnen und Migranten gesprochen (Schröer & Schweppe 2010, S. 369 ff.).

Fragen zum Prozess des Alterns und alterstheoretische Orientierungen werden aber auch in den Feldern der Sozialen Arbeit immer wichtiger, die auf den ersten Blick wenig oder gar nicht mit dem Thema Alter in Verbindung gebracht werden. Beispiele dafür sind folgende Handlungsfelder:

## Soziale Arbeit mit Familien (vgl. Beitrag Rösler)

Nach Elisabeth Beck-Gernsheim (1993) lässt sich die Verbindung von Alter und Familie aus zwei verschiedenen Perspektiven herleiten und beschreiben:

- **Das Altern der Gesellschaft verändert Familienstrukturen**
  Ein Beispiel dafür ist, dass der Anstieg der Lebenserwartung die gemeinsam erlebte Zeit in Paarbeziehungen verlängert. Das erhöht deren Anfälligkeit, führt vermehrt zu Paarproblemen und zu steigenden Scheidungszahlen bei Altersehen. Eine weitere Entwicklung ist, dass sich die Erwartungen von immer mehr Großeltern auf immer weniger Enkel konzentrieren, die davon zunehmend überfordert sein können. Ein anderes Beispiel stellt das Phänomen der „Sandwichgeneration" dar, die Verpflichtungen gegenüber den auf Grund langer Ausbildungszeiten sehr lange materiell abhängigen Jungen und den zahlenmäßig immer mehr werdenden Alten gleichzeitig zu erfüllen hat. Das führt insgesamt zu neuem Konfliktpotenzial in den Familien und verändert sie in ihren Strukturen.
- **Veränderte familiäre Strukturen haben Auswirkungen auf das Alter**
  Die Bedeutung von Familien im Pflegekontext erfährt deutliche Veränderungen, wenn sich Familienbeziehungen verändern und neue Lebensformen (z. B. wechselnde Lebenpartnerschaften, neue Wohnformen) zunehmen, Dies kann Singularisierungstendenzen im Alter verstärken und neue Versorgungs- und Pflegesettings notwendig machen. Die Frage, wer in „Patchworkfamilien" zuständig ist

für die Versorgung und Betreuung der alten Menschen macht neue Aushandlungsprozesse notwendig, jenseits der traditionell gewachsenen Bezüge.

## Soziale Arbeit mit suchtgefährdeten und psychisch kranken Menschen (vgl. Beitrag Sehrig & Effelsberg)

Es sind weniger die illegalen Drogen, die beim Thema Alter und Sucht im Vordergrund stehen, wenngleich auf Grund von guter medizinischer Versorgung und von Substitutionsprogrammen auch langjährige Drogengebraucher inzwischen immer älter werden. Der Schwerpunkt in der Suchtgefährdung älterer Menschen liegt jedoch im Bereich von Alkohol und noch stärker bei Medikamenten, wobei das Thema Selbstmedikation bei alten Menschen eine große Rolle spielt und mit erheblichen Risiken verbunden ist. So ist zum Beispiel die Abhängigkeit Älterer von Schmerz- und Schlafmitteln ein Thema von großer Relevanz, wobei verlässliche Zahlen fehlen und das Ausmaß des Problems eher eine Grauzone darstellt (Havemann-Reinecke u. a. 1998).

Die thematische Nähe von Alter und psychischer Erkrankung ist in den vergangenen Jahren vor allem über die Auseinandersetzung mit dem Thema Demenz ins öffentliche Bewusstsein gerückt. Die Betroffenenzahlen steigen kontinuierlich, weil die meisten Formen von Demenz, vor allem die Alzheimerkrankheit, mit Hochaltrigkeit korrelieren. Prominente Menschen, die an einer Demenz leiden und deren Erkrankung öffentlich wird, tragen ebenfalls dazu bei, dass psychische Krankheiten im Alter verstärkt öffentlich wahrgenommen werden. Insgesamt nimmt vor dem Hintergrund des demografischen Wandels die Bedeutung der Gerontopsychiatrie zu, auch im Kontext von Depression, Wahn und anderen psychiatrischen Erkrankungen (Dörr 2010)

## Soziale Arbeit mit Kindern und Jugendlichen (vgl. Beiträge Schwab und Hugoth)

Vor allem in den neueren konzeptionellen Ansätzen der Sozialen Arbeit mit älteren und alten Menschen, häufig mit einem deutlichen Quartiersbezug, stehen Projekte im Mittelpunkt, die Alt und Jung gleichermaßen ansprechen sollen. Die Stärkung intergenerationeller Solidarität ist auch ein Eckpfeiler moderner Altensozialpolitik, deutlich verankert in den beiden letzten Altenberichten der Bundesregierung, die sich mit den *Potenzialen des Alters in Wirtschaft und Gesellschaft* (BMFSFJ 2005, 5. Altenbericht) und dem Thema *Altersbilder in der Gesellschaft* (BMFSFJ 2010b, 6. Altenbericht) beschäftigen und entsprechende Förderprogramme (z. B. das der Mehr-Generationen-Häuser) nach sich zogen. Um intergenerationelle Projekte, von denen alle beteiligten Generationen profitieren können, aber sinnvoll entwickeln und in der Praxis implementieren zu können, bedarf es einer Annäherung dieser beiden, auf den ersten Blick konträren Handlungsfelder Sozialer Arbeit. Dies ist auch deshalb von großer Relevanz, weil damit dem nicht selten thematisierten *Krieg der Generationen,* um gesellschaftliche Ressourcen und Chancen, entgegengewirkt werden kann.

## Soziale Arbeit im Gemeinwesen (vgl. Beitrag Becker)

Dass die Zukunft des Alterns im Quartier liegt, ist heute die aktuelle Position in der Sozialen Gerontologie (Hoch & Otto 2005). Die fachlichen Empfehlungen gehen eindeutig weg von den großen institutionellen Lösungen in Form von Pflegeheimen, deren Größe sich an möglichst wirtschaftlichen Bedingungen orientiert, hin zu kleinräumigen Versorgungs- und Pflegesettings. Die Bedingungen dafür zu schaffen, die ein Altwerden in gewachsenen sozialräumlichen Kontexten möglich machen, ist eine zentrale Aufgabe der Sozialen Arbeit. Es geht dabei um Koordination und Vernetzung der Ressourcen und Akteure in städtischen Wohnquartieren und ländlichen Gemeinden mit den spezifischen Methoden Soziale Netzwerkarbeit und Sozialplanung (Schönig 2008).

# Ausblick

An den skizzierten Beispielen zeigt sich deutlich, dass angesichts des demografischen Wandels und der Alterung der Bevölkerung insgesamt, fast alle Bereiche der Sozialen Arbeit immer stärker mit älteren und alten Menschen als Adressaten konfrontiert sind, mit zunehmender Tendenz. Alter wird damit zum Querschnittsthema. In diesem Kontext notwendige konzeptionelle Neuentwicklungen oder auch die Modifizierung entsprechender Ansätze befinden sich aber häufig noch in den Anfängen oder sind noch gar nicht vorhanden. Hier besteht also ein deutlicher Nachhol- und Entwicklungsbedarf für die Praxis Sozialer Altenarbeit.

Das Handlungsfeld der Sozialen Arbeit in gerontologischen Arbeitsfeldern und im Gesundheitswesen ist, mit dem Blick in die Zukunft, künftig in doppelter Hinsicht hoch relevant. Es bietet einerseits viele neue Möglichkeiten einer eindeutigen Profilierung für neu entstehende berufliche Facetten, verbunden mit modellhaften Entwicklungen und neuen methodischen Ansätzen und Konzepten. Andererseits ist die Beschäftigung mit gerontologischen Inhalten und Themen für die Soziale Arbeit insgesamt immer stärker relevant, weil sich – vor dem Hintergrund des gesellschaftlichen Wandels – auch fast alle anderen Handlungsfelder mit den Anliegen und Bedarfen älterer und alter Menschen verstärkt befassen müssen.

# Literaturverzeichnis

Aner, K. (2010): Soziale Altenhilfe als Aufgabe Sozialer Arbeit. In: Aner. K. & Karl, U. (Hrsg.): Handbuch Soziale Arbeit und Alter. Wiesbaden: VS-Verlag.

Antonovsky, A. (1997): Salutogenese. Zur Entmystifizierung der Gesundheit. Tübingen: dgvt-Verlag.

Antonovsky, A. (1979): Health, stress and coping. New perspectives on mental and physical well-being. San Francisco.

Atchley, R. C. (1989): Continuity theory of normal aging. In: The Gerontologist 6/1989, 97–99

Baltes, P. B. & Baltes, M. M. (1990). Psychological perspectives on successful aging: The model of selective optimization with compensation. In: P. B. Baltes & M. M. Baltes (Hrsg.): Successful aging. Perspectives from the behavioral sciences. Cambridge: Cambridge University Press, 1–34.

Baltes, M. M. & Baltes, P. P. (Hrsg.) (1986): The psychology of control and aging. Hillsdale, NJ: Erlbaum.

Baltes, M. M. & Carstensen, L. L. (1996): Gutes Leben im Alter: Überlegungen zu einem prozeß-orientierten Metamodell erfolgreichen Alterns. Psychologische Rundschau, 47, 199–215.

Bauer, U. & Schäffer, D. (2006): Soziale Ungleichheit in der Pflege – (k)ein Thema? In: Managed Care, 7, 8–9

Beck-Gernsheim, E. (2002): Was kommt nach der Familie? Einblicke in neue Lebensformen. München: Verlag C. H. Beck

Beck-Gernsheim, E. (1993): Alter und Familie. In: Naegele, G./Tews, H. P. (Hrsg.): Lebenslagen im Strukturwandel des Alters. Opladen: Westdeutscher Verlag, 158–169.

Bengel, J./Belz-Merk, M. (1997): Subjektive Gesundheitsvorstellungen. In: Schwarzer, R. (Hrsg.): Gesundheitspsychologie. Ein Lehrbuch. 2. Auflage. Göttingen: Hogrefe, 23–41.

Bertram, H. (2000): Die verborgenen familiären Beziehungen in Deutschland: Die multilokale Mehrgenerationenfamilie. In: Kohli, M./Szydlik, M. (Hrsg.): Generationen in Familie und Gesellschaft, Opladen: Leske + Budrich, 97–121

BMFSFJ – Bundesministerium für Familie, Senioren, Frauen und Jugend (2010a): Hauptbericht des Freiwilligensurveys 2009. Ergebnisse der repräsentativen Trenderhebung zu Ehrenamt, Freiwilligenarbeit und Bürgerschaftlichem Engagement. Berlin.

BMFSFJ – Bundesministerium für Familie, Senioren, Frauen und Jugend (2010b): Sechster Bericht zur Lage der älteren Generation in der Bundesrepublik Deutschland. Altersbilder in der Gesellschaft. Bericht der Sachverständigenkommission. Berlin.

BMFSFJ – Bundesministerium für Familie, Senioren, Frauen und Jugend (2005): Fünfter Bericht zur Lage der älteren Generation in der Bundesrepublik Deutschland. Potenziale des Alters in Wirtschaft und Gesellschaft. Der Beitrag älterer Menschen zum Zusammenhalt der Generationen. Bericht der Sachverständigenkommission. Berlin.

Bubolz-Lutz, E. & Kricheldorff, C. (2011): Abschlussbericht Pflegebegleiter. Schriftenreihe Modellprogramm zur Weiterentwicklung der Pflegeversicherung. Band 6. Berlin: GKV-Spitzenverband.

Bubolz-Lutz, E./Gösken, E./Kricheldorff, C./Schramek, R. (2010): Geragogik. Bildung und Lernen im Prozess des Alterns. Das Lehrbuch. Stuttgart: Kohlhammer-Verlag

Bubolz-Lutz, E./Kricheldorff, C. (2006): Freiwilliges Engagement im Pflegemix. Neue Impulse. Freiburg: Lambertus

Bullinger, H./Nowak, J. (1998): Soziale Netzwerkarbeit. Eine Einführung für soziale Berufe. Freiburg: Lambertus

Dörr, M. (2010): Soziale (Alten-)Arbeit in der Gerontopsychiatrie. In: Aner. K. & Karl, U. (Hrsg.): Handbuch Soziale Arbeit und Alter. Wiesbaden: VS-Verlag.

Galuske, M. (2007): Methoden der Sozialen Arbeit. Eine Einführung. 7. überarbeitete Auflage. Weinheim/München: Juventa.

Galuske, M./Thole, W. (2006): Vom Fall zum Management. Neue Methoden der Sozialen Arbeit. Wiesbaden: VS-Verlag.

Gensicke, Th./Picot, S./Geiss, S. (Hrsg.) (2006): Freiwilliges Engagement in Deutschland 1999–2004. Empirische Studien zum Bürgerschaftlichen Engagement. Wiesbaden: VS-Verlag.

Göckenjan, G. (Hrsg.): Recht auf ein gesichertes Alter? Studien zur Geschichte der Alterssicherung in der Frühzeit der Sozialpolitk. Augsburg: Maro.

Hammerschmidt, P. & Tennstedt, F. (2010): Sozialrecht und Sozialpolitik für das Alter – Entwicklungen bis Anfang der 1960-er Jahre. In: Aner. K. & Karl, U. (Hrsg.): Handbuch Soziale Arbeit und Alter. Wiesbaden: VS-Verlag.

Havemann-Reinecke, U./Weyerer, S./Fleischmann, H. (Hrsg.) (1998): Alkohol und Medikamente: Missbrauch und Abhängigkeit im Alter. Freiburg i. Br.: Lambertus

Heckhausen, J. & Schulz, R. (1995): A life-span theory of control. In: Psychological Review, 102, 284–304.

Herriger, N. (2006): Empowerment in der Sozialen Arbeit. Eine Einführung. 3. erweiterte und aktualisierte Ausgabe. Stuttgart: Kohlhammer

Hoch, H./Otto, U. (2005): Bürgerschaftliches Engagement und Stadtteilpolitik. In: Kessl, F. u. a. (Hrsg.): Handbuch Sozialraum. Wiesbaden, S. 493–511

Kricheldorff, C. (2011 a): Soziale Arbeit mit älteren und alten Menschen und ihren Angehörigen. In: Gastiger, S. & Kricheldorff, C. (Hrsg.): Soziale Arbeit in gerontologischen Arbeitsfeldern/ mit Kindern in prekären Lebenslagen. Methoden und Konzepte der Sozialen Arbeit in verschiedenen Arbeitsfeldern. Freiburg: 12–40

Kricheldorff, C. (2011 b): Vom Erwerbsleben ins Engagement – Grundhaltungen in der Statuspassage zur nachberuflichen Phase und deren Verknüpfung mit geragogischen Konzepten und Settings. In: informationsdienst altersfragen. 38. Jg., Heft 05–2011, 12–19.

Kricheldorff, C. (2010 a): Aus- und Weiterbildung von Fachkräften Sozialer (Alten-)Arbeit. In: Aner, K./Karl, U.: Handbuch Soziale Arbeit und Alter. Wiesbaden: VS-Verlag, 67–75

Kricheldorff, C. (2010 b): Bildungsarbeit mit älteren und alten Menschen. In: Aner, K./Karl, U.: Handbuch Soziale Arbeit und Alter. Wiesbaden:VS-Verlag, 99–112.

Kricheldorff, C. (2010 c): Armut im Alter. In: Wege aus der Armut. Strategien der Sozialen Arbeit. Freiburg, 75–85.

Kricheldorff, C. (2008): Neue Wohnformen und gemeinschaftliches Wohnen im Alter. In: Buchen, S. /Maier, M. S.: Älterwerden neu denken. Interdiziplinäre Perspektiven auf den demografischen Wandel. Wiesbaden: VS, S. 237–247

Kricheldorff, C. (2008): Auf der Suche nach einem Profil. Soziale Arbeit im Handlungsfeld Pflege. In: Blätter der Wohlfahrtspflege Deutsche Zeitschrift für Soziale Arbeit Jg. 155, Heft 5, 185–188

Kricheldorff, Cornelia (2001): Altern zwischen Engagement und Rückzug. Bedingungen, Chancen und Grenzen geragogischer Konzepte in der Statuspassage zur nachberuflichen/nachfamiliären Phase. Dissertation Universität Rostock.

Kricheldorff, Cornelia (1999): Zwischen Teilhabe und Rückzug: Die Potentiale alter Menschen und die Förderung von Engagement. In: Haenselt, R./Kuhlmey,A. (Hrsg.): Altern braucht Orientierungen, Schriftenreihe der Fachhochschule Neubrandenburg.

Lampert, Th. & Ziese, Th. (2005): Armut, soziale Ungleichheit und Gesundheit. Expertise des Robert Koch-Instituts zum 2. Armuts- und Reichtumsbericht der Bundesregierung. Berlin: BMAS

Maier, K./Sommerfeld, P. (2005): Inszenierung des Sozialen im Wohnquartier. Darstellung, Evaluation und Ertrag des Projekts „Quartiersaufbau Rieselfeld". Freiburg i. Br.

Markus, H. R. & Herzog, A. R. (1991): The role of the self-concept in aging. In: K. W. Schaie & M. P. Lawton (Hrsg.): Annual review of gerontology and geriatrics 11, 110–143

Martin, M. & Kliegel, M. (2005): Psychologische Grundlagen der Gerontologie. Stuttgart: Kohlhammer.

Olbrich, E. (1987). Kompetenz im Alter. In: Zeitschrift für Gerontologie, 20, 319–330

Rupprecht, R. (2006): Lebensqualität. In: Oswald, W. D./Lehr, U./Sieber, C./Kornhuber, J. (Hrsg.): Gerontologie. Medizinische, psychologische und sozialwissenschaftliche Grundbegriffe. Stuttgart, 3., vollständig überarbeitete Auflage, S. 242–247

Schaeffer, D. (2006): Bewältigung chronischer Erkrankung. Konsequenzen für die Versorgungsgestaltung und die Pflege. In: Zeitschrift für Gerontologie und Geriatrie 39, Nr. 3, 192–201

Schnabel, R. (2007): „Zukunft der Pflege". Abrufbar unter: http://archiv.insm.de/Downloads/PDF_-_Dateien/Pflegemarkt_2050.pdf

Schneekloth, U./Wahl, H. W. (Hrsg.) (2005): Möglichkeiten und Grenzen selbständiger Lebensführung in privaten Haushalten (MuG III) – Integrierter Abschlussbericht im Auftrag des Bundesministeriums für Familie, Senioren, Frauen und Jugend. München

Schönig, W. (2008): Sozialraumorientierung. Grundlagen und Handlungsansätze. Schwalbach/Ts.

Schröer, W. & Schweppe, C. (2010): Alte Menschen mit Migrationshintergrund. In: Aner. K. & Karl, U. (Hrsg.): Handbuch Soziale Arbeit und Alter. Wiesbaden: VS-Verlag.

Schütze, Y. & Lang, F. (1992): Verantwortung für alte Eltern. Eine neue Phase im Lebenslauf. In: Familie und Recht. H. 6, 336–341

Schweppe, C. (2002): Soziale Altenarbeit. In: Thole, W. (Hrsg.) (2002): Grundriss Soziale Arbeit. Ein einführendes Handbuch. Opladen: Leske + Budrich, 331–348.

Statistisches Bundesamt (2006): 11. koordinierte Bevölkerungsvorausberechnung. Annahmen und Ergebnisse (Presseexemplar). Wiesbaden

Statistisches Bundesamt (2008): Pflegestatistik 2007. Pflege im Rahmen der Pflegeversicherung. Deutschlandergebnisse. Wiesbaden.

Statistisches Bundesamt (2011): Pflegestatistik 2009. Pflege im Rahmen der Pflegeversicherung. 3. Bericht, Ländervergleich. Wiesbaden.

Staudinger, U. (2003): Das Alter(n): Gestalterische Verantwortung für den Einzelnen und die Gesellschaft. In: Aus Politik und Zeitgeschehen (APuZ). Beilage zur Wochenzeitung „Das Parlament". 20/2003, 35–42

Szydlik, M. (2002): Wenn sich Generationen auseinanderleben. In: Zeitschrift für Soziologie der Erziehung und Sozialisation. 22.Jg. H.4/2002, 362–373

Thiersch, H. (2005): Lebensweltorientierte Soziale Arbeit. Aufgaben der Praxis im sozialen Wandel. 6. Aufl. Weinheim/München: Juventa

Wahl, H.-W./Heyl, V. (2004): Gerontologie – Einführung und Geschichte. Stuttgart: Kohlhammer.

Wiesmann, U./Rölker, S./Hannich, H.-J. (2004): Salutogenese im Alter. In: Zeitschrift für Gerontologie und Geriatrie 37, 366–76

Zeman, P. (2005): Altenpflegearrangements: Vernetzung der Netzwerke. In: Bauer, P./Otto, U. (Hrsg.): Mit Netzwerken professionell zusammenarbeiten. Band II: Institutionelle Netzwerke in Steuerungs- und Kooperationsperspektive. Tübingen, 316–33

# Kapitel 5 Handlungsfeld Soziale Arbeit mit verhaltensauffälligen und seelisch behinderten jungen Menschen

*Mone Welsche, Gerhard Veith*

## Einführung

Die pädagogische Arbeit mit verhaltensauffälligen und/oder seelisch behinderten jungen Menschen hat in der Geschichte der Sozialpädagogik eine lange Tradition (vgl. Günder 2011, Post 1997, Scherpner 1966). Demzufolge besteht an vielen Hochschulen die Möglichkeit, den Schwerpunkt im Studium der Sozialen Arbeit in dieses Handlungsfeld zu legen. Für das Studium zur sozialpädagogischen Arbeit mit der benannten Klientel sind verschiedene Studieninhalte, die über die allgemeinen Kenntnisse der Sozialen Arbeit hinausgehen, relevant. Diese Inhalte stellen sich im groben Überblick wie folgt dar:

- Geschichte der erzieherischen Hilfen
- Begriffsbestimmung der Zielgruppe
- Maßnahmen und Hilfeformen nach SGB VIII (§ 27 ff.)
- rechtliche Aspekte, insbesondere des rechtsicheren Handelns und des Schutzauftrages der Jugendhilfe gem. § 8 a SGB VIII und § 72 SGB VIII
- Psychopathologie des Kindes- und Jugendalters, Auseinandersetzung mit den wichtigsten Krankheitsbildern und Auffälligkeiten
- Ätiologie von Verhaltensstörungen und psychischer Erkrankungen im Kindes- und Jugendalter
- Salutogenetische Denkweise und ressourcenorientierte Konzepte
- Diagnostik (klinisch und sozial, Intelligenz-, Leistung-, Psycho-, Verhaltens- und Entwicklungsdiagnostik, Klassifikationssysteme, Grundlagen der Beobachtungslehre)
- Handlungsfeldspezifische therapeutische Methoden
  - psychotherapeutische Ansätze (tiefenpsychologische Gesprächstherapie, Verhaltenstherapie, Systemische Therapie etc.)
  - fachtherapeutische Ansätze (Bewegungs-, Kunst-, Musiktherapie, etc.)
- Handlungsfeldspezifische sozialpädagogische Methoden
  - sozialpädagogische Ansätze (Soziale Kompetenztrainings, Sport- und Bewegungspädagogik, Erlebnispädagogik, Geschlechtsspezifische Gruppenarbeit, Positive Peer Culture, künstlerische Ansätze, problemspezifische Ansätze, Konzepte der Familienarbeit etc.)
- Betroffenenbeteiligung und Hilfeplanung (§ 36 SGB VIII)

- geschlossene Unterbringungsformen
- Evaluation von Hilfemaßnahmen
- Schnittstellen (z. B. Kinder- und Jugendpsychiatrie, Jugendpolizei, Schule und Beruf)
- Grundlagen zum Qualitätsbegriff, Rahmenverträgen, Leistungsvereinbarungen und -beschreibungen, Entgeltvereinbarungen, Finanzierung, Fundraising.

In diesem Kapitel wird anhand eines Fallbeispiels aus der Heimerziehung, an dem sich exemplarisch einige besondere Kenntnisse und Kompetenzen, die für die Arbeit mit verhaltensauffälligen und seelisch behinderten Kindern und Jugendlichen notwendig sind, gut abbilden lassen, ein Einblick in das Handlungsfeld gegeben und notwendige Voraussetzungen, die im Rahmen des Studiums dieses Handlungsfeldes erlernt werden sollen, beispielhaft aufgegriffen.

Dem Fallbeispiel vorausgehend werden kurz die institutionellen Rahmenbedingungen und die verschiedenen Hilfeformen dargestellt und erläutert, um den Rahmen des Handlungsfeldes zu spezifizieren, sowie eine Definition der Zielgruppe gegeben, bevor zwei Kompetenzbereiche, die von Bedeutung sind, anhand des Fallbeispiels erläutert werden. Eine kurze Zusammenfassung schließt diesen Einblick in das Handlungsfeld „Soziale Arbeit mit verhaltensauffälligen und seelisch behinderten jungen Menschen" ab.

## Rahmenbedingungen und Hilfeformen im Handlungsfeld

Kinder- und Jugendhilfe hat zum Ziel, auf konkrete individuelle, soziale und gesellschaftliche Situationen, die die Lebenslagen von jungen Menschen bestimmen, zu reagieren. Das am 1. Januar 1991 in Kraft getretene neue Kinder- und Jugendhilfegesetz nimmt dies auf und hat unter der Überschrift „Recht auf Erziehung, Elternverantwortung, Jugendhilfe" Leitorientierungen und Zielsetzungen der Jugendhilfe definiert (§ 1, SGB VIII). Darin heißt es:

„Jugendhilfe soll zur Verwirklichung des Rechts nach Absatz 1 insbesondere

1. junge Menschen in ihrer individuellen und sozialen Entwicklung fördern und dazu beitragen, Benachteiligungen zu vermeiden oder abzubauen,
2. Eltern und andere Erziehungsberechtigte bei der Erziehung zu beraten und zu unterstützen,
3. Kinder und Jugendliche vor Gefahren für ihr Wohl schützen,
4. dazu beitragen, positive Lebensbedingungen für junge Menschen und ihre Familien sowie eine kinder- und familienfreundliche Umwelt zu erhalten oder zu schaffen" (§ 1(3) SGB VIII).

Kann ein Personensorgeberechtigter aufgrund schwieriger Lebenssituationen eine dem Wohl des jungen Menschen entsprechende Erziehung nicht gewährleisten, hat er Anspruch auf „Hilfe zur Erziehung" (§ 27 SGB VIII). Hierzu können fachlich qualifizierte und differenzierte Leistungsangebote insbesondere nach Maßgabe der §§ 28–5 SGB VIII gewährt werden, wenn diese für die Entwicklung des jungen Menschen geeignet und notwendig sind. Durch das Wort „insbesondere" kommt zum Ausdruck, dass die im Gesetz aufgeführten Leistungsangebote nicht ausschließlich formuliert sind.

Die Angebote und Maßnahmen der erzieherischen Hilfen sind als Leistungsangebote zu verstehen, auf die bei Vorliegen entsprechender Voraussetzungen ein rechtlicher Anspruch besteht. Inanspruchnahme und konkrete Ausgestaltung der Hilfe richten sich nach dem erzieherischen Bedarf im Einzelfall und sind in Zusammenarbeit der Familien und den jungen Menschen mit den Fachkräften des Jugendamtes zu entwickeln und gestalten. Die Betroffenen und das engere soziale Umfeld sind in den Hilfeprozess und die Hilfeplanung einzubeziehen (§ 36 SGB VIII). Zwischen den einzelnen im SGB VIII genannten Hilfeformen besteht keine Rangfolge in dem Sinne, dass die Inanspruchnahme einer intensiveren Hilfe den vorherigen Einsatz einer weniger intensiven Hilfe voraussetzen würde (vgl. Münder et al. 2009).

Die verschiedenen Hilfeformen für Kinder, Jugendliche und Familien können von Anspruchsberechtigten A. der Hilfen zur Erziehung gem. § 27 SGB VIII (Personensorgeberechtigte) und B. der Hilfen zur Eingliederung von den betroffenen Kindern und Jugendlichen selbst (§ 35 a SGB VIII) beantragt werden. Eine kurze Erläuterung der verschiedenen Hilfeformen gibt einen ersten Einblick in die Vielfältigkeit dieses Handlungsfeldes.

*A. Hilfen zur Erziehung*

a) Erziehungsberatung (§ 28 SGB VIII)
   Die Leistungen der Erziehungsberatung gehören zu den ambulanten Hilfen und unterstützen die Familien oder auch einzelne Mitglieder bei der Klärung von Problemen, die z. B. in Erziehungsfragen liegen können, als auch bei der Bewältigung von schwierigen Situationen, wie z. B. Scheidungen. In Erziehungsberatungsstellen arbeiten sowohl pädagogische als auch psychologische Fachkräfte. Im Hilfeangebot finden sich neben Einzel-, Eltern- oder Paargesprächen auch Einzel- oder Gruppenangebote für Kinder und Jugendliche mit verschiedenen methodischen Ansätzen und Schwerpunkten.
b) Soziale Gruppenarbeit (§ 29 SGB VIII)
   Zielgruppe der sozialen Gruppenarbeit als ambulante Hilfeform sind in der Regel ältere Kinder und Jugendliche, die Unterstützung bei der Überwindung von Verhaltens- und Entwicklungsproblemen brauchen und von einem ambulanten Gruppensetting profitieren können. Insbesondere das Soziale Lernen in der Gruppe wird durch verschiedene methodische Ansätze gefördert. Dieses Angebot kann sowohl in Kursform als auch als fortlaufende Gruppe konzipiert sein und wird meist im wöchentlichen Rhythmus durchgeführt.

c) Erziehungsbeistand, Betreuungshelfer (§ 30 SGB VIII)
Diese Hilfeform gehört zu den intensiven Formen der ambulanten Hilfen. Der Erziehungsbeistand und der Betreuungshelfer sollen die Kinder und Jugendlichen unterstützen, bestehende Entwicklungs-, familiäre oder soziale Probleme zu bewältigen. Diese Hilfeform ist in der Regel langfristig angelegt und hilft dem Kind oder Jugendlichen, sich zu verselbständigen, ohne den Bezug zur Familie zu verlieren. Dabei kommt dem Erziehungsbeistand und Betreuungshelfer die Funktion zu, die familiäre Erziehung zu unterstützen oder zu ergänzen und das soziale Umfeld so weit wie möglich einzubeziehen.

d) Sozialpädagogische Familienhilfe (§ 31 SGB VIII)
Auch diese Form der Hilfen gehört zu den intensiven eher langfristig angelegten ambulanten Hilfen. Die Aufgabe des sozialpädagogischen Familienhelfers besteht in der Begleitung und Betreuung von Familien in Fragen der Erziehung, Unterstützung bei Konflikt- und Problembewältigungen verschiedenster Art, aber auch Hilfestellung im Kontakt zu Ämtern und Institutionen. Diese Hilfeform ist in besonderem Maße auf die Mitarbeit der ganzen Familie angewiesen.

e) Erziehung in einer Tagesgruppe (§ 32 SGB VIII)
Bei dieser Hilfeform handelt es sich um ein teilstationäres Angebot, d.h. die Kinder und Jugendlichen verbringen den Tag in der Gruppe und gehen am Nachmittag zurück in ihre Familien. Die Entwicklungsförderung der Kinder und Jugendlichen, insbesondere im Bereich des sozialen Lernens und der schulischen Entwicklung, steht im Mittelpunkt der Hilfeform. Durch die teilstationäre Hilfe besteht der Vorteil, pädagogische und auch therapeutische Hilfen zu bieten, ohne den Bezug zur Familie zu verlieren. Der Elternarbeit kommt ein weiterer wichtiger Stellenwert zu, da der Verbleib des Kindes oder Jugendlichen in der Familie das angestrebte Ziel darstellt.

f) Vollzeitpflege (§ 33 SGB VIII)
Bei dieser Hilfeform handelt es sich um eine stationäre Hilfe, die in der Regel von Laien erbracht wird. Je nach Bedarfslage besteht die Möglichkeit einer zeitlich begrenzten Unterbringung oder einer langfristig angelegten Perspektive in der Pflegefamilie. Grundsätzlich sollte versucht werden, mit der Herkunftsfamilie eine Perspektive zur Rückführung zu erarbeiten. Für besonders belastete und entwicklungsbeeinträchtigte Kinder und Jugendliche sollten im Bedarfsfall Formen der Familienpflege gefunden werden

g) Heimerziehung, sonstige betreute Wohnform (§ 34 SGB VIII)
Auch diese Hilfeform gehört zu den stationären Hilfen. Die Förderung von Kindern und Jugendlichen innerhalb einer betreuten Wohnform soll durch eine Kombination von Alltagserleben, pädagogischen und therapeutischen Angeboten jungen Menschen bei der Bewältigung von Problemen helfen und sie in ihrer Entwicklung fördern. Sie soll mit ihren Möglichkeiten zur Verbesserung der Erziehungsbedingungen in der Herkunftsfamilie beitragen.
Als perspektivische Zielvorstellung wird sowohl die Rückkehr in die Herkunftsfamilie, die Erziehung in einer anderen Familie oder, wenn beides nicht möglich oder nicht sinnvoll ist, die Vorbereitung auf die Selbständigkeit gesehen.

h) Intensive sozialpädagogische Einzelbetreuung (§ 35 SGB VIII)
Diese Form der Hilfen ist Jugendlichen vorbehalten, die einer besonderen intensiven sozialpädagogischen Unterstützung bedürfen, um ihr Leben eigenverantwortlich und sozial integriert gestalten zu lernen. Diese Hilfeform wird auf die Bedürfnisse des jeweiligen Jugendlichen zugeschnitten und kann unter bestimmten Umständen sowohl im Inland als auch im Ausland stattfinden. In der Regel wird diese Hilfeform nur für Jugendlichen gewählt, die bereits eine langjährige Historie nicht greifender Hilfemaßnahmen haben.

*B. Eingliederungshilfe seelisch behinderter Kinder und Jugendliche (§ 35a SGB VIII)*

Wie bereits erwähnt, kann die Eingliederungshilfe, anders als die Hilfen zur Erziehung, von den Kindern und Jugendlichen selbst in Anspruch genommen werden. Die Voraussetzungen wie auch die verschiedenen Hilfeformen der Eingliederungshilfe sind im Kasten 1 definiert.

Mit der Einführung der §§ 78a–g zum 01.01.99 wurde die Leistungserbringung im Rahmen stationärer und teilstationärer Hilfen zur Erziehung auf eine neue rechtliche Grundlage gestellt. Ambulante Leistungen bleiben davon unberührt. Ziel der Einsetzung der neuen Regelungen war es, die Kostenentwicklung insbesondere in den teilstationären und stationären Hilfen der Erziehung zu dämpfen, eine stärkere Transparenz von Kosten und Leistungen zu erzielen, die Qualität der Leistungsangebote zu optimieren und die Effizienz der eingesetzten Mittel zu verbessern (BMFSFJ, BT-Ds. 13/10330, siehe dazu auch AFET Nr. 59/2001).

Das bis dahin übliche Finanzierungsprinzip des selbstkostendeckenden Pflegesatzes wurde ersetzt durch ein System von prospektiven und an begründeten Qualitätskriterien orientierten Leistungsentgelten.

In den entsprechenden Paragraphen wird dazu ausgesagt, dass Leistungen, die ganz oder teilweise in einer Einrichtung erbracht werden, nur dann vom öffentlichen Jugendhilfeträger finanziert werden, wenn mit dem Träger der Einrichtung oder seinem Verband Vereinbarungen getroffen worden sind, in denen verbindlich

1. Inhalt, Umfang und Qualität der Leistungsangebote (Leistungsvereinbarung)
2. differenzierte Entgelte für die Leistungsangebote und die betriebsnotwendigen Investitionen (Entgeltvereinbarung) und
3. Grundsätze und Maßstäbe für die Bewertung der Qualität der Leistungsangebote sowie über geeignete Maßnahmen zu ihrer Gewährleistung (Qualitätsentwicklungsvereinbarung) geregelt sind (§ 78b SGBVIII).

Falls keine Vereinbarung vorliegt, werden die Kosten der Maßnahme nur im begründeten Einzelfall und auf der Grundlage des Hilfeplans (§ 36 SGB VIII) übernommen.

Vereinbarungspartner für den Abschluss dieser verbindlichen Vereinbarungen sind der örtliche Jugendhilfeträger, in dessen Bereich die Einrichtung liegt. Die von diesem Träger abgeschlossenen Vereinbarungen sind für alle örtlichen Träger bindend (§ 78e).

Untersuchungen zu diesen Vereinbarungen zeigen, dass es in der Praxis inzwischen aussagekräftige, praktikable und transparente Entgelt-, Leistungs- und Qualitätsentwicklungsvereinbarungen gibt (vgl. Günder 2011, Macsenaere et al. 2011, Münder & Tammen 2003). Die Beteiligung an der Diskussion um Weiterentwicklung und Optimierung von Qualitätsstandards ist zentraler Ausbildungsinhalt dieses Studienschwerpunktes. Sie ist als Beitrag zur berufsethischen Verpflichtung zur Sicherstellung der bestmöglichen sozialpädagogischen Hilfen für junge Menschen und ihre Familien zu verstehen.

## Definition der Zielgruppe

In diesem Handlungsfeld sprechen wir von verhaltensauffälligen und/oder seelisch behinderten Kindern und Jugendlichen, die aus unterschiedlichen Gründen Verhaltensauffälligkeiten zeigen oder an psychischen Erkrankungen leiden und sozialpädagogische Unterstützung benötigen.

Während die Definition „seelisch behinderte Kinder und Jugendliche" durch das SGB VIII geklärt ist (s. Kasten 1), gibt es im SGB VIII keine detaillierte Beschreibung der Kinder und Jugendlichen, deren Personensorgeberechtigten die Hilfe zur Erziehung beantragen können. Den Beschreibungen der verschiedenen Hilfeformen (§§ 28–35 SGB VIII) ist zu entnehmen, dass es sich, je nach Hilfeform, sowohl um primär Familienorientierte Hilfen (z. B. Erziehungsberatung), die möglicherweise die Unterstützung der Eltern durch Hilfe bei der Klärung von Erziehungsfragen in den Mittelpunkt der Hilfe stellen, als auch individuumszentrierte Hilfen (z. B. Soziale Gruppenarbeit), bei denen das Kind und der Jugendliche und seine Probleme im Zentrum der Hilfe steht, handeln kann.

(1) Kinder oder Jugendliche haben Anspruch auf Eingliederungshilfe, wenn

1. ihre seelische Gesundheit mit hoher Wahrscheinlichkeit länger als sechs Monate von dem für ihr Lebensalter typischen Zustand abweicht, und
2. daher eine Teilhabe am Leben in der Gesellschaft beeinträchtigt ist oder eine solche Beeinträchtigung zu erwarten ist.

Von einer seelischen Behinderung bedroht im Sinne dieses Buches sind Kinder oder Jugendliche, bei denen eine Beeinträchtigung ihrer Teilnahme am Leben in der Gesellschaft nach fachlicher Erkenntnis mit hoher Wahrscheinlichkeit zu erwarten ist. (...)
(1 a) Hinsichtlich der Abweichung der seelischen Gesundheit nach Absatz 1 Satz 1 Nr. 1 hat der Träger der öffentlichen Jugendhilfe die Stellungnahme

1. eines Arztes für Kinder- und Jugendpsychiatrie und Psychotherapie
2. eines Kinder- und Jugendpsychotherapeuten oder
3. eines Arztes oder eines psychologischen Psychotherapeuten, der über besondere Erfahrungen auf dem Gebiet seelische Störungen bei Kindern und Jugendlichen verfügt,

einzuholen.

Die Stellungnahme ist auf der Grundlage der Internationalen Klassifikation der Krankheiten in der vom Deutschen Institut für medizinische Dokumentation und Information herausgegebenen Fassung zu erstellen. Dabei ist auch darzulegen, ob die Abweichung Krankheitswert hat oder auf einer Krankheit beruht. (...)

(2) Die Hilfe wird nach dem Bedarf im Einzelfall

1. in ambulanter Form,
2. in Tageseinrichtungen für Kinder oder in anderen teilstationären Einrichtungen,
3. durch geeignete Pflegepersonen und
4. in Einrichtungen über Tag und Nacht sowie sonstige Wohnformen geleistet.

**Kasten 1:** Definition „Seelisch behinderte Kinder und Jugendliche" im SGB VIII

Kinder und Jugendliche, deren Eltern oder Personensorgeberechtigte die Hilfen zur Erziehung (§ 27 SGB VIII) in Anspruch nehmen, müssen nach SGB VIII nicht notwendigerweise verhaltensauffällig sein. Ausschlaggebend für den Anspruch nach SBG VIII ist, dass, wie im § 27 SGB VIII beschrieben, die „dem Wohl des Kindes oder des Jugendlichen entsprechende Erziehung nicht gewährleistet ist und die Hilfe für seine Entwicklung geeignet und notwendig ist".

Allerdings finden sich in den Erläuterungen zu den Hilfen zur Erziehung im SGB VIII an verschiedenen Stellen Beschreibungen von Kindern und Jugendlichen mit Entwicklungs- und Verhaltensproblemen. Auch die Ergebnisse der JES Studie zur Klientel der untersuchten Hilfeformen beschreibt Kinder- und Jugendliche mit Problemen und Symptombelastungen verschiedenen Ausmaßes (Macsenaere 2006). Eine Beschreibung, die wir für das hier erörterte Handlungsfeld in den Terminus „verhaltensauffällige Kinder und Jugendliche" übersetzt haben.

Was bedeutet nun „verhaltensauffällig" konkret? In der Fachliteratur gibt es Uneinigkeit über die Abgrenzung zwischen den Begriffen „Verhaltensauffälligkeit", „Verhaltensstörung" und „Erziehungsschwierigkeiten", die häufig synonym verwendet werden (vgl. Hillenbrand 2008). Als eine Definition des Begriffes „verhaltensauffällig" findet sich die Definition von Köck & Ott: „Verhaltensauffälligkeit bezeichnet allgemein das Verhalten eines Menschen, das gegen Erwartungsnormen des Umfeldes durch Intensität und/oder wiederholtes Auftreten in einem Maße verstößt (...)" (1994, S. 771).

Für die Arbeit mit der benannten Zielgruppe lehnen wir uns an die ausführlichere Definition von Myschker an, auch wenn dieser den Begriff der Verhaltensstörung wählt, während wir für die Beschreibung unseres Handlungsfeldes den Begriff „verhaltensauffällig" bevorzugen, da dieser Begriff in der Kombination mit dem Terminus seelisch behindert die Spannweite von auffälligem bis hin zu klinisch relevanten Verhaltensstörungen zulässt, die uns im Kontext der Sozialen Arbeit häufig begegnet.

„Verhaltensstörung ist ein von den zeit- und kulturspezifischen Erwartungen abweichendes maladaptives Verhalten, das organogen und/oder milieureaktiv bedingt ist, wegen der Mehrdimensionalität, der Häufigkeit und des Schweregrades die Entwicklung-, Lern- und Arbeitsfähigkeit sowie das Interaktionsgeschehen in der Umwelt beeinträchtigt und ohne besondere pädagogisch-therapeutische Hilfe nicht oder nur unzureichend überwunden werden kann“ (Myschker 2009, 49).

Myschker benennt demnach in seiner Definition eine Reihe von Merkmalen, die sowohl auf die möglichen Ursachen der Entstehung von Verhaltensstörungen eingehen, als auch die Auswirkungen der Verhaltensstörung verdeutlichen und die Notwendigkeit pädagogisch-therapeutischer Unterstützung betonen.

## Sozialpädagogische Kompetenzen für das Handlungsfeld Soziale Arbeit mit verhaltensauffälligen und seelisch behinderten jungen Menschen – eine Auswahl

In der Grundlagenliteratur zu den Methoden der Sozialen Arbeit werden die allgemeinen Kompetenzen, über die Studierende der Sozialen Arbeit zum Abschluss ihres Studium verfügen sollen, ausführlich beschrieben (vgl. u. a. von Spiegel 2011).

Für das hier beschriebene Handlungsfeld sind über die allgemeinen sozialpädagogischen Kompetenzen und Methodenkenntnisse hinaus spezielle Anforderungen relevant, die sich aus der Arbeit mit der Zielgruppe und den zugehörigen Kontexten ergeben und die, angelehnt an von Spiegels tabellarischem Überblick zu den jeweiligen Kompetenzen, insbesondere der „Dimension des Wissens“ (2011, S. 113) und den Unterpunkten

- Erklärungs- und Begründungswissens
  - Kenntnisse arbeitsfeldspezifischer disziplinärer Wissensbestände und
- Handlungs- und Interventionswissen
  - Arbeitsfeldspezifische Erweiterungen des methodischen Repertoires

zuzuordnen sind.

Anhand der Fallgeschichte von „Verena“ werden beispielhaft zwei Wissens- und Kompetenzbereiche darstellt, die für die sozialpädagogische Arbeit in diesem Feld von Bedeutung sind. Auf den Aspekt der Sozialen Arbeit mit Familien, die für dieses Handlungsfeld einen wichtigen Bezugsbereich darstellt, da sozialpädagogische Arbeit mit verhaltensauffälligen und seelisch behinderten Kindern und Jugendlichen immer auch mit der Arbeit im System Familie einhergehen sollte, gehen wir in diesem Kapitel nicht ein, sondern verweisen auf den Beitrag von Roesler in diesem Band.

Das Beispiel des Mädchens „Verena“, das mit einer kinder- und jugendpsychiatrischen Vorgeschichte in einer Wohngruppe aufgenommen wird, beschreibt eine Fallgeschichte, wie sie oftmals in unserem Handlungsfeld vorkommt. Eine Studie von Günder (2011, S. 89) zur Untersuchung von Standardsituationen in der

Heimerziehung zeigte, dass von 25 interviewten jungen Menschen zwischen 14 und 18 Jahren immerhin sieben vor der Heimunterbringung eine längere Zeit in einer Kinder- und Jugendpsychiatrie behandelt wurden.

Heerkerens (2009, S. 479) betont mit Verweis auf empirische Untersuchungen die verhältnismäßig hohe Zahl von Kindern und Jugendlichen mit Verhaltensstörungen, die in betreuten Wohneinrichtungen leben. Die Untersuchung von Schmidt et al. (2006) zeigte, dass in den Tagesgruppen und in den vollstationären Hilfen die Mehrzahl der Kinder und Jugendlichen eine sehr hohe Symptombelastung zeigen, die als klinisch auffällig gilt, und auch die Ergebnisse der Jugendhilfe-Effekte-Studie belegten, dass insbesondere bei den Kindern und Jugendlichen, die in Tagesgruppen und im Heim betreut werden, hohe bis schwerste Problematik und Symptombelastung zu beobachten sind (Macsenaere 2006).

**Fallbeispiel Verena Teil 1, Auszug aus einem Arztbrief**

**Patientin: Verena**
**Alter: 16 Jahre**

Diagnosen (MAS nach ICD 10)

| | |
|---|---|
| Achse 1: | Klinisch-psychiatrisches Syndrom<br>Leichte depressive Episode (ICD 10 F 32.0)<br>Bulimia nervosa (F 50.2), |
| Achse 2: | Umschriebene Entwicklungsstörung<br>Keine Diagnose |
| Achse 3: | Intelligenzniveau<br>Leicht unterdurchschnittliche Intelligenz |
| Achse 4: | Körperliche Symptomatik<br>Keine Diagnose |
| Achse 5: | 1.0 mangelnde Wärme der Eltern-Kind Beziehung<br>6.0 Verlust einer liebevollen Beziehung (Freund) |
| Achse 6: | 4.0 Ernsthafte soziale Beeinträchtigung in mindestens ein oder zwei Bereichen (wie z.B. erheblicher Mangel an Freunden, Unfähigkeit, mit neuen sozialen Situationen zurecht zu kommen, oder Schulbesuch nicht mehr möglich) |

**Anlass der Aufnahme:**
V. kam allein zu einem Gespräch in die Ambulanz. Sie war über mehrere Wochen nicht zur Schule gegangen. Nachdem ihre Mutter entdeckt hatte, dass V. sich an den Unterarmen selbstverletzte, ging sie mit ihr zu einer Beratungsstelle, die einen Termin in der Ambulanz einer Kinder- und Jugendpsychiatrie vorschlug, als V. von Suizidgedanken wegen der Trennung von ihrem Freund berichtet. V. stimmte der vorgeschlagenen Aufnahme mit den Worten „Ich bin froh, wenn ich nicht mehr zuhause sein muss" zu.

**Kurzanamnese:**
V. wohnt mit zwei jüngeren Halbgeschwistern (8 und 10 J.), ihrer Mutter und dem Partner ihrer Mutter zusammen. Sie hat keinen Kontakt zu ihrem leiblichen Vater, der die Familie vor 10 Jahren verlassen hatte, es besteht auch keine Verbindung zu den Grosseltern, mit denen die Mutter zerstritten ist. V. geht auf eine Realschule, sie war bis vor etwa einem Jahr eine unauffällige und unterdurchschnittlich bis durchschnittliche Schülerin. Sie selbst berichtet im Aufnahmegespräch der Klinik, dass sie immer sehr viel habe lernen müssen und nun in der Schule nicht mehr mitkäme, sie würde auch nicht mehr gern hingehen, da sie dort „gemobbt"

würde und „sowieso keine Freunde" habe. Ihr Freund, mit dem sie 3 Monate zusammen war, geht in eine Parallelklasse, den wolle sie nie mehr sehen. Außerdem sei ihr Schulabschluss durch ihr häufiges Fehlen gefährdet und so würde es eh alles keinen Sinn mehr machen. V. ist eher schmal, beschreibt sich allerdings als „zu fett". Sie berichtet über regelmäßige Brechattacken. Das Erbrechen würde ihr helfen, „nicht noch dicker" zu werden.

**Psychopathologischer Befund bei Aufnahme:**
Pat. zur Zeit der Aufnahme wach, bewusstseinsklar, im Kontakt zugewandt, orientiert zu Ort, Zeit, Situation und Person. Stimmung gedrückt, Affekt adäquat, keine inhaltlichen Denkstörungen. Pat. gab Durchschlafstörungen, Lustlosigkeit und Überforderungserleben an. Konzentration und Antrieb reduziert. Pat. distanziert sich von akuter Suizidalität und wirkt absprachefähig.

**Psychopathologischer Befund bei Entlassung:**
Pat. war wach, bewusstseinsklar und voll orientiert, kooperativ, Affekt adäquat, keine formalen oder inhaltlichen Denkstörungen, Antrieb nicht beeinträchtigt, psychomotorisch ausgeglichen, keine Suizidalität.

**Psychodiagnostische Befunde:**
Leistungsdiagnostik, eingesetzte Verfahren: HAWIE R (Hamburger Wechsler Intelligenztest für Erwachsene),
V.s intellektuelle Leistungsfähigkeit liegt in einem HAWIE-Gesamt IQ von 81 im Bereich leicht unterdurchschnittlicher Intelligenz. Sie zeigte eine leicht bessere, noch durchschnittliche Leistung im Verbalteil (V-IQ = 89), während ihre Leistungen im Handlungsteil einem unterdurchschnittlichen Ergebnis entspricht (H-IQ = 78). Ein durchschnittliches Ergebnis erzielte V. im Index Arbeitsgedächtnis, wobei sie hinsichtlich der einfachen wie komplexen Wiedergabe auditiver Informationen durchschnittliche, im Bereich rechnerischen Denkens allerdings unterdurchschnittliche Leistungen zeigte.
Persönlichkeitsdiagnostik, eingesetzte Verfahren: Screening-Fragebogen YSR DIKJ (Depressionsinventar für Kinder und Jugendliche)
Aus dem persönlichkeitsdiagnostischen Verfahren entsteht der Eindruck einer depressiv-gehemmten Jugendlichen. Der leicht erhöhte Skalenwert im Screeningfragebogen YSR für Items zur Erfassung ängstlicher und depressiver Züge verweist wie auch der erhöhte Gesamtwert des DIKJ auf eine mögliche klinisch relevante Störung.

**Verlaufsbericht:**

**Klinikschule:**
V. wurde während ihres Aufenthaltes in der Klinikschule im Gruppenunterricht beschult. Sie war eine freundliche, zurückhaltende Schülerin und in ihrem Verhalten angepasst. Sie beteiligte sich meist am Unterricht und war bemüht, die gestellten Aufgaben zu erfüllen.

**Therapeutische Maßnahmen:**
V. wurde in das multimodale Therapiekonzept, bestehend aus tiefenpsychologisch orientierten Einzel-, Gruppen- und Familiengesprächen, Sport- und Bewegungstherapie und soziotherapeutischen Angeboten, auf der Gruppe integriert. Insbesondere von den bewegungsorientierten Angeboten profitierte sie sichtlich und nutzte diese, um ihre körperliche Anspannung zu regulieren und verschiedene Beziehungssituationen zu gestalten.

**Stationärer Verlauf:**
V. ließ sich auf einen freiwilligen stationären Aufenthalt zur diagnostischen Abklärung der zunehmenden Verhaltensauffälligkeiten ein und wünschte therapeutische Unterstützung. Sie fand schnell Kontakt zu den Mitpatienten, ihr Verhalten gegenüber dem Pflegepersonal war angepasst und freundlich.

Ziele der therapeutischen Interventionen waren die Distanzierung von Suizidalität und selbstverletzendem Verhalten, das Erlernen alternativer Konfliktbewältigungsmechanismen sowie die Verbesserung der intrafamiliären Kommunikationsstrukturen. In den Einzelgesprächen thematisierte V. wiederholt die konfliktreiche Beziehung zur Mutter, von der sie sich unverstanden und abgeschoben fühlte. Zu Beginn des stationären Aufenthaltes gestalteten sich die Kontakte zur Km als sehr schwierig und führten zu weiteren psychisch-emotionalen Destabilisierung der Patientin, was sich im Verlauf der Behandlung positiv entwickelte.
Die Behandlung der auch während des Aufenthaltes immer wieder auftretenden bulimischen Attacken wurde durch ein verhaltenstherapeutisches Training aufgegriffen.
Die Symptomatik verbesserte sich im Verlauf deutlich.
In den Familiengesprächen stellte sich heraus, dass V. sehr große Probleme mit ihrer Mutter hat, die für V. und ihr problematisches Verhalten zuhause wenig Verständnis zeigte und V. eher als Belastung erlebt.

**Procedere und Empfehlung:**
Eine Fremdunterbringung wurde von der Klinik empfohlen und von V. favorisiert, auch Km stimmte zu. V. wurde zudem empfohlen, eine ambulante Psychotherapie zu machen.

## Wissensbereich zur Schnittstelle Klinische Kinder- und Jugendpsychologie, Kinder- und Jugendpsychiatrie, Entwicklungspsychologie

In der Regel erhalten die Wohngruppen bei der Aufnahme einer Jugendlichen den Arztbrief aus der Kinder- und Jugendpsychiatrie, der Informationen über die Anamnese der Jugendlichen, der stationären Behandlung und dessen Verlauf gibt. In dem Arztbrief sind die Diagnose und oftmals eine Empfehlung für eine weitere Therapie enthalten. Verena wurde, entsprechend der klinischen Empfehlung in eine vollstationäre Wohngruppe im Sinne der Hilfen zur Erziehung § 34 SGB VIII aufgenommen. Für Gestaltung der Heimunterbringung sind im § 34 klare Zielformulierungen vorgegebenen.

„Hilfe zur Erziehung in einer Einrichtung über Tag und Nacht (Heimerziehung) oder in einer sonstigen betreuten Wohnform soll Kinder und Jugendliche durch eine Verbindung von Alltagserleben mit pädagogischen und therapeutischen Angeboten in ihrer Entwicklung fördern. Sie soll entsprechend dem Alter und Entwicklungsstand des Kindes oder des Jugendlichen sowie den Möglichkeiten der Verbesserung der Erziehungsbedingungen in der Herkunftsfamilie

1. eine Rückkehr in die Familie zu erreichen versuchen oder
2. die Erziehung in einer anderen Familie vorbereiten oder
3. eine auf längere Zeit angelegte Lebensform bieten und auf ein selbstständiges Leben vorbereiten.

Jugendliche sollen in Fragen der Ausbildung und Beschäftigung sowie der allgemeinen Lebensführung beraten und unterstützt werden."

**Kasten 2:** Zielformulierung § 34 SGB VIII zur Heimunterbringung

Nach der Definition liegt eine Aufgabe der Heimerziehung darin, die Entwicklungsförderung der Kinder und Jugendlichen zu unterstützen. Entwicklungsförderung kann nur stattfinden, wenn Kenntnisse darüber bestehen, wie die Ausgangssituation der jungen Menschen ist. Wie ist ihr Entwicklungsstand, inwieweit weicht der Entwicklungsstand von der Norm ab, in welchen Bereichen wird besondere Unterstützung gebraucht, wo gibt es Ressourcen?

Folgen wir von Spiegels Differenzierung von typischen sozialpädagogischen Handlungsschritten, die auch in dem hier beschriebenen Handlungsfeld zum beruflichen Alltag gehören – Analyse der Rahmenbedingungen, Situations- oder Problemanalyse, Zielentwicklung, Planung, Evaluation (2011, S. 121–22) – wird deutlich, dass Sozialpädagogen in diesem Handlungsfeld ein spezielles Grundlagenwissen brauchen, um sowohl die Analyse der Rahmenbedingungen, die Problemanalyse als auch die Zielentwicklung auf fachlich fundierte Füße zu stellen.

Um die Geschichte unseres Fallbeispiel „Verena" zu verstehen und eine sozialpädagogische Diagnose, die die Grundlage des Hilfeangebotes darstellt, vornehmen zu können, müssen Sozialpädagogen in diesem Feld über grundlegende Kenntnisse bezüglich der folgenden Themenkomplexe verfügen:

a) Kinder- und Jugendlichen spezifische Psychopathologie inkl. ätiologischer Modelle und zugehöriger Risikofaktoren
b) diagnostischen Verfahren und Diagnoseschlüssel
c) psycho- und fachtherapeutischen Behandlungsansätze
d) Kenntnisse entwicklungspsychologischer Grundlagen der Altersgruppe.

Verena wird eine leichte depressive Episode mit einer begleitenden bulimischen Symptomatik bescheinigt und nach dem internationalen Klassifikationssystem psychischer Störungen (ICD 10) diagnostiziert. Wie kann die Entstehung dieser Störungen erklärt werden? Was berechtigt diese Diagnose? Was gehört zu einem klinischen diagnostischen Prozess? Was ist ein ICD Diagnose Schlüssel? Wie ist der Verlauf einer solchen Erkrankung? Welche unterstützenden Maßnahmen sind hilfreich?

Verena ist ein jugendliches Mädchen, das mit den alterstypischen Entwicklungsaufgaben konfrontiert ist. Welche Entwicklungsaufgaben sind das? Reagieren Mädchen anders als Jungen? Was sind entwicklungsbedingte Stolpersteine? Was kann Verena helfen, die Entwicklungsaufgaben gut zu bewältigen? Diese und ähnliche Fragen sollten Sozialpädagogen nach dem Studium unseres Handlungsfeldes beantworten können. Im Folgenden werden entlang der Fallgeschichte einige Themenkomplexe aufgegriffen und dargestellt.

## Grundlagenwissen aus dem Bereich der Kinder- und Jugendpsychiatrie und klinischen Kinder- und Jugendpsychologie

### a) Ätiologie, Risikofaktoren, Diagnostik, Behandlungsansätze

Dem heutigen ätiologischen Verständnis zur Entstehung von Verhaltensstörungen liegt ein bio-psycho-soziales Modell zugrunde, d. h. es wird ein Zusammenwirken verschiedener Faktoren angenommen. Petermann spricht auch von einem „fallbezogenen Entwicklungs- und Erklärungsmodell" (2008, S. 18), das sich aus der Betrachtung der Anamnese ergibt. Analog zur Multidimensionalität der Ätiologie lassen sich die kindlichen Risikofaktoren in biologische, psychische und psychosoziale Risiken unterteilen (vgl. Schmidt & Göpel 2008). Für die einzelnen psychischen Erkrankungen werden allerdings auch spezielle Risikofaktoren benannt, wie sie zum Beispiel für die Entstehung einer Depression im Jugendalter von Welsche (2008, S. 32) zusammengefasst wurden.

- Persönlichkeitsspezifische Faktoren, z. B. Konstitutionelle Disposition, schwache Coping-Strategien, negativer kognitiver Stil, dysfunktionale Regulation von Emotionen, genetische Disposition, Geschlecht, Fehlen von Sozialkompetenz, schlechte Erfahrungen in der frühen Kindheit
- Familiäre Faktoren, z. B. Probleme zwischen Eltern, dysfunktionaler Interaktionsstil, depressive Eltern, Trennung der Eltern oder Verlust von Eltern/Elternteil, unzureichende mütterliche Versorgung
- Umweltspezifische Faktoren, z. B. hohe Beanspruchung im Alltag/Schule, kritische Ereignisse, nicht ausreichend unterstützendes soziales Netz.

Schauen wir Verenas Geschichte an, dann finden wir verschiedene Hinweise, die die Entwicklung einer Verhaltensstörung begünstigt haben, z. B. die von Verena erlebte unzureichende mütterliche Versorgung, die Trennung der Eltern, das fehlende soziale Netz, sowohl im familiären Umfeld als auch zur Peergroup, die kritischen Ereignisse – hier die Trennung von ihrem Freund – und die möglicherweise zu hohe Beanspruchung in der Schule. Zusätzlich finden wir das weibliche Geschlecht als Risikofaktor, da Mädchen deutlich häufiger von depressiven Erkrankungen betroffen sind als Jungen (vgl. Groen & Petermann 2002).

### b) Diagnostik

Neben den ätiologischen Kenntnissen, die es dem Sozialpädagogen erleichtern, die Entstehung und möglicherweise auch die Aufrechterhaltung der Störung zu verstehen, brauchen pädagogische Fachkräfte in diesem Handlungsfeld grundlegende Informationen über die klinische Diagnostik, um Gutachten und Arztbriefe lesen und verstehen zu können.

Hier geht es im Kindes- und Jugendalter sowohl um Entwicklungsdiagnostik, deren Verfahren Aufschluss über den Entwicklungsstand in verschiedenen Bereichen der kognitiven, emotionalen und auch motorischen oder sprachlichen Entwicklung geben können, als auch um Kenntnisse über Verfahren der Psycho- und Leistungsdiagnostik (vertiefend hierzu siehe in Petermann 2008, S. 117–47).

Die diagnostischen Klassifikationssysteme, wie das im Beispiel benannte Multiaxiale Klassifikationssystem (MAS) (Remschmidt & Schmidt 1994) nach ICD 10, geben Auskunft über die Kriterien der Eingruppierung psychischer Krankheiten. Verena wurde eine leichte depressive Episode und eine Bulimia nervosa, im ICD 10 als F 32.0 und F 50.2 verschlüsselt, bescheinigt.

Die Voraussetzungen für die Diagnostik einer leichten depressiven Episode nach ICD 10 sind wie folgt festgelegt:

„Bei den typischen leichten (F 32.0), mittelgradigen (F 32.1) oder schweren (F 32.2 und F 32.3) Episoden leidet die betroffene Person unter einer gedrückten Stimmung und einer Verminderung von Antrieb und Aktivität. Die Fähigkeit, sich zu freuen, das Interesse und die Konzentration sind beeinträchtigt. Ausgeprägte Müdigkeit kann nach jeder kleinsten Anstrengung auftreten. Der Schlaf ist meist gestört, der Appetit vermindert. Selbstwertgefühl und Selbstvertrauen sind fast immer beeinträchtigt. Sogar bei der leichten Form kommen Schuldgefühle oder Gedanken über die eigene Wertlosigkeit vor. Die gedrückte Stimmung verändert sich von Tag zu Tag wenig, reagiert nicht auf Lebensumstände und kann von sog. „somatischen“ Symptomen begleitet werden wie Interessensverlust oder die Unfähigkeit, sich zu freuen, Früherwachen, Morgentief, deutliche psychomotorische Hemmung, Agitiertheit, Appetit-, Gewichts- und Libidoverlust. Abhängig von Anzahl und Schwere der Symptome ist eine depressive Episode als leicht, mittelgradig oder schwer zu bezeichnen“ (Dilling & Freyberger 1999,125).

Bei einer leichten depressiven Episode sind die betroffenen Menschen zwar in ihrer Lebensgestaltung beeinträchtigt, allerdings sollten sie alltägliche Aktivitäten noch bewältigen können. Eine leichte depressive Episode wird dann diagnostiziert, wenn etwa 2–3 der oben genannten Symptome über einen längeren Zeitraum zu beobachten sind. Der ICD 10 geht nicht auf die symptomatischen Besonderheiten depressiver Kinder und Jugendlichen ein, allerdings wird davon ausgegangen, dass das Erscheinungsbild bei einer depressiven Erkrankung im Jugendalter der Symptomatik des Erwachsenenalters sehr ähnlich ist.

Wie im Auszug des Arztbriefes zu sehen, wird hier das MAS nach dem ICD 10 eingesetzt, das durch den standardisierten Einbezug der somatischen Krankheitsgeschichte, der psychosozialen Bedingungen und der globalen Beurteilung der Anpassungsleistung eine umfassendere diagnostische Einschätzung abgibt, als es durch den alleinigen Einsatz der ICD Klassifikation möglich wäre.

**c) Behandlungsansätze**

Im Arztbrief wird beschrieben, dass Verena während ihres stationären Aufenthaltes in der Klinik tiefenpsychologisch orientierte Einzel-, Gruppen- und Familiengespräche hatte und zusätzlich an sport- und bewegungstherapeutischen und soziotherapeutischen Angeboten teilnahm. Darüber hinaus erhielt sie ein verhaltenstherapeutisches Training zur Reduzierung ihrer bulimischen Symptomatik.

Basale Kenntnisse der psychotherapeutischen Schulen, Verhaltenstherapie, tiefenpsychologische, psychoanalytische und systemische Ansätze, der Pharmakotherapie wie auch der sogenannten Fachtherapien (Musik-, Kunst-, Bewegungstherapie etc.), die sehr häufig begleitend zu den Psychotherapien in den Kinder- und Jugendpsychiatrien eingesetzt werden (vgl. Welsche 2007), sind für Sozialpädagogen in diesem Handlungsfeld wichtig, um einerseits die Erfahrungen des jungen Menschen mit den verschiedenen Therapieformen nachvollziehen zu können und andererseits ihm beratend zur Seite stehen zu können. Nicht selten sind Bezugsbetreuer für die Jugendlichen oder Kinder Ansprechpartner, wenn es um die Wahl zukünftiger Therapien geht. Deshalb ist es wichtig, dass Studierende der Sozialen Arbeit für dieses Handlungsfeld über die Inhalte, grundlegenden Herangehensweisen und auch die Wirksamkeit der Maßnahmen informiert sind.

Verena nahm an tiefenpsychologischen Einzelgesprächen, einem verhaltenstherapeutischen Training, sport- und bewegungstherapeutischen sowie soziotherapeutischen Angeboten teil. Als Kurzcharakteristika der verschiedenen Ansätze lässt sich herausstellen, dass die Einzelgespräche mit tiefenpsychologischer Fundierung in der Regel das Bewusstwerden unbewusster Verhaltensweisen und Konflikte in den Fokus der Therapie stellen, während verhaltenstherapeutische Trainings auf lerntheoretischen Annahmen und Operationen basieren. Soziotherapeutische Angebote, häufig auch milieutherapeutische Angebote genannt, können als Aktivitäten beschrieben werden, die im pädagogischen Gruppenalltag stattfinden und, abhängig von der jeweiligen Aktivität, eine Förderung von Kompetenzen zu verschiedenen Lebensbereichen zum Inhalt haben. Nach Denner (2008) werden sie auch als pädagogische Strukturierungshilfen der Alltagsgestaltung gesehen.

Bewegungs- und sporttherapeutische Angebote für Kinder und Jugendliche hingegen setzen an der Körper- und Bewegungsebene an, um, je nach Möglichkeit des Patienten und Hintergrund des Therapeuten, sowohl auf psychologischer als auch physiologischer Ebene Entwicklung und Stabilisierung zu ermöglichen (vgl. Welsche 2011).

## Grundlagenwissen aus dem Bereich Entwicklungspsychologie der Adoleszenz

Um die aktuelle und perspektivische Entwicklung der Jugendlichen einschätzen zu können, bedarf es nicht nur der Kenntnisse der Psychopathologie, auch die Grundlagen der Entwicklungspsychologie für die Altersgruppe der Kinder und Jugendlichen sind wichtiges Grundwissen, um die jungen Menschen in der Bewältigung der jeweiligen Herausforderungen der Entwicklungsstufe unterstützen zu können.

Angelehnt an Remschmidt (1992) lassen sich diese im Jugendalter in folgende Aspekte unterteilen:

- Biologische Aspekte, wie z.B. schnelleres Wachstum, Geschlechtsreife, Gewichtszunahme, Veränderung der körperlichen Proportionen, Entwicklung der sekundären Geschlechtsmerkmale, hormonelle Regulation und Geschlechtsreife.

- Psychosoziale Aspekte, z. B. gesellschaftliche Stellung, Bezugsgruppe Peergroup, Schule und Ausbildung, Berufswahl und Berufstätigkeit, Freizeitverhalten.
- Psychologische Aspekte, wie z. B. Akzeptanz der Veränderungen des Körpers, kognitive Entwicklung, emotionale und Persönlichkeitsentwicklung, Sexualität und Partnerschaft, geschlechtsspezifische Entwicklung und Rolle, Familie und Ablösungsprozess.

Nach Osten stellt „die Jugendzeit (...) mit ihren massiven körperlichen und seelischen Umbrüchen für jeden Menschen eine individuelle Herausforderung im Sinn einer ‚normativen Neuorientierung' dar" (2000, S. 288). Auch Groen und Petermann betonen, dass das Jugendalter als „Phase einer erhöhten Vulnerabilität für verschiedene Probleme" (2002, S. 87) betrachtet werden sollte, die durchaus zu der Entwicklung von Auffälligkeiten bei den Jugendlichen führen kann.

Eine Besonderheit des Jugendalters liegt sicherlich in den Stimmungsschwankungen, die häufig mit der Entwicklungsstufe der Adoleszenz assoziiert werden und die durch die Ähnlichkeit zu einzelnen Symptomen psychischer Störungen eine klare Trennung zwischen „schlecht gelaunten" und im klinischen Sinne depressiven Jugendlichen durchaus erschweren kann. Die Psychopathologie des Kindes- und Jugendalters muss also immer im engen Zusammenhang zur Entwicklungspsychologie gesehen werden.

Im Fall von Verena bilden sich einige der oben genannten Entwicklungsaufgaben ab, mit denen sie offensichtlich zu kämpfen hat. Verena scheint zum Beispiel Probleme zu haben, sich mit ihrem veränderten Körper zu arrangieren. Sie erlebt sich als zu dick, obwohl sie normalgewichtig ist. Gerade jugendliche Mädchen tun sich häufig schwer, den „neuen" Körper zu akzeptieren und mit den Veränderungen, die die Pubertät mit sich bringt, zu Recht zu kommen (vgl. Flammer & Alsaker 2002).

Sozialpädagogen sollte klar sein, dass einige von Verenas Problemen durchaus altersgerecht sind, dass sie allerdings aufgrund ihrer Verfassung und Situation mehr Unterstützung bei der Bewältigung der Entwicklungsaufgaben braucht als andere Mädchen in ihrem Alter.

## Wissens- und Kompetenzbereich zur Schnittstelle Bewegungs- und Sportpädagogik

Die Aufgabe der Entwicklungsförderung in der Heimerziehung wieder aufgreifend, stellt sich nun die Frage, wie diese Förderung im sozialpädagogischen Setting stattfinden soll. Nach von Spiegels Struktur sprechen wir nun von der Planung der Entwicklungsförderung als nächsten Schritt. Neben allgemeinen sozialpädagogischen Kompetenzen (s. von Spiegel 2011) besteht in der sozialpädagogischen Arbeit mit verhaltensauffälligen und seelisch behinderten jungen Menschen ein besonderer Bedarf an methodischem Wissen und Kompetenz. Im Studium dieses Handlungsfeldes wird auf verschiedene pädagogische Ansätze eingegangen, die zur methodischen Ausstattung von Sozialpädagogen gehören sollten, wenn sie mit der hier beschriebenen Klientel arbeiten.

In der Aufzählung zu Beginn dieses Kapitels, die lediglich eine Auswahl wichtiger Konzepte darstellt, haben wir eine Reihe pädagogischer Methoden benannt. In diesem Kapitel greifen wir die bewegungs-, sport- und zirkuspädagogischen Ansätze als diejenigen der methodischen Ansätze heraus, die eine lange Tradition in der Jugendhilfe haben (vgl. Hammer 1995, Hammer 2006, Michels 2007, Lesch 2006, v. Grabowieki 1997, Hartmann 2007, Kiphard 1994, Veith 2008) und für die Arbeit mit auffälligen bis seelisch behinderten jungen Menschen besondere Möglichkeiten bieten. Die Evaluationsstudien erzieherische Hilfen (EVAS) konnten zeigen, dass bewegungspädagogische Interventionen bei der Mehrzahl der Kinder und Jugendlichen, die im Rahmen der Hilfen zur Erziehung betreut werden, eine wichtige Rolle spielen. „In Tagesgruppen und geschlossener Unterbringung überschreiten die Werte (Teilnahme an bewegungs- und/oder sportorientierten Angeboten Kind/Jugendliche Anm. d. V.) beträchtliche 60 %, in der Heimerziehung liegen sie immer noch bei über 40 %“ (Macsenaere 2006, S. 198).

Zimmer (1998) fasst die Bedeutung von Bewegung, Spiel und Sport für diese Altersgruppen unter den Stichworten Selbsterfahrung, Gemeinschaftserfahrung, Sozialerfahrung, Sinneserfahrung, Welterfahrung, Ausdruckserfahrung, Kreativitätserfahrung, emotionales Erleben zusammen. Erklärungsansätze zur Wichtigkeit bewegungs- und sportorientierter Angebote in der Jugendhilfe zeichnet Hammer (2007) unter anderem anhand von Aussagen großer Vertreter der Heimerziehung wie Don Bosco oder Bettelheim zur Bedeutung von Bewegung, Spiel und Sport nach. Er benennt in diesem Zusammenhang Bewegung und Spiel als wichtige Bestandteile der Entwicklung im Kindesalter und als Hilfsmittel zur Persönlichkeitsentwicklung für Jugendliche. Die Erleichterung des Aufbaus von Beziehungen zwischen Erziehern und Kindern und Jugendlichen durch Bewegung, Spiel, Sport wird betont, wie auch die Förderung von Beziehungsgestaltungen zu anderen Menschen, von Konfliktfähigkeit, die Steigerung des Selbstvertrauens und Stabilisierung der Ich-Stärke. Hammer zitiert Bettelheim, der „die Entwicklung einer Körpervorstellung als Grundlage der Ich-Bildung“ sah (Bettelheim 1971, 111).

Das Spektrum der bewegungs- und sportpädagogischen Angebote und Interventionen in unserem Handlungsfeld erstreckt sich von sportlichen Freizeitangeboten bis zu eher bewegungspädagogischen Angeboten und zirzensischen Projekten (vgl. u. a. Dräbing 2006, Hartmann 2007, Veith 2008).

Wir konkretisieren die Bedeutung bewegungs- und sportpädagogischer Angebote in der sozialen Arbeit mit verhaltensauffälligen und seelisch behinderten jungen Menschen, hier am Beispiel von Verena, anhand zweier wichtiger Erfahrungsbereiche:

### a) Körper- und Selbsterfahrung

Aus entwicklungspsychologischer Sicht stellt die Veränderung des Körpers eine der großen Herausforderungen der Adoleszenz dar (vgl. u. a. Remschmidt 1992).

Flammer und Alsaker betonen, dass die körperlichen Veränderungen „die persönliche Situation des heranwachsenden Menschen (beeinflussen), in dem er seinen Körper und die Reaktionen anderer auf ihn auf ganz neue Art erfährt und diese neuen Erfahrungen in das bestehende Selbstkonzept integrieren muss" (2002, S. 72). Jugendliche, Mädchen wie Jungen, müssen ihren Körper neu kennenlernen und ihn akzeptieren, was nicht für alle Jugendliche unproblematisch ist. Gerade in der Adoleszenz beschäftigen sich viele Jugendliche sehr mit ihrem Äußeren, vergleichen sich mit anderen und dem aktuellen Schönheitsideal. Das körperbezogene Selbstkonzept ist integraler Bestandteil des allgemeinen Selbstkonzeptes (vgl. Shavelson et al. 1976, Alfermann 1998) und kann sich somit insbesondere die Einstellung zum körperlichen Erscheinungsbild auf das Selbstkonzept auswirken (vgl. Kenealy et al. 1991, Mendelsohn et al. 1995). Demnach sollte die Entwicklung eines positiven Körperbildes und Körperkonzeptes in der Entwicklungsförderung von Jugendlichen eine wesentliche Rolle spielen. Dies ist gerade für unsere Zielgruppe wichtig, da viele Jugendliche mit Verhaltensauffälligkeiten oder psychischen Erkrankungen Schwierigkeiten in der konstruktiven Beziehungsgestaltung zu sich selbst zeigen (vgl. Welsche 2006). Durch und in bewegungs- und sportpädagogischen Angeboten lernen Jugendliche sich selbst und ihren Körper wahrzunehmen, ob in sportlich-funktionalen Aufwärmtrainings oder in dezidiert körperwahrnehmungsfokussierten Angeboten. Sie erhalten Unterstützung, ihren Körper als etwas Positives zu erleben und als Teil ihres Selbst annehmen zu lernen. Dies geschieht sowohl durch Angebote zur Stabilisierung der somatischen Basis, die es den Jugendlichen ermöglicht, sich als aktiv, kraftvoll, bewegungskompetent und leistungsfähig zu erleben, als auch durch Erfahrungen der Selbstwirksamkeit und des emotionalen Ausgleiches in und durch Bewegungsaktivitäten.

Für Verena ist es wichtig, ihren Körper als etwas Positives zu erleben und zu lernen, die körperlichen Veränderungen, die mit der Pubertät einhergehen, zu akzeptieren und sich „in sich selbst" zuhause zu fühlen.

### b) Sozialerfahrung

Mit verhaltensauffälligen und seelisch behinderten Kindern und Jugendlichen in Kontakt zu treten ist nicht immer ganz einfach. Während Kinder altersbedingt eine spielerische, möglicherweise nonverbale Form der Beziehungsgestaltung zu Erwachsenen wählen und auf bewegte oder kreative Art besser über ihre Wünsche und Probleme sprechen können als sprachlich, zeigen sich bei Jugendlichen weniger kognitiv-sprachliche Probleme in der Beziehungsgestaltung als zwischenmenschliche Themen wie Misstrauen gegenüber Erwachsenen, was auch in ihrer Entwicklungsstufe, die durch Ablösung von Erwachsenen durch das „nicht ganz Kind, aber auch nicht ganz Erwachsensein" geprägt ist. Durch bewegungs- und sportorientierte Angebote lernen Jugendliche mit sich selbst und auch mit Anderen in Beziehung zu treten und diese Beziehung konstruktiv zu gestalten. Da sowohl bewegungs- als auch sportpädagogische Angebote im Kontext der Sozialen Arbeit in der Regel als Gruppenaktivitäten konzipiert sind (anders als bewegungstherapeutische Interventionen, die sowohl im Einzel- als auch im Gruppensetting stattfinden können), erleben sich Jugendliche im Tun als Teil einer Gruppe. Sei es im gemeinsamen Fußballspiel, im gemeinsamen Schwimmen, im Kletterangebot, im Zirkusprojekt oder als Teilnehmerin an einer bewegungspädagogisch orientierten Mädchengruppe in der Entspannung. Während sportliche Angebote oftmals schon ein relativ hohes Maß an Sozialkompetenz verlangen, z. B. das Fairplay im Mannschaftsport, bieten gerade bewegungspädagogische Angebote, die, je nach Angebot und Voraussetzungen der Teilnehmerinnen, die Möglichkeit zur Einzel-, Partner- oder Gruppenarbeit mit flexibleren Regeln geben und so auch Jugendliche erreichen, die mit dem Rahmen sportlicher Angebote überfordert wären, einen förderlichen Rahmen.

Für Verena geben bewegungs- und sportpädagogische Angebote die Möglichkeit, sich in verschiedenen Arten der Beziehungsgestaltung auszuprobieren, Kontakt zu Gleichaltrigen aufzunehmen und sich in Bewegung, Spiel und Sport als Teil einer Gruppe zu erleben.

**Fallbeispiel „Verena" Teil 2**

Verena wurde in ein Wohnheim für Jugendliche aufgenommen, in dem sie mit acht anderen jugendlichen Mädchen und Jungen in Vollzeit betreut wird. Verena hat eine Bezugsbetreuerin, die Sozialpädagogin Theresa, die erste Ansprechpartnerin für Verenas Belange ist und sie in ihrem Alltag unterstützt.

In der Hilfeplanung wünscht sich Verena ein Angebot, das ihr ähnlich wie die Bewegungstherapie in der Klinik eine positive Körpererfahrung vermittelt, ihr die Möglichkeit gibt, sich auszupowern, wenn sie unter Anspannung steht, um so über Bewegung einen Ausgleich zu finden. Mit Verena wird besprochen, dass sie an der bewegungsorientierten Mädchengruppe teilnimmt, die über bewegungs- und sportpädagogische Angebote wie z. B. Yoga, Ringen und Raufen oder auch Fußball, diese Themen aufgreift. Darüber hinaus erklärt ihr Theresa, dass zur Freizeitgestaltung in der Konzeption der Jugendwohngruppe bewegungs- und sportorientierte Angebote gehören, so dass die Jugendlichen der Gruppe regelmäßig sportliche Aktivitäten unternehmen, wie z. B. Klettern oder schwimmen gehen, Fahrradtouren.

Für Studierende der Sozialen Arbeit mit dieser Zielgruppe bedeutet dies, dass sie innerhalb des Studiums Wissen um die Möglichkeiten des Einsatzes von bewegungs- und sportorientierten Aktivitäten für verhaltensauffällige und seelisch behinderte junge Menschen sowie Wissen um die grundlegenden Konzepte und Methoden aus dem Bewegungs- und sportpädagogischen Bereich erlangen sollen. Darüber hinaus werden praktische Erfahrungen zu Methoden der Bewegungs- und Sportpädagogik vermittelt, um einerseits durch das direkte Erleben zu erfahren, welchen Wert solche Angebote haben können, als auch bis zu einem gewissen Grad eine Methodenkompetenz zu entwickeln, die es ermöglicht, selbst bewegungs- und sportorientierte Angebote für die Zielgruppe zu konzipieren und durchzuführen.

## Zusammenfassung

In diesem Kapitel wurden die Grundlagen des Studiums des Handlungsfeldes Soziale Arbeit mit verhaltensauffälligen und seelisch behinderten jungen Menschen vorgestellt. Nach einer kurzen Einführung, in der die Studieninhalte im tabellarischen Überblick dargestellt wurden, sind die verschiedenen Hilfen zu Erziehung beschrieben, um den Rahmen der Sozialen Arbeit mit dieser Klientel zu verdeutlichen. Angesichts der sozialpolitischen Diskussionen, der fachlichen Auseinandersetzung und der Kostenentwicklung werden leistungsbezogene Ausrichtungen und Qualitätsanforderungen thematisiert. Es folgte der Versuch einer Definition der Zielgruppe, bevor anhand einer Fallgeschichte zwei Kompetenzbereiche, die für das Handlungsfeld Soziale Arbeit mit verhaltensauffälligen und seelisch behinderten jungen Menschen von Bedeutung sind, genauer erläutert wurden.

Die vielfältigen Veränderungen, Herausforderungen und Perspektiven dieses sozialpädagogischen Arbeitsfeldes führen zu immer wieder neuen Akzentsetzungen in Studium, Forschung und Lehre. Zentrale Aufgabe bleibt, durch theoriegeleitete und praxisnahe Studieninhalte einen Beitrag zu leisten, positive Lebensbedingungen für junge Menschen und ihre Familien sowie eine kinder- und familienfreundliche Umwelt zu erhalten oder zu schaffen.

## Literaturverzeichnis

AFET/Deutscher Verein für öffentliche und privaten Fürsorge: Bestands-aufnahme und Erfahrungen mit den neuen Regelungen nach §§ 78 a ff. KJHG in der Kinder und Jugendhilfe, AFET Veröffentlichung Nr. 59/2001)

Alfermann, D. (1998): Selbstkonzept und Körperkonzept. In: Bös, K. & Brehm, W. (Hrsg.): Gesundheitssport. Ein Handbuch. Schorndorf: Hofmann, 212–220.

Denner, S. (2008): Das System der Kinder- und Jugendpsychiatrie. In: Denner, S. (Hrsg.): Soziale Arbeit mit psychisch kranken Kindern und Jugendlichen. Stuttgart: Kohlhammer, 71–84.

Dräbing, R. (Hrsg.) (2006): Kinder brauchen Bewegung! Bewegung in der Jugendhilfe? Aachen: Meyer & Meyer.

Flammer, A. & Alasker F. (2002): Entwicklungspsychologie der Adoleszenz. Die Erschliessung innerer und äusserer Welten im Jugendalter. Bern: Huber.

Grabowiecki, U. von (1997): Zirkuspädagogik. Eine schillernde pädagogische Angelegenheit. In: Ziegenspeck, J. W. (Hrsg.): Zirkuspädagogik. Grundsätze – Beispiele – Anregungen. Lüneburg: Edition Erlebnispädagogik, 30–42.

Groen, G. & Petermann, F. (2002): Depressive Kinder und Jugendliche. Göttingen: Hogrefe.

Günder, R. & Reidegeld, E. (2011): Was bewirkt Heimerziehung? Die Sichtweise der Fachkräfte; In: Unsere Jugend. Die Zeitschrift für Studium und Praxis der Sozialpädagogik; 63. Jahrgang, 1, 36–44.

Günder, R. (2011): Praxis und Methoden der Heimerziehung. Freiburg: Lambertus.

Hammer, R. (1995): Bewegung in der Heimerziehung. Dissertation Universität Dortmund.

Hammer, R. (2007): Bewegung, Spiel und Sport als bewährte Maßnahmen in der Kinder- und Jugendhilfe. In: Motorik 30 (2), 58–62.

Hartmann, E. (2007): Heilpädagogische Zirkusarbeit. In: Knab, E., Fehrenbacher, R.: Perspektiven für die Kinder und Jugendhilfe – von der Heimerziehung zur Vielfalt erzieherischer Hilfen. Freiburg: Lambertus.

Heekerens, H.-P. (2009): Das Elend der Heimkinder. In: Unsere Jugend, 61, 11/12, 477–489.

Hillenbrand, C. (2008): Einführung in die Pädagogik bei Verhaltensstörungen. 4. Auflage. München, Basel: Ernst Reinhardt.

Kenealy, P., Gleeson, K., Frude, N. & Shaw, W. (1991): The Importance of the Individual in the ‚Causal' Relationship between Attractiveness and Self-Esteem. In: Journal of Community and Applied Science, 1, 45–56.

Kiphard, E. J. (1994): Psychomotorik in Theorie und Praxis. Einführung in Theorie und Praxis. Gütersloh: Flöttmann

Kiphard, E. J. (2001): Motopädagogik. Dortmund: modernes lernen.

Köck, P. & Ott, H. (1994): Wörterbuch für Erziehung und Unterricht, 3100 Begriffe aus dem Bereichen Pädagogik – Didaktik – Psychologie – Soziologie – Sozialwesen. Donauwörth: Ludwig Auer

Lesch, J. (2007): Psychomotorik als bewegungsorientiertes Angebot einer Kinder- und Jugendhilfeeinrichtung. In: Motorik 30 (2), 80–83.

Macsenaere, M. (2006): 10 Jahre Wirksamkeitsforschung der Kinder- und Jugendhilfe: Welche Befunde lassen sich daraus für die Psychomotorik gewinnen? In: Motorik, 4 (29), 194–200.

Macsenaere, M., Hiller, S. & Fischer, K. (2011): Outcome in der Jugendhilfe gemessen. Freiburg: Lambertus.

Mendelsohn, B. K., White, D. R. & Mendelsohn, M. J. (1995): Children's Global Self-Esteem Predicted by Body-Esteem but not by Weight. In: Perceptual and Motor Skills, 80, 97–98.

Michels, H. (2007): Hauptsache Sport. Bewegung, Sport und Abenteuer in der Sozialen Arbeit. In: Sozial Extra 9/10, 13–16.

Münder, J. & Tammen, B. (2003): Die Vereinbarungen nach §§ 78 a ff. SGB VIII. Eine Untersuchung von Leistungs-, Entgelt- und Qualitätsentwicklungsvereinbarungen. Eine Studie im Auftrag des Bundesministeriums für Familie, Senioren, Frauen und Jugend. In: Die Vereinbarungen nach §§ 78 a ff. SGB VIII. Aktuelle Beiträge zur Kinder- und Jugendhilfe Band 39

Münder, J. u. a. (2009): Frankfurter Kommentar zum SGB VIII: Kinder und Jugendhilfe. Nomos

Myschker, N. (2009): Verhaltensstörungen bei Kindern und Jugendlichen. Erscheinungsformen – Ursachen – Hilfreiche Maßnahmen. Stuttgart: Kohlhammer Verlag.

Osten, P. (2000): Die Anamnese der Psychotherapie. München: Reinhardt.

Petermann, F. (Hrsg.) (2008): Lehrbuch der klinischen Kinderpsychologie. Göttingen: Hogrefe.

Post, W. (1997): Erziehung im Heim. Weinheim: Juventa

Remschmidt, H. (1992): Psychiatrie der Adoleszenz. Stuttgart: Thieme.

Remschmidt, H. & Schmidt. M. H. (Hrsg.) (1994): Multiaxiales Klassifikationsschema für psychische Störungen des Kindes- und Jugendalters nach ICD-10 der WHO. Bern: Huber

Scherpner, H. (1966): Geschichte der Jugendfürsorge. Göttingen: Vandenhoeck & Ruprecht

Schmid, M.; Nützel, J.; Fegert, J. M. & Goldbeck, L.: (2006): Wie unterscheiden sich Kinder aus Tagesgruppen von Kindern aus der stationären Jugendhilfe? In: Praxis der Kinderpsychologie und Kinderpsychiatrie, 55 (7) 545–558.

Schmidt, M. H. & Göpel, C. (2007): Risikofaktoren – Coping und Verlaufsprinzipien psychischer Störungen. In: Herpertz-Dahlmann, B.; Resch, F.; Schulte-Markwort, M. J. & Warnke, A.: (Hrsg.): Entwicklungspsychiatrie: Biopsychologische Grundlagen und die Entwicklung psychischer Störungen. Stuttgart: Schattauer, 291–201.

Shavelson, R. J., Hubner, J. J. & Stanton, G. C. (1976): Selfconcept: Validation of construct interpretations. Review of Educational Research, 46, 407–441.

Veith, G. (2008): Gemeinsam für morgen handeln. Positive Peerkultur im Rahmen von Heimerziehung und sonstigen betreuten Wohnformen. In: Opp, G. & Teichmann, J. (Hrsg.): Positive Peerkultur. Best Practices in Deutschland. Bad Heibrunn: Klinkhardt, 31–58.

Von Spiegel, H. (2011): Methodisches Handeln in der Sozialen Arbeit. Grundlagen und Arbeitshilfen für die Praxis. München: Reinhardt.

Welsche. M. (2011): Kinder- und Jugendpsychiatrie. In: Hölter, G.: Bewegungstherapie bei psychischen Erkrankungen. Grundlagen und Anwendung, Köln: Ärzte Verlag, 448–526.

Welsche, M. (2008): Die Analyse des Bewegungsverhaltens jugendlicher Mädchen mit depressiver Symptomatik: Eine explorative Bewegungsanalyse mit Vergleichsgruppe anhand der Laban Bewegungsanalyse. Dissertation. Universität Hamburg.

Welsche, M. (2006): Sherbornes Beziehungsorientierte Bewegungspädagogik als Baustein der klinisch-therapeutischen Arbeit mit Jugendlichen. In: Praxis der Psychomotorik 31 (4), 225–233.

Welsche, M., Stobbe, C., Romer, G. & Hölter, G. (2007): Bewegungsdiagnostik und Bewegungstherapie in der Kinder- und Jugendpsychiatrie. Zeitschrift für Kinder- und Jugendpsychiatrie, 6, 435–455.

Zimmer, R. (1998): Die Kinder stark machen. In: Zimmer, R.: Handbuch für Kinder- und Jugendarbeit. Aachen: Meyer & Meyer, 11–32.

# Kapitel 6 Handlungsfeld Soziale Arbeit mit Migrantinnen und Migranten

*Nausikaa Schirilla*

Was hat Migration, was haben Migrantinnen und Migranten mit Sozialer Arbeit zu tun? Zunächst einmal gar nichts. Soziale Arbeit zielt darauf ab, zur Lösung sozialer Probleme beizutragen und die Lebens- und Gestaltungsmöglichkeiten von Menschen zu verbessern. Wer migriert hat nicht per se ein Problem und stellt auch nicht notwendigerweise ein soziales Problem dar – ganz im Gegenteil. Folgen wir neueren Migrationstheorien, so sind es in den verschiedensten Teilen der Welt eher die Fitteren, die migrieren. Es sind diejenigen, die schon über ein gewisses soziales Kapital verfügen, gezielt eine Verbesserung ihrer Lebensumstände suchen und sich aktiv auf die Suche nach dem besseren Leben begeben (vgl. Pries 2005).

Migranten und Migrantinnen sind Gegenstand Sozialer Arbeit, sofern sie marginalisiert sind, benachteiligt oder ausgegrenzt werden (Hamburger 2001). Und, so wird argumentiert, bestimmte Gruppen sind benachteiligt aufgrund von Migration oder aufgrund ihres Migrationshintergrundes bzw. sie sind benachteiligt, weil die Gesellschaft oder die Politik nicht adäquat auf Zuwanderung reagieren (vgl. die Beiträge in Treichler 2004).

## Deutschland als Einwanderungsland

Generell wird mit Migration die dauerhafte Verlagerung des Wohnsitzes in ein anderes Land bezeichnet. Migranten und Migrantinnen, also Menschen mit Migrationshintergrund (oder Migrationsgeschichte, wie manche sagen), werden hier definiert als Personen, die entweder selbst nach Deutschland zugewandert sind oder von denen dies auf ein Elternteil zutrifft.

Im Jahr 2008 hatten von den 82,1 Millionen Einwohnern Deutschlands insgesamt 15,6 Millionen Personen einen Migrationshintergrund, d. h. knapp 19 % der Bevölkerung. Von diesen 15,6 Millionen haben 8,3 Millionen (also ca. 10 % der Bevölkerung in Deutschland) einen deutschen Pass, darunter ca. 4 Mio. (Spät-)Aussiedler. 9 % der Bevölkerung in Deutschland sind Migranten und Migrantinnen mit ausländischem Pass (vgl. Beauftragte der Bundesregierung – 8. Bericht 2010). Diese Gruppen sind jedoch ungleichmäßig über die Regionen Deutschlands verteilt – in vielen Gebieten der neuen Bundesländer oder in den ländlichen Regionen der alten Bundesländer ist der Anteil wesentlich geringer als in den großen Ballungsräumen wie Rhein-Main-Gebiet oder Stuttgart. Auch sind diese Personen über die Altersstufen ungleich verteilt, mehr jüngere und weniger ältere – so haben inzwischen über 30 Prozent der Kinder unter 10 Jahren einen Migrationshintergrund, In der Altersgruppe über 65 Jahre beträgt der Migrantenanteil nur 8,5 Prozent (Beauftragte der Bundesregierung – 8. Bericht 2010).

Die größte Gruppe ist die der Arbeitsmigranten und -migrantinnen, mit ihren Familien und Nachkommen, die Ende der 1950er Jahre bis 1973 aus den Ländern Südeuropas, der Türkei und Nordafrika gezielt angeworben wurden. Die ersten Jahrzehnte der Arbeitsmigration war von Seiten der deutschen Wirtschaft und Politik, aber auch von vielen Migranten und Migrantinnen selbst als ein vorübergehender Zustand geplant worden (vgl. Bade 2004). Zwar wurde der Erwerb der deutschen Sprache gefördert, aber dies war nicht systematisch organisiert, auch lagen Weiterqualifikation und Orientierung auf dem Arbeitsmarkt gänzlich in der Hand der Betroffenen.

Weitere Gruppen unter Migranten und Migrantinnen sind die (Spät-)Aussiedler bzw. ihre Angehörigen. Diese sind Nachkommen von Deutschen, die vor mehreren hundert Jahren nach Osteuropa bzw. Russland ausgewandert sind, dort eine deutsche Identität bewahrt und einen Anspruch auf einen deutschen Pass haben. Sie kamen in großen Gruppen in den 1980er Jahren aus Mittel- und Osteuropa und in den 1990er Jahren bis heute aus den Ländern der ehemaligen Sowjetunion. Viele verloren die Möglichkeiten, deutsche Kultur zu pflegen, sprechen die Sprache nicht mehr und haben sich mit der vor Ort ansässigen russischen Bevölkerung vermischt.

Ferner leben in Deutschland noch Migranten und Migrantinnen mit humanitärem Status und eine große Anzahl Studierender. Für die Studierenden setzen sich verschiedene eigene Organisationen und Vereinigungen, aber vor allem die Hochschulgemeinden der großen Kirchen ein.

Erwähnt werden muss noch die große Gruppe von Menschen, die ohne Aufenthaltstitel in Deutschland leben, die sogenannten Illegalen oder Papierlosen. Sie arbeiten im Baugewerbe, Gastronomie, Landwirtschaft und in der Prostitution. Es gibt hier verschiedene Modelle: manche leben schon seit Jahren illegal im Lande, andere pendeln und nutzen Touristenvisa oder Freizügigkeit, dass sie nicht illegal aufhältig sind, aber dennoch illegal arbeiten – dies ist in der Pflege oft der Fall. So bilden sich neue Migrationsformen heraus, oft auch als Pendelmigration,

Die meisten Migranten und Migrantinnen halten sich schon sehr lange in Deutschland auf und betrachten sich als Teil dieser Gesellschaft. Zugleich heiraten viele Zugewanderte oder junge Menschen aus Familien mit Migrationsgeschichte einen Ehepartner aus dem Herkunftsland, so dass es immer wieder Familien gibt, in denen zumindest ein Partner nicht so lange in Deutschland lebt.

Der Rechtsstatus spielt eine entscheidende Rolle – Migranten und Migrantinnen sind mit dem Ausländerrecht einem eigenen Recht unterworfen. EU-Bürger und -Bürgerinnen beispielsweise verfügen über Freizügigkeit, für alle Drittstaatler regelt das Aufenthaltsgesetz den Aufenthaltsrechtsstatus. Der Rechtsstatus von Flüchtlingen ist jedoch anders. Die meisten sind als Asylbewerber noch in den Verfahren um die Anerkennung als Flüchtling. Sie haben eine befristete Aufenthaltsgestattung, dürfen in den ersten Jahren nicht arbeiten und sollen sich nicht integrierten. Sie haben Ansprüche auf eine materielle Existenzsicherung nach dem Asylbewerberleistungsgesetz (AsylBlg) (vgl. Classen 2005), die ca. 20 % unter der Grundsicherung liegt und auch in Naturalien, Gemeinschaftsverpflegung oder Einkaufsgutscheinen aus„bezahlt" werden kann. Zu den Besonderheiten des AsylBlG gehört ferner eine Gesundheitsversorgung, die nur eine grundlegende Versorgung bietet. Zu den weiteren Einschränkungen für Flüchtlinge vor ihrer Anerkennung gehört die Residenzpflicht – Asylbewerber dürfen sich nur in dem Landkreis oder der Kommune aufhalten, in der sie gemeldet sind. Dies gilt auch für die vielen Flüchtlinge, die geduldet sind, weil sie keinen Aufenthaltstitel erhalten, in ihrem Land Bürgerkrieg herrscht, sie keine gültigen Ausweispapiere haben oder andere Rückkehrhindernisse bestehen. Eine Duldung ist kein Aufenthaltstitel, sie bedeutet die vorübergehende Aussetzung der Abschiebung.

## Soziale Folgen

Die sozialen Folgen der Migration sind vielfältig. Da für die Arbeitsmigranten und -migrantinnen Integration nicht vorgesehen war und kein systematisch geförderter Deutschspracherwerb erfolgte, richteten sich viele selbstorganisiert ein, andere bauten auf die Rückkehroption oder lebten lange am Rande der Gesellschaft. Die geringeren formalen Qualifikationen, der Strukturwandel weg von der Produktion zur Dienstleistungsgesellschaft, die Beschäftigung in krisenanfälligen Branchen und die mangelnde Anerkennung ausländischer Abschlüsse und Qualifikationen prägen die soziale und wirtschaftliche Situation. Diese ist deutlich schlechter als die Lage der Mehrheitsbevölkerung, die Armutsgefährdung ist deutlich höher, der Anteil der Langzeitarbeitslosen höher ebenso das Arbeitslosigkeitsrisiko und die Altersarmut (vgl. Santel 2007, Beauftragte der Bundesregierung – 8. Bericht 2010). Eine Folge der Arbeitslosigkeit ist auch die Kinderarmut von Kindern aus Migrantenfamilien. Die Nettohaushaltseinkommen von Personen mit Migrationshintergrund lagen 2008 unter den durchschnittlichen Nettoeinkommen der Mehrheitsbevölkerung. Eine Ursache für diese soziale Benachteiligung liegt auch in häufiger Diskriminierung von Seiten der Arbeitgeber bei Einstellung und Berufsaufstieg.

Ein wichtiges Thema ist auch die schlechte Bildungsbilanz von Zuwandererkindern (Beauftragte der Bundesregierung – 8. Bericht 2010). Kinder und Jugendliche mit Migrationshintergrund sind in den verschiedenen Sektoren des Bildungswesens ungleich vertreten (Diefenbach 2007). Der Migrantenanteil in den Sonder- und Förderschulen ist relativ groß. Während ca. 70 Prozent der deutschen Schulabgängerinnen und Schulabgänger einen mittleren oder höheren Abschluss erzielen, gilt dies nur für gut 40 Prozent der ausländischen Jugendlichen, und eine ganz besondere Herausforderung stellt die Tatsache dar, dass ca. 17 % der Migrantenjugendlichen eines Jahrgangs die Schule ohne einen formalen Schulabschluss verlassen und auch viele mit Abschluss keine Lehrstelle finden. Das deutsche Schulsystem hat – auch wegen rigiden Trennung seiner Säulen – nicht angemessen auf die neue Vielfalt in der Bevölkerung reagiert.

Auch gibt es immer Hinweise dafür, dass auch Diskriminierung für diese Phänomene als ursächlich zu bezeichnen ist (vgl. Reiberg 2005, Hamburger 2005), sowohl was Schule als auch was Ausbildungs- und Arbeitsmarktintegration betrifft. Diskriminierung prägt auch Erfahrungen aller Migrantengruppen mit dem Wohnungsmarkt. Rechtliche Dimensionen wie z. B. lange Zeiten der Aufenthaltsunsicherheit oder mangelnde aufenthaltsrechtliche Perspektiven geben diesen Problemen – wie z. B. Bildungsintegration der Kinder – eine eigene Prägung.

Folgen der sozialen und politischen Reaktionen auf Zuwanderung bestehen auch darin, dass sich Migrantengruppen stark selber halfen und eigene Netzwerke ausbildeten. Diese sozialen Faktoren, aber auch spezifische kulturelle und soziale Loyalitäten führen dazu, dass es in manchen Stadtteilen zu einer verstärkten ethnischen und sozialräumliche Segregation gekommen ist. Diese ist aber meist auch eine Armutssegregation (vgl. Häußermann 2007). Dabei ist zu beachten, dass die Stadtteile mit hohem Anteil an Migranten und Migrantinnen ethnisch durchmischt sind. Soziale Segregation und Diskriminierung führen auch dazu, dass in manchen Migrantenfamilien Generationskonflikte Formen annehmen können, die zu unüberbrückbaren Erwartungen und harten Auseinandersetzungen führen, vor allem was Geschlechterverhältnisse und Lebensentwürfe von Jugendlichen betrifft.

Ferner ist in Deutschland mittlerweile eine Vielfalt an Religionen und Kulturen Realität, die für manche anregend und attraktiv, für andere aber neu und gewöhnungsbedürftig ist. Das Bildungssystem, die sozialen Dienste und das Gesundheitssystem hat sich auf diese neue Vielfalt noch nicht richtig eingestellt. In vielen Bereichen haben Migranten und Migrantinnen schlechtere Zugangsmöglichkeiten. So wissen wir, das ihr Zugang zum Gesundheitswesen schlechter ist (Razum 2008), vor allem was Diagnose und Prävention betrifft. Soziale Dienste wie beispielsweise in der Jugendhilfe werden durchaus in Anspruch genommen, aber nicht so stark im präventiven Bereich wie beispielsweise Erziehungsberatung (vgl. Teuber 2004).

## Herausforderungen

Inwiefern sind dies Herausforderungen für die Soziale Arbeit? Dabei sind die verschiedenen Zielsetzungen Sozialer Arbeit zu unterscheiden (DBSH 2010 S. 13 ff).

Was die Dimensionen Teilhabe, Möglichkeiten der Lebensgestaltung und soziale Gerechtigkeit betrifft, so ist Soziale Arbeit hier gefordert, größtmögliche Teilhabe am Erwerbsleben, an sozialen Partizipationsmöglichkeiten, an verbesserter Gesundheitsversorgung, an Chancen des Bildungsaufstiegs etc. zu schaffen. Dabei sind die Bedingungen, die zu geringerer Teilhabe führen, sozialer, kultureller, aber auch politischer und rechtlicher Art. Es handelt sich stets um Ensembles von ineinander verschlungenen Faktoren, die einen mehrdimensionalen Blick erfordern und mit dem Hinweis auf eine Dimension – etwa die interkulturelle oder die rechtliche alleine – nicht auflösbar sind.

Aber es geht auch um die Prävention und Lösung sozialer Probleme. Die Situation vieler Migrantengruppen und insbesondere von Jugendlichen ohne Chancen auf eine Berufsperspektive weisen auf spezifische Problemlagen und ein erhöhtes Risiko für soziale Exklusion hin. Strukturelle Arbeitslosigkeit und Langzeitarbeitslosigkeit verlangen nach Lösungen, die über die materielle Sicherung hinausgehen. Viele Bereiche der Sozialen Arbeit, wie die Altenhilfe, die Suchthilfe, die Straffälligenhilfe etc. sind mit einer zunehmenden sozialen und ethnischen Vielfalt konfrontiert. Dabei können die Klienten und Klientinnen mit Migrationshintergrund sehr unterschiedlich sein – die Jugendhilfe ist unter anderem sowohl mit dem Phänomen unbegleiteter minderjähriger Flüchtlinge konfrontiert wie auch mit Scheidungsfamilien und verhaltensauffälligen Jugendlichen aus Migrationsfamilien als auch mit dem Anspruch, Mädchen vor Zwangsverheiratungen zu schützen.

Vor einer besonderen Herausforderung steht die Altenhilfe. Die Generation der ersten Arbeitsmigranten und -migrantinnen wird langsam alt. Diese haben jahrzehntelang hart gearbeitet, einige von ihnen waren in den letzten Jahren auch arbeitslos oder sind krank, sprechen schlecht oder wenig Deutsch. Ihre Rückkehrperspektive erweist sich im Alter als Rückkehrillusion. Sie bleiben in Deutschland, weil ihre Familie hier ist und sie hier auch eine Heimat gefunden haben oder weil sie krank sind und die gesundheitliche Versorgung hier besser ist. Dietzel-Papakyriakou (1993, vgl. auch Vahsen 2000) zeigte schon früh, dass ältere Migranten und Migrantinnen im Alter einfach verstärkt ein Bedürfnis danach haben, unter sich zu sein, die Muttersprache zu sprechen und in der Freizeit kulturell geprägte Interessen zu verfolgen. Die Bereitstellung entsprechender niedrig schwelliger und kostengünstiger Begegnungs- und Bildungsmöglichkeiten ist eine Herausforderung an die deutsche Altenhilfe ebenso wie die Herausforderungen, die das Wohnen und die Pflege im Alter beinhalten. Andererseits ist aber auch eine Herausforderung für die Soziale Arbeit, in die Mehrheitsgesellschaft hineinzuwirken, damit diese Gruppen von älter gewordenen Migranten und Migrantinnen als Teil dieser Gesellschaft anerkannt werden.

Dies gilt auch bezüglich aller anderen Gruppen: Die Beförderung interkulturellen Lernens, der Abbau diskriminierender oder gar rassistischer Stereotypen, Antidiskriminierungsarbeit und die Unterstützung der Mehrheitsbevölkerung im Umgang mit der neuen Vielfalt sind ebenso wichtige Herausforderungen für die Soziale Arbeit wie die Arbeit mit den Migranten und Migrantinnen selbst.

Flüchtlinge und Flüchtlingsschutz betreffen Soziale Arbeit in ihrer Dimension der sozialen Problemlösung, aber auch in ihrer menschenrechtlichen Dimension. Die Versorgung und Begleitung der Flüchtlinge obliegt den Kommunen. Eine besondere Herausforderung stellen die Geduldeten dar, Familien, die schon seit vielen Jahren hier leben, deren Kinder hier geboren sind und nur eine Heimat kennen. Auch ist die soziale und rechtliche Situation von Flüchtlingen, mit den eingangs geschilderten Einschränkungen, aus menschenrechtlicher Perspektive sehr fragwürdig. Diese menschenrechtlichen Perspektiven, die auch die gesundheitliche Versorgung, soziale Unterstützung und den Bildungszugang für Illegale umfassen, stellen eine Basis für die Tätigkeit vieler Aktionsgruppen und vieler Akteure der Kirchen und der Wohlfahrtsverbände dar.

Die zentrale Herausforderung im Handlungsfeld Migration besteht nun darin, dass Angebote der Sozialen Arbeit, die auf die genannten Problemlagen abzielen, Migranten und Migrantinnen oft gar nicht erreichen. Unabhängig davon, mit welchem Auftrag Soziale Arbeit handelt, spielt sich die Arbeit mit Migranten und Migratinnen in einem besonderen Kontext ab. Es handelt sich um eine sehr heterogene Gruppe, die sich trotz ihrer Vielfalt auszeichnen kann durch einen oder mehre der folgenden Faktoren:

- einen eigenen Rechtsstatus,
- die Sozialisation in anderen Kulturen und Gesellschaften, anderen Wohlfahrtssystemen, Bildungssystemen etc.,
- die Erfahrungen von Rassismus und Diskriminierung in allen Bereichen des privaten, sozialen und professionellen Lebens,
- sie kennen die hiesigen Strukturen nicht und oft ist ihnen die Sprache fremd – unabhängig von Bildung, Qualifikation und Migrationsmotiv,
- kulturell differente Organisations- und Lebensformen, die die ohnehin existierende Pluralität moderner Gesellschaften um weitere Einflüsse bereichern. Dazu gehören u. a.
  - Mehrsprachigkeit und die Beheimatung in verschiedenen Welten,
  - transnational organisierte Familien,
  - Bedeutung von Familie und Kindern,
  - soziale Werte wie Gastfreundschaft etc.,
  - Wichtigkeit von Kommunikation und Netzwerken,
  - Relevanz von Religion(en).

Diese Charakteristika stellen Tendenzen dar, *den* Migranten gibt es nicht und *die* Migrantenfamilie existiert nicht (vgl. BMFSFJ – 6. Familienbericht 2000). Es handelt sich hier um einen vorsichtigen Versuch, einige soziokulturelle Aspekte von Migrantengruppen zu beschreiben (vgl. Lange 2009). Immer wieder wird die Soziale Arbeit mit Migranten und Migrantinnen als Interkulturelle Soziale Arbeit bezeichnet (vgl. Freise 2005). Aus der ausführlichen Schilderung der Herausforderungen ist aber deutlich geworden, dass die Problemlagen nicht als kulturelle zu analysieren sind, dass sich vielmehr soziale, politische, rechtliche und kulturelle Faktoren vermischen. Daher wird eine Reduktion der Erklärungsversuche durch kulturelle Aspekte zu Recht als eine Kulturalisierung sozialer Probleme kritisiert (vgl. Hamburger 2009). Auch stellt eine Gegenüberstellung von Migranten und Migrantinnen und Mehrheitsbevölkerung eine in mancher Hinsicht willkürliche Unterscheidung dar (z. B. bezüglich von Jugendkulturen), die das Anderssein der Migranten hervorhebt (vgl. Mecheril 2010). Dennoch zeigen sich immer wieder Gemeinsamkeiten in der Situation von Migranten und Migrantinnen und es zeigt sich auch die Relevanz kultureller Aspekte. Es handelt sich bei den geschilderten Problemlagen um vielfältige Konstellationen, die mit der individuellen Biographie einer Person, der Migrationsgeschichte, der sozialen Situation, dem Geschlecht, der Herkunftskultur, Recht und Politik im Zusammenhang stehen. Eine Verkürzung auf eine kulturelle Dimension allein ist nicht zulässig, die interkulturelle Dimension ist eine unter vielen. Und genau hierin liegt die eigentliche Herausforderung an die Soziale Arbeit – notwendig ist ein multiperspektivischer Blick: Migranten und Migrantinnen sind „anders“ *und sie sind es nicht.*

## Migrationsspezifische Dienste und deren methodische Ansätze

Seit 2005 sind Integrationsmaßnahmen gesetzlich vorgeschrieben. Die neu eingeführten Integrationskurse sind Pflicht für Neuzuwanderer aus Drittländern. Auch schon länger hier lebende Migranten und Migrantinnen sowie EU Bürger können diese Kurse ebenfalls in Anspruch nehmen (vgl. Tießler-Marenda 2008). Das Erlernen der deutschen Sprache wird ermöglicht, unterstützt, aber auch erzwungen. MigrantInnen mit befristetem Aufenthalt haben mit aufenthaltsrechtlichen Konsequenzen zu rechnen, wenn sie den Integrationskurs nicht in Anspruch nehmen oder abbrechen. Begleitend zu den Integrationskursen ist vom Gesetzgeber eine Migrationsberatung vorgesehen, die den Integrationsprozess begleiten, befördern und steuern soll. Damit erhalten die Migrationsdienste der Wohlfahrtsverbände eine neue Basis, Migrantinnen und Migranten in allen migrationsrelevanten Fragestellungen zu beraten. Die Migrationsberatung für Erwachsene (MBE) wird von den Wohlfahrtsverbänden in Auftrag des Bundes durchgeführt, daher verfügen die großen Wohlfahrtsverbände wie auch viele kleine Bildungsträger und Beratungsstellen über migrationsspezifische Dienste, deren Schwerpunkt in der Beratung liegt. Parallel dazu finanziert das BMFSFJ einen Jugendmigrationsdienst (JMD) – die Angebote für Jugendliche bis zum Alter von 27 Jahren nach dem gleichen Muster schaffen (siehe www.jugendmigrationsdienste.de).

Für dieses Aufgabenfeld, das vom für Zuwanderung zuständigen Bundesinnenministerium finanziert wird, hat das Bundesamt für Migration und Flüchtlinge (BAMF) eine konzeptionelle Steuerungsfunktion und schreibt folgendes Konzept vor: „Unterstützungsbedarf ermitteln – Förderplan entwickeln – Maßnahmen umsetzen – Hauptberufliche Migrationsberater ermitteln auf der Grundlage eines professionellen Fallmanagements den individuellen Unterstützungsbedarf der Zuwanderer. Anschließend entwickeln Berater und Zuwanderer gemeinsam einen Förderplan. Dabei wird der Zuwanderer auf einer festgelegten Zeitschiene aktiv in die Umsetzung der vereinbarten Integrationsmaßnahmen eingebunden“ (www.bamf.de/integration/Migrationsberatung).

Die Konzeption orientiert sich an der Methode des Case Managements. Die Träger der Migrationsberatung haben eigene Konzepte entwickelt, diese Vorgaben in die Praxis umzusetzen. Die Migrationsberatung der Caritas sieht beispielsweise drei Aufgabenfelder vor (vgl. Die Migrationsberatung der Caritas, S. 4 ff): die bedarfsorientierte Einzelfallbegleitung/Case Management, die sozialpädagogische Begleitung während der Integrationskurse und die Netzwerkarbeit sowie Mitwirkung bei der interkulturellen Öffnung. Die bedarfsorientierte Einzelfallbegleitung/Case Management umfasst in diesem Konzept:

- Sondierungsgespräch,
- Individuelle Sozial- und Kompetenzanalyse,
- Erstellung eines Integrations- und Förderplans,
- Sicherstellung der Umsetzung des Förderplans,
- Abschluss und Überprüfung einer Integrationsvereinbarung.

Die Handreichung gibt detaillierte Beispiele und genaue Operationalisierungen für die erwähnten Punkte vor und stellt Formblätter zur Verfügung, die die Mitarbeiter ausfüllen können. Ähnliche Arbeitsanweisungen existieren auch bei anderen Trägern.

Es stellt für die Soziale Arbeit mit Migranten und Migrantinnen einen großen Fortschritt dar, dass eine Beratungsstruktur gesetzlich verankert und damit auch finanziert wird. Die Methode des Case Management hat zudem den Vorteil, dass hier vernetzt und zielorientiert gearbeitet wird (vgl. Wendt 2010). Aber es sei hier kritisch angefragt, ob Soziale Arbeit so gut beraten ist, methodische Vorgaben direkt vom Gesetzgeber und Geldgeber zu erhalten. Zudem ist das Integrationsverständnis, das in dem geschilderten Konzept zum Ausdruck kommt, sehr davon geprägt, dass Integration eine Leistung ist, die nur Zugewanderte zu erbringen haben, die Anteile der Mehrheitsgesellschaft an der Integration werden nicht thematisiert. Es wird auch unterstellt, Integration sei ein formalisierbarer und schrittweise steuerbarer Prozess. Die Erfahrungen aus der Praxis und viele Erfahrungsberichte von gut integrierten Migranten und Migrantinnen (vgl. Lange 2009) zeigen, dass Integrationsprozesse von vielen Faktoren, von Zufällen, von Personen, von Konstellationen und Bedingungen abhängen, die nicht so klar steuerbar sind. In der Praxis der Migrationsberatung besteht der Beratungsbedarf der Klienten und Klientinnen nicht in der Integrationsfrage. Sie kommen vielmehr mit Anliegen wie Familienzusammenführung, soziale Sicherung, Arbeitssuche, Suche nach Kindergartenplätzen, Erziehungsprobleme, Probleme mit Behörden u.a. (vgl. Beratungsstatistik 2005 des Migrationsdienstes der Caritas). Um diese Aufgaben bewältigen zu können, ist die anwaltschaftliche Vertretung ebenso wichtig wie ein systematisches Vorgehen. Die Fachkräfte stehen in der aktuellen Situation in einem Zwiespalt: sie müssen die gesetzlichen Vorgaben erfüllen und (dennoch) den Bedürfnissen der Klienten und Klientinnen gerecht werden. Diese Gratwanderung gestaltet sich sehr unterschiedlich und ist auch von lokalen Gegebenheiten abhängig, sie aber konstruktiv zu gestalten, stellt die aktuelle Herausforderung in der Arbeit der Migrationsberatung dar.

Eine gelungene Gratwanderung könnte so aussehen:

Herr H. aus Kroatien, 45 Jahre alt, arbeitet mit einem 3-Jahresvertrag als Koch bei einer Restaurantkette in Stuttgart und ist seit einem Jahr mit einer (befristeten) Aufenthaltserlaubnis in Deutschland. Seine Frau und die Kinder, ein Mädchen von acht und ein Junge von 14 Jahren, waren bislang in Kroatien. Der Junge hat dort den Schulbesuch abgebrochen – Herr H. möchte nun Frau und Kinder nachholen und seinen Aufenthalt absichern. Die Frau möchte arbeiten. Sie spricht etwas deutsch, der Mann spricht flüssig, aber sehr fehlerhaft Deutsch. Was kann die Migrationsberatung hier leisten?
*Vorbedingung:* Zunächst einmal muss Herr H. überhaupt die Migrationsberatung aufsuchen und zwar rechtzeitig, wenn seine Familie kommt und nicht nach zwei Jahren, wenn Probleme gravierend geworden sind. Er muss also von der Migrationsberatung erfahren. Das setzt voraus: die Migrationsberatungsstelle ist gut vernetzt und bei vielen Stellen bekannt, auch z. B. in kroatischen Cafés oder in der Kirchengemeinde. Weitere Vorbedingung dieses Prozesses ist, Herr H. muss sich verständigen können – entweder findet die Beratung in schlechtem Deutsch statt oder es gibt einen unabhängigen Dolmetscher oder einen muttersprachlichen Mitarbeiter.
*Beratungsprozess:* In der Phase der Sondierung und Bestandsaufnahme ist nun wichtig, dass alle Facetten der Situation, Wünsche und Probleme zur Sprache kommen. Dafür sind der Aufbau einer guten Beziehung und eine umfassende Bestandsaufnahme sehr wichtig. Die Kinder müssen in Schulen untergebracht werden, für den Jungen muss eine besondere Maßnahme zum Sicherstellen des Schulabschlusses gefunden werden, die Kinder können an den Jugendmigrationsdienst verwiesen werden. Aber beide Dienste müssen in Kontakt bleiben, weil sonst Vater und Sohn gegenläufig arbeiten könnten.
Beide Eltern müssen – wenn sie in Deutschland bleiben wollen – einen Integrationskurs machen. Dies ist die rechtliche Situation, Herr H. sieht das aber gar nicht ein, weil in seiner Küche ohnehin nur kroatisch und italienisch gesprochen wird. Vielleicht siegt das fachliche Argument, dass mit Deutschkenntnissen der Kontakt zu den Lehrern des schwierigen Sohnes und der vielversprechenden Tochter sich auch positiv auf den durchaus erwünschten Schulerfolg auswirken würde. Der Prozess kann durch die Auswahl eines passenden, nicht allzu zeitraubenden Integrationskurs abgesichert werden. Was den Deutscherwerb der Mutter betrifft, so ist die Erleichterung der Arbeitssuche mit Deutschkenntnissen das zentrale Argument.
*Zielvorgaben und Assessment:* Trotz Eingehen auf die persönliche Situation werden klare Termine vereinbart, bis wann der Integrationskurs begonnen und eine Rücksprache mit dem JMD vorgenommen wird.

Weitere migrationspezifische Dienste stellen die Flüchtlingssozialdienste dar – Flüchtlinge, die in Gemeinschaftsunterkünften wohnen, werden von diesen Diensten betreut, die in kommunaler Trägerschaft sind oder auch in den Händen der Wohlfahrtsverbände. Ihre Ausstattung und Konzeptionen sind regional sehr unterschiedlich und hängen sehr stark von den Kommunen ab. Da vom Gesetzgeber gar keine Integrationsmaßnahmen für Flüchtlinge vorgesehen sind, diese oft jahrelang in Wohnheimen leben und lange nicht arbeiten dürfen, hat sich eine sehr engagierte Unterstützungskultur auf ehrenamtlicher Basis herausgebildet. Deutschkurse, soziale Aktivitäten und Öffentlichkeitsarbeit ergänzen die Beratungsangebote der Flüchtlingsdienste und stellen die Fachkräfte vor die Herausforderung, qualifiziert mit den Ehrenamtlichen zusammen zu arbeiten.

In der Flüchtlingsarbeit stößt sowohl die ehrenamtliche als auch die hauptamtliche soziale Arbeit an Grenzen. Es sind die Grenzen der gesetzlichen Bestimmungen und der Politik. Sollen Verbesserungen für Menschen, die vor Verfolgung und Bürgerkrieg, Repression und Perspektivlosigkeit geflohen sind und sich eine neue Lebensperspektive aufbauen wollen, realisiert werden, so muss Flüchtlingsarbeit politisch werden. Die Arbeit ist einerseits Einzelberatung, sie muss sich aber auch vernetzen, muss den Stadtteil und engagierte Öffentlichkeit einbeziehen. Dies gilt besonders dann, wenn es darum geht, Menschen vor Abschiebung und gewaltsamer Rückführung zu schützen. Hier sind auch die Grenzen zwischen Sozialer Arbeit und politischem Engagement fließend. Dass dies gelingen kann, zeigen beispielsweise Fälle des erfolgreiche Kirchenasyls (vgl. www.kirchenasyl.de) oder folgender Fall:

Familie D ist eine Roma-Familie aus dem Kosovo und lebt seit acht Jahren in einem Flüchtlingswohnheim in Freiburg. Die Familie hat fünf Kinder, die alle in Deutschland geboren sind und zum Teil schon in die Schule gehen. Der Asylantrag der Eltern ist schon lange abgelehnt, wegen der andauernden ethnischen Spannungen im Kosovo haben sie aber eine Duldung erhalten, die alle sechs Monate verlängert werden muss. Arbeiten durften beide jahrelang nicht, beide Eltern sprechen kaum deutsch. Die Duldung wird nun wegen der Unabhängigkeit des Kosovo nicht verlängert, Familie D. wird eine Ausreiseaufforderung erhalten. Nun gibt es aber für Geduldete die Bleiberechtsregelung, sie können eine vorläufige Aufenthaltserlaubnis erhalten, unter anderem mit folgenden Bedingungen: wenn sie sich selbst finanzieren, deutsch sprechen, ausreichend Wohnraum haben, die Kinder integriert sind. Es beginnt nun ein Interventionsprozess von Seiten der Sozialarbeiterinnen im Flüchtlingssozialdienst, der sich auf das gesamte Gemeinwesen beziehen muss: Beide Eltern müssen Deutsch lernen, d. h. einen Integrationskurs machen und zugleich nach Arbeit suchen, um die Unabhängigkeit von staatlichen Transferzahlungen sicher zu stellen. Das ist für Menschen, die lange passiv sein mussten, deren Schulbesuch wenige Jahre umfasste und schon lange zurück liegt, nicht einfach. Es muss ein Integrationskurs gefunden werden, der ein langsames Lernniveau vorsieht und zusätzliche unterstützende Mentoren oder Tandempartner, die den Vater oder die Mutter unterstützen. Die nicht schulpflichtigen Kinder müssen im Kindergarten untergebracht werden. Die Eltern müssen parallel über geeignete Aushilfstätigkeiten oder einfache Berufstätigkeiten in den Arbeitsprozess integriert werden. Dies gelingt, wenn die Sozialarbeit im Gemeinwesen gut vernetzt ist, wenn sie in Stadtteilrunden, Jugendarbeitskreisen etc. präsent ist und ihr Anliegen vortragen kann und wenn Kontakte zu Schlüsselpersonen im Gemeinwesen oder zu Vereinen bestehen. Dann wird ein Kindergarten gefunden, der ein Kind zumindest bis Mittag aufnimmt, werden ehrenamtliche Paten aus dem städtischen Ehrenamtsprojekt den Deutschkurs unterstützend begleiten, dann kann über die Kirchengemeinde eine Putzstelle für die Mutter vermittelt sowie eine Aushilfstätigkeit als Gärtner für den Vater. Weitere Schritte wären eine Integration des älteren Sohnes in den lokalen Fußballverein und ein Aufruf im Mitteilungsblatt des Bürgervereins bezüglich der Wohnungssuche für die Familie.

## Handlungskonzepte in der Sozialen Arbeit mit Migranten und Migrantinnen: Interkulturelle Kompetenz und interkulturelle Öffnung

In vielen Handlungsfeldern der Sozialen Arbeit sind Migranten und Migrantinnen als Zielgruppe vorhanden. Ob wir nun auf die vorher angesprochenen Probleme und Handlungsfelder schauen – stets geht es darum, ihnen den Zugang zu Angeboten der Sozialen Arbeit zu erleichtern. Mit dem Konzept der Interkulturellen Öffnung wird diese Richtung gedacht. Mit Interkultureller Öffnung ist eine aktuelle Strategie zur Veränderung der Angebots- und Personalstruktur sozialer Dienste gemeint. Sie reagiert auf die Herausforderungen durch Migration und zielt auf eine gleichberechtigte und bessere Nutzung aller Dienste durch Klienten und Klientinnen mit Migrationshintergrund in allen Feldern der Sozialen Arbeit (vgl. Khan 2008, Serio 2006).

Der Ansatz geht von den bereits erwähnten Zugangsbarrieren bezüglich der Inanspruchnahme von Regeldiensten durch Migranten und Migrantinnen aus. Als Barrieren gelten u. a.:

- Mangel an Informationen,
- mangelnde Attraktivität der Angebote,
- Angst vor Diskriminierung,
- schlechte Erfahrungen mit Ämtern und Angst vor behördlichen Eingriffen allgemein.

Auch auf der Seite der Fachkräfte wurden Zugangschranken zu einer besseren Nutzung der Dienste durch Menschen mit Migrationshintergrund konstatiert:

- vielfach Ressentiments,
- Kommunikationsprobleme,
- kulturelle Stereotypen,
- mangelnde Kompetenz und
- Angst vor Mehrbelastung.

Auch strukturelle Barrieren wie schlechte Arbeitsteilung und Konkurrenz um Mittel erschweren die Inanspruchnahme der Dienste. Der Abbau von Zugangsbarrieren und die Ausrichtung auf spezifische Bedürfnisse von Migranten und Migrantinnen gelten als ein wichtiges Element interkultureller Öffnung.

Zentrale Elemente oder Instrumente interkultureller Öffnung sind Maßnahmen in der Personalentwicklung wie Fortbildungen (z. B. Interkulturelle Kompetenz) oder die Beschäftigung von Fachkräften mit Migrationshintergrund. Daher stellt die Personalpolitik ein zentrales Feld dar. Eine weitere Möglichkeit stellt das Qualitätsmanagement dar – so können interkulturell orientierte Leitbilder und Zielvorgaben festgeschrieben werden. Ferner kann Organisationsentwicklung zur Gestaltung migrationssensibler Angebote und Umgestaltung von Strukturen beitragen. Dazu gehört auch die Vernetzung mit der Migrationssozialarbeit und Migranten-Selbstorganisationen. Ganz zentral ist eine Veränderung der Öffentlichkeitsarbeit, beispielsweise die Werbung mit mehrsprachigen Flyern und Infoangeboten. Notwendig ist die Erhebung statistischer Daten und konsequentes Monitoring. Ein alternativer Zugang ist das „Diversity Management" – ein Ansatz aus der Personalentwicklung, der Vielfalt in Institutionen und Organisationen als Chance und Ressource und nicht als Problem sieht und diese produktiv einsetzen möchte. Für alle Ansätze gilt jedoch, dass der interkulturelle Öffnungsprozess von der Leitung gesteuert, mit Ressourcen ausgestattet und von den Mitarbeitenden getragen werden muss. Es ist ein „top down"- und „bottom up"-Prozess.

Mittlerweile fördern alle Wohlfahrtsverbände auf den verschiedenen Ebenen Projekte zur Interkulturellen Öffnung. Auch in vielen Kommunen oder in der Altenhilfe wurde vieles geleistet: so haben schon viele Verbände eine Charta zur kultursensiblen Altenhilfe unterzeichnet (vgl. Arbeitskreis für eine kultursensible Altenhilfe, Handreichung 2003). Interkulturelle Öffnung kann vielfache partizipative und klientenorientierte Veränderungsprozesse in Organisationen initiieren. Grenzen stellen oft die Barrieren des Lernens in Organisationen generell dar. Interkulturelle Öffnung löst jedoch keine Probleme von Gruppen mit beschränkten Rechten, wie Flüchtlinge oder Illegale. Grundsätzlich ist kritisch zu konstatieren, dass eine gleichberechtigte Teilhabe von Migranten und Migrantinnen am politischen und sozialen System durch eine Veränderung der sozialen Dienste allein nicht bewerkstelligt werden kann, dafür sind auch politische, rechtliche und strukturelle Änderungen notwendig.

Interkulturelle Öffnung ist kein eigener methodischer Ansatz, sondern zielt auf eine Veränderung der Angebote sozialer Dienste, damit diese stärker an die Lebenswelten und Bedürfnisse der Klienten und Klientinnen, hier der Migranten und Migrantinnen, anknüpfen. Dies soll in allen Bereichen Sozialer Arbeit dazu beitragen, Exklusion zu vermeiden, Teilhabe zu ermöglichen und Rechte durchzusetzen. So können alle methodischen Ansätze, die auf ein niedrig schwelliges Arbeiten abzielen wie sozialraumorientierte Arbeit, gute Möglichkeiten für interkulturelle Öffnungsprozesse darstellen.

Die Ergänzung auf individuell professioneller Ebene stellt der Ansatz der Interkulturellen Kompetenz dar. Ich möchte besonders betonen, dass dies ein Teilaspekt ist – bei interkultureller Kompetenz geht es um professionelle Kompetenzen von individuellen Mitarbeitern. Der Umgang mit Migration und Vielfalt betrifft immer ganze Organisationen und hat immer auch eine gesellschaftliche Dimension. Diese kann und darf nicht auf eine individuelle Ebene reduziert werden.

Interkulturelle Kompetenz spezifiziert professionelles Handeln in der Einwanderungsgesellschaft. Das Konzept umschreibt ein Anforderungsprofil zum sensiblen und gleichberechtigten Umgang mit Klienten/innen mit Migrationshintergrund. Dazu gehören kognitive Kompetenzen wie Wissen um eigenkulturelle Prägung, Kenntnisse rechtlicher und sozialer Aspekte von Migration, über Rassismus und Diskriminierung, über kulturspezifische Hintergründe. Auch Sprachkenntnisse sind ein Baustein interkultureller Kompetenz. Ferner umfasst interkulturelle Kompetenz Handlungskompetenzen wie Kommunikation, Dialog, Interaktionsfähigkeit, anerkennendes Handeln. Eine weitere dritte Ebene stellen personale Kompetenzen dar – wie Offenheit, Empathie, Ambiguitätstoleranz und Authentizität.

In der Fachdiskussion ist der Begriff sehr umstritten. Manche sind der Meinung, interkulturelle Kompetenz stelle eine eigenständige spezifische professionelle Kompetenz dar (vgl. Auernheimer 2002). Andere sind der Meinung, es gehe um den Umgang mit sozialer Vielfalt generell (Hamburger 2009). Diese Positionen sind beeinflusst von der Einschätzung der Bedeutung ethnisch-kultureller Aspekte. Lange wurde das Verstehen von „Fremden" und Kenntnisse der Herkunftskulturen auch für die Soziale Arbeit eingefordert. Eine starke Betonung von Fremdheit und kulturellen Differenzen kann allerdings Stereotypen verstärken, wird der Vielfalt der Lebensentwürfe von Migranten und Migrantinnen nicht gerecht und vernachlässigt die erwähnte Multiperspektivität. Auch sind Kulturen keine statischen Einheiten, die es zu erkennen und zu respektieren gilt. Kulturen sind offene, flexible, dynamische und vielfältige Gebilde, die sich ständig verändern. Interkulturelle Kompetenz stellt daher vor allem eine selbstreflexive Fähigkeit dar. Es ist meiner Meinung nach davon auszugehen, dass eine nicht auflösbare Spannung besteht zwischen der soziokulturellen Zugehörigkeit von Klienten und Klientinnen bzw. ihrer gegebenenfalls fremdkulturellen Eigenlogik einerseits und ihren individuellen biographischen Besonderheiten und sozialen bzw. politischen Benachteiligungen andererseits. Für den Umgang mit dieser Ambivalenz gibt es keine Methode – hier geht es um eine immerwährende kritische Infragestellung von Wahrnehmungen, Deutungen und Kommunikationsformen. Der Verweis auf Fremdheit leugnet gemeinsame Betroffenheiten als Eltern, als Bewohner eines Stadtteils, als Kinder, als Jugendliche. Es grenzt aus, macht aus Mitbürgern andere Bürger. Ein türkisches Kind isst vielleicht kein Schweinefleisch, geht am Zuckerfest in die Moschee und spricht in der Familie Türkisch, aber es ist in der Kindertagesstätte primär Kind.

Ich möchte dies an einem Fall verdeutlichen, den ich in verschiedenen Variationen auf Fortbildungen immer wieder höre:

> Ali ist ein 10jähriger Junge türkischer Herkunft, der regelmäßig ins Kinder- und Jugendhaus geht und an der Hausaufgabenhilfe und weiteren Aktivitäten teilnimmt. Mittwochs ist Kochtag und Ali kocht immer eifrig mit. An einem Mittwoch holt die Mutter, Hatice, Ali ab und sieht entsetzt, dass ihr Sohn in der Kochgruppe mitmacht. Sie beschwert sich empört und lautstark bei den Fachkräften, dass Kochen doch nichts für Jungen sei und sie nicht wolle, dass Ali zu einem verweichlichten unsicheren Mann werde, wie es viele Deutsche seien. In der türkischen Kultur sei das Männerbild anders und bei ihnen seien kochende Männer lächerlich. Das Kochen können schließlich die Frauen besser. Wenn so etwas noch mal vorkäme, dürfte Ali nicht mehr ins Kinderhaus. Die pädagogischen Fachkräfte sehen sich in ihren emanzipatorischen Werten in Frage gestellt, sie halten daran fest, dass sie für eine Auflösung der Geschlechterrollen sind, dass diese Werte in der deutschen Gesellschaft und politischen Ordnung verankert sind und sehen Alis Mutter in einem Kulturgegensatz. Die kulturelle Deutung zeigt eine Frau, die an den patriarchalen Werten ihrer Herkunftskultur festhält, diese nicht in Frage stellen möchte und sich nicht integriert, indem sie die Werte der Einwanderungsgesellschaft nicht akzeptiert. Was wäre eine interkulturell kompetente Auflösung dieser Situation?

Dazu gehört einerseits die selbstreflexive Ebene. Hier ist zu hinterfragen, welche Rolle das Insistieren auf „unsere" emanzipatorischen Werten spielt – zu welchen Überlegenheitsgefühlen diese Anlass geben, mit welchen Stereotypen diese in Verbindung stehen. Eine kritische Hinterfragung muss diese Werteorientierung jedoch nicht auflösen. Eine nicht kulturalistische, sondern individuelle Betrachtung von Hatice bringt sie als Mutter in den Vordergrund, sie wird gesehen als die, die sich um ihren Sohn sorgt; sie möchte nicht, dass der lächerlich gemacht wird; sie möchte, dass dieser später in seine Rolle als Familienvater findet. Das Team realisiert diese Aspekte in der Teambesprechung und beschließt, auch mal mit den Jungen etwas alleine zu machen, aber am Kochen festzuhalten, dies jedoch zu kommunizieren. Die nicht kulturalistische Wahrnehmung der Mutter eröffnet dann ein weiteres Gespräch. Darin wird deutlich, wie die Fachkräfte die Mutter in ihren Sorgen ernst nehmen; sie zeigen, dass die Jungen auch unter sich „jungenspezifischen" Aktivitäten unternehmen und dass andere muslimische Jungens auch mitkochen. Diese Betrachtung ist keine Garantie für eine Lösung, aber sie wird allen Beteiligten eher gerecht und bietet die Möglichkeit einer Auseinandersetzung.

In der Sozialen Arbeit mit Migranten und Migrantinnen sind oft Methoden zu adaptieren und es gilt, Brücken zu schlagen. Soziale Arbeit im Handlungsfeld Migration kann aus dem vielfältigen Methodenrepertoire der Sozialen Arbeit insgesamt schöpfen – die Methoden werden jedoch kontextbezogen und klientenspezifisch adaptiert. Im Kontext von Migration bedeutet dies immer eine selbstreflexive Auseinandersetzung mit kulturalistischen Stereotypen, spezifischen Exklusionsrisiken von Migranten und Migrantinnen und interkulturellen Aspekten – dies ist einerseits sehr anstrengend und anderseits zugleich ausgesprochen bereichernd.

# Literaturverzeichnis

Arbeitskreis Charta für eine kultursensible Altenhilfe (Hrsg.) (2003): Handreichung zum Memorandum zur kultursensiblen Altenpflege. Darmstadt.

Beauftragte der Bundesregierung für Migration, Flüchtlinge und Integration (Hrsg.) (2010): 8. Bericht über die Lage der Ausländerinnen und Ausländer in Deutschland. Berlin.

Auernheimer, G. (Hrsg.) (2002): Interkulturelle Kompetenz und pädagogische Professionalität. Opladen.

Bade, K. J./Oltmer, J. (2004): Normalfall Migration. Bonn.

Becker, A./Hamburger, F. u. a. (Hrsg.) (1998): Anforderungsprofile und Qualifikationsmerkmale in der Sozialen Arbeit der Caritas mit MigrantInnen. Freiburg.

Bukow, W.-D.; Llaryora, R. J.(1998): Mitbürger aus der Fremde: Soziogenese ethnischer Minoritäten, 3., aktualisierte Aufl. Opladen.

Bundesministerium für Familie, Senioren, Frauen und Jugend (2000): Familien ausländischer Herkunft in Deutschland. 6. Familienbericht, Berlin.

Bundesregierung (Hrsg.) (2008): Nationaler Integrationsplan – Erster Fortschrittsbericht. Berlin.

Classen, G. (2005): Sozialleistungen für Migranten und Flüchtlinge: Grundlagen für die Praxis. Hannover.

DBSH (Hrsg.) (2009): Grundlagen der Arbeit des DBSH. Essen.

Diefenbach, H. (2007): Kinder und Jugendliche aus Migrantenfamilien im deutschen Bildungssystem: Erklärungen und empirische Befunde. Opladen.

Dietzel-Papakyriakou, M. (1993): Altern in der Migration – die Arbeitsmigranten vor dem Dilemma: zurückkehren oder bleiben? Stuttgart.

Freise, J. (2005): Interkulturelle Soziale Arbeit. Schwalbach/Taunus.

Galuske, M. (1999): Methoden der sozialen Arbeit: eine Einführung, 2. Aufl. Weinheim; München.

Hamburger, F. (Hrsg.) (2005): Migration und Bildung. Über das Verhältnis von Anerkennung und Zumutung in der Einwanderungsgesellschaft. Wiesbaden.

Hamburger, F. (2009): Abschied von der Interkulturellen Pädagogik. Weinheim; München.

Hamburger, F. (2001): Migration. In: H.-U. Otto, H. Thiersch (Hrsg): Handbuch Sozialarbeit – Sozialpädagogik. Weinheim.

Häußermann, H. (2007): Behindert ethnische Segregation die Integration? In: Archiv für Wissenschaft und Praxis der sozialen Arbeit, 38-3-2007, 46–57.

Huth, S. (2007): Bürgerschaftliches Engagement in Migrantenselbstorganisationen: intergrationsfördernd oder hemmend? In: Archiv für Wissenschaft und Praxis der sozialen Arbeit 38-3-2007, 70–79

Khan, E. (Red.) (2008): Bundesarbeitsgemeinschaft Katholische Jugendsozialarbeit. Interkulturelle Öffnung: Handreichung für Träger und Einrichtungen katholischer Jugendsozialarbeit. Düsseldorf.

Lamp, F. (2007): Soziale Arbeit zwischen Umverteilung und Anerkennung. Der Umgang mit Differenz in der sozialpädagogischen Theorie und Praxis. Bielefeld.

Lange, D. (Hrsg) (2009): Unsere Wirklichkeit ist anders: Migration und Alltag. Perspektiven politischer Bildung. Bonn.

Mecheril, P. (2010): Migrationspädagogik. Weinheim; Basel.

Mollenhauer, K. (1994): Vergessene Zusammenhänge: über Kultur und Erziehung. 4. Aufl. Weinheim; München.

Pries, L. (Hrsg.) (2005): Zwischen den Welten und amtlichen Zuschreibungen. Neue Formen und Herausforderungen der Arbeitsmigration im 21. Jahrhundert. Essen.

Reiberg, L. (Hrsg.) (2006): Berufliche Integration in der multikulturellen Gesellschaft. Beiträge aus Theorie, Schule und Jugendhilfe zu einer interkulturell sensiblen Berufsorientierung. Bonn.

Razum, O.; Saß, A.-Ch. (2008): Migration und Gesundheit. Schwerpunktbericht der Gesundheitsberichterstattung des Bundes/Robert-Koch-Institut. Berlin.

Santel, B. (2007): In der Realität angekommen: Die Bundesrepublik Deutschland als Einwanderungsland. In: Woyke, W. (Hrsg.) (2007): Integration und Einwanderung. Schwalbach/Ts.

Serio, A. (Red.) (2006): Deutscher Caritasverband: Vielfalt bewegt Menschen: interkulturelle Öffnung der Dienste und Einrichtungen der verbandlichen Caritas. Eine Handreichung. Freiburg i. Br.

Teuber, K. (2004): Migrationssensible Hilfen zur Erziehung. Frankfurt am Main.

Tießler-Marenda, E. (2008): Ausländerrecht: mit dem neuen Zuwanderungsrecht 2007. 2. überarb. Aufl. Freiburg im Breisgau.

Treichler, A./Cyrus, N. (Hrsg.) (2004): Handbuch Soziale Arbeit in der Einwanderungsgesellschaft. Frankfurt am Main.

Vahsen, F.G. (2000): Migration und soziale Arbeit: Konzepte und Perspektiven im Wandel. Neuwied: Kriftel.

Weiss, K. (Hrsg.) (2005): SelbstHilfe: wie Migranten Netzwerke knüpfen und soziales Kapital schaffen. Freiburg im Breisgau.

Wendt, W.-R. (2010): Case-Management im Sozial- und Gesundheitswesen: Eine Einführung, 5. überarb. Aufl. Freiburg im Breisgau.

*Informationen zum bundesweiten Integrationsprogramm unter: www.bamf.de/integration*

# Kapitel 7 Soziale Arbeit mit suchtkranken und chronisch psychisch kranken Menschen

*Jürgen Sehrig, Winfried Effelsberg*

## Geschichtlicher Hintergrund und Entwicklungen

Psychische Krankheiten existieren schon, solange es Menschen gibt. Dasselbe gilt für den Gebrauch psychoaktiver Stoffe. Beides kommt auch im Tierreich vor. Psychische Krankheiten gibt es selbstverständlich in allen Kulturen; denn sie haben körperliche, psychische und soziale Grundlagen, die alle Menschen prägen. Ebenfalls universell sind Handlungen, die eine Veränderung des Bewusstseinszustandes zur Folge haben (vgl. Völger 1981).

Wildbeuter (Jäger und Sammler), Ackerbauern und alle anderen Kulturformen geraten aus den unterschiedlichsten Gründen in psychische Ausnahmezustände, können depressiv oder aggressiv werden und die Kontrolle über ihr Erleben und Verhalten verlieren. Manchmal werden solche Zustände bewusst herbei geführt, etwa in schamanistischen Ritualen, sei es mit körperlichen Mitteln wie Überhitzung und Wasserverlust, mit Tanz und Trommeln oder mit Pflanzenzubereitungen, Alkohol oder Pilzen. Alle Menschen können durch Entzündungen des Gehirns, durch Verletzungen oder durch Krebs Gehirnschäden aller Schweregrade erleiden, ebenso durch neurodegenerative Erkrankungen. Bereits die frühen Hochkulturen beschreiben psychische Krankheiten und den Umgang damit sowie die Herstellung von Bier und Wein mit genau denselben Folgen wie heute.

Zwei Perspektiven unterscheiden sich immer und überall deutlich: die des betroffenen Menschen und die der ihn umgebenden Gesellschaft. Für den Betroffenen ist sein subjektives Leid am wichtigsten, seine Verstimmung, sein seelischer Schmerz, sein Kontrollverlust oder seine Angst. Für die Gesellschaft kommt es vor allem darauf an, ob die erkrankte Person das Zusammenleben beeinträchtigt. Wer still leidet und sich zurück zieht, wird eher in Ruhe gelassen. Man hilft, wenn man kann, sonst kümmern sich vor allem nahe Angehörige. Wer aber aggressiv ist und damit die Gesellschaftsordnung in Frage stellt, der wurde und wird überall und immer in die Schranken gewiesen: eingesperrt, angekettet oder ausgestoßen. Eine ursächliche Behandlung hirnorganischer Krankheitsursachen ist erst seit dem 20. Jahrhundert möglich. Aus westlicher Sicht in die Psychotherapie einzuordnende Therapien sind universell seit Jahrtausenden beschrieben.

Je komplizierter das Zusammenleben wird, je weiter die Arbeit geteilt wird, je wichtiger die kognitive und emotionale Anpassung und Leistung des Einzelnen werden, desto schwerer haben es psychisch kranke Menschen. Auf der anderen

Seite machte die Industrialisierung und die weitere Entwicklung zur Dienstleistungsgesellschaft viele Gesellschaften in historisch nie da gewesenem Maße reich, so dass auch unproduktive, leidende Menschen viele Ressourcen zur Verfügung gestellt bekommen, vor allem natürlich dann, wenn eine erfolgreiche Behandlung eine Wiedereingliederung in die gesellschaftlichen Funktionen erhoffen lässt. Im Rahmen der Industrialisierung und weiteren Entwicklung sind aber auch viele Menschen ökonomisch und sozial verelendet, und dieses Elend trägt in großem Maße zu psychischen Erkrankungen und zum Missbrauch von Rauschmitteln bei. Mehrfach entstanden sozialpsychiatrische Bewegungen, zuletzt im letzten Drittel des 20. Jahrhunderts. Diese hatte teils auch den Anspruch, „Antipsychiatrie" zu sein, indem sie die Kranken aus der Psychiatrie heraus und in die Alltagsgesellschaft zurück führen wollten. Heute greifen vielfältige Ansätze der gemeindenahen Psychiatrie auf solche Konzepte zurück, fügen sie aber in ein umfassendes psychiatrisches Versorgungskonzept ein. In derselben Zeit verschärfte sich auch die Drogenproblematik dramatisch. Hippiekultur und Vietnamkrieg hatten ganz neue „Szenen" illegaler Drogen entstehen lassen, die heute stark von weltweiten kriminellen, ökonomischen Interessen geprägt werden. Die meisten Staaten reagieren heute mit einer Mischung aus Repression und Therapie einerseits und akzeptierender Sozialer Arbeit andererseits (zur Geschichte der Psychiatrie vgl. Schott/Tölle 2006).

# Rahmenbedingungen

## Gesellschaftliche Rahmenbedingungen

Im heutigen Deutschland (und vergleichbaren Industriestaaten) wird jedem einzelnen Menschen eine unveräußerliche Menschenwürde zugesprochen, und auf dieser Basis fühlen wir für alle kranken Menschen Mitverantwortung und sind bereit, viel für sie zu tun. Durch Einfühlungsvermögen haben auch (fast) alle Menschen Mitleid mit den kranken Mitmenschen und sind prinzipiell hilfsbereit. Manche psychisch Kranken haben aber ein ganz besonderes Problem: ihre Störung wird nicht als Krankheit erkannt. Krankheiten können so schwer zu verstehen sein – und das ist keineswegs selten –, dass nicht einmal die erkrankte Person ihre eigene Krankheit erkennt, auch nicht die Angehörigen, und schon gar nicht fernere Mitmenschen. Weiterhin können Krankheiten so tabuiert sein, dass sie nie oder fast nie gesellschaftlich sichtbar werden. Gegenüber leichteren psychischen Erkrankungen gibt es zudem eine große Toleranz. All dies sind Gründe, dass epidemiologische Studien eine viel größere Krankheitshäufigkeit zeigen, als gesellschaftlich sichtbar wird. Manche Krankheiten, die von der Fachwelt eindeutig diagnostiziert werden, werden darüber hinaus von der Gesellschaft nicht anerkannt. Ein gesellschaftlicher Prozess legt immer wieder neu fest, welche Arten von Erleben und Verhalten als abnorm oder als Krankheit angesehen werden – ein Beispiel hierfür ist die Anerkennung und daher Entkriminalisierung der Alkoholkrankheit durch das Bundessozialgericht 1968 (Möller et al. 2009: 309) –, wie die Gesellschaft diese Information verbreitet und wie sie mit den betroffenen Menschen umgeht. Dies gilt auch für den Gebrauch psychoaktiver Substanzen oder andere suchtriskante Verhaltensweisen, die zulässigen Konsumgelegenheiten, die akzeptierten Mengen und auch die Auswahl der Menschen, denen man einen Konsum zugesteht. Nikotin als Volksdroge wird zunehmend staatlich bekämpft, wobei es allerdings eigentlich um das Rauchen geht, dessen zahlreiche Schadstoffe für die meisten substanzbedingten Todesfälle verantwortlich sind. Alkohol wird hochgradig ambivalent behandelt: einerseits als wichtiges Kulturgut, andererseits als Suchtstoff. Er bildet heute das wichtigste sozialmedizinische Problem, wird allerdings langsam durch Essstörungen im Sinne von Überernährung abgelöst.

Die soziale Versorgung psychisch kranker Menschen wird traditionell vor allem von ihren Familien geleistet. Da stabile Familienverbünde immer weniger werden (vgl. Rademacher 2007 in www.destatis.de), müssen ihre Hilfen durch professionelle Leistungen ersetzt werden.

Ethisch gerät die Gesellschaft gegenüber psychische Kranken und Abhängigkeitskranken immer wieder in das Dilemma von Selbstbestimmungsrecht (damit aber auch Verantwortung und juristischer Schuld) versus heilsamem oder die anderen schützendem Zwang.

## Politische Rahmenbedingungen

Die politisch Mächtigen spielen selbstverständlich die Hauptrolle bei diesem gesellschaftlichen Prozess. Parteien oder Fachpolitiker, Meinungsführer und Medien bestimmen, wo Grenzen zu ziehen sind und welche Ressourcen zur Verfügung gestellt werden. Im kleineren örtlichen, zeitlichen oder subkulturellen Rahmen können sich diese Grenzen und Ressourcen unterscheiden, etwa zwischen weltanschaulichen Gruppierungen und in geringerem Maße auch bei unterschiedlichem Wohlstandsniveau und Zugang zu Informationsressourcen.

## Rechtliche Rahmenbedingungen

Die Politik bestimmt die rechtlichen Rahmenbedingungen. Auf der Basis geteilter Weltanschauung, die historisch gewachsen und philosophisch unterfüttert ist, prägt ein ausgefeiltes und aufwändiges Rechtssystem den Umgang mit Andersartigkeit, wie sie psychische Erkrankung in besonderem Maße darstellt. Strafrecht, Sozialrecht und viele andere Rechtsfelder betreffen psychisch kranke Menschen mehr noch als körperlich kranke Menschen. Strafrecht (Schuldfähigkeit in §§ 19, 20 StGB, Maßregelvollzug in §§ 61 ff.), Betäubungsmittelrecht (BtMG) und Schweigepflicht (§ 203 StGB, Standesrecht, Beamtenrecht, Arbeitsrecht, Kirchenrecht, Sozialgeheimnis § 35 SGB I)) bzw. Zeugnisverweigerungsrecht (§ 53 StPO) spielen in der sozialen Praxis eine große Rolle zwischen einerseits der Verbrechensbekämpfung und andererseits der Vertraulichkeit als Therapievoraussetzung. Fehlverhalten kann als Straftat oder als Krankheitssymptom eingeordnet werden, mit oder ohne Schuld und Verantwortung (vgl. Roth/Grün 2006, Singer 2006, s. u.). Fast alle einschlägigen Gesetze gelten bundesweit. Ausnahme sind die landesspezifischen Unterbringungsgesetze (UBG) zur Zwangseinweisung.

## Finanzielle Rahmenbedingungen

Die Politik bestimmt, welche krankheits- und gesundheitsbezogenen Lebensbereiche wie viel Geld bekommen. In der Regel sind die wichtigsten Kostenträger die Kranken- und Rentenversicherungen und staatliche Transferleistungen, aber auch die Kranken selbst mit ihren privaten Mitteln und in oft unterschätztem Maß ihre Familien. Krankenversicherungen finanzieren vor allem akute Behandlungen, Rentenversicherungen die Rehabilitation (z. B. Waller 2007). Die Rehabilitation ist nach Einschätzung vieler Experten für leichter psychisch Kranke besser ausgebaut als für schwer psychisch Kranke. Vielen psychosomatisch-psychotherapeutischen Kliniken und ambulanten Therapeuten stehen wenige Einrichtungen und ambulante Therapeuten für chronisch psychotische Patienten gegenüber. Die Rehabilitation für Alkoholkranke ist vergleichsweise gut ausgebaut. Frühe, schwere Erkrankung führt in der Regel zu schlechter Ausbildung, dann zu Arbeitslosigkeit und Armut (und Leistungen der Familien oder Sozialhilfe), in vielen Fällen auch zu Verelendung. Arme, schwer Abhängigkeitskranke finanzieren teure Drogen oft über Kriminalität und Prostitution. Ein großes Problem ist der massive Kostendruck innerhalb des Gesundheitssystems.

## Medizinische Rahmenbedingungen

Alle Krankheiten werden in Deutschland nach dem internationalen Diagnosensystem ICD eingeordnet, psychische Krankheiten darüber hinaus oft nach dem US-amerikanischen System DSM. Damit hat die Medizin die wichtigste Definitionsmacht. Beide Systeme werden nach wissenschaftlichen Erkenntnissen im Konsens von Fachgruppen fortgeschrieben. Abhängigkeitskrankheiten listet die internationale Medizin unter den psychischen Erkrankungen. Die Kategorie der „psychischen“ Erkrankungen ist in vielen Bereichen unklar, teils widersprüchlich, also vielfach vorläufig. Zur Zeit wird ein „biopsychosoziales“ Krankheitsmodell favorisiert, dessen Logik und Anteile oft wenig schlüssig und nicht trennscharf sind (für einen Überblick vgl. die Lehrbücher von Berger 2009 und Möller 2009). Insbesondere trägt die Erforschung der körperlichen Grundlagen („Neuroscience“) in rascher Folge wichtige neue Erkenntnisse bei. Die Sachlage ist so komplex und erfordert so viel biologisches Wissen, dass in der Öffentlichkeit, teils auch der angrenzenden Fachöffentlichkeit, viele gänzlich falsche Vorstellungen oder zumindest grobe Missverständnisse verbreitet sind. Viele Äußerungen und Handlungsweisen psychisch kranker Menschen sind für gesunde Menschen nicht einfühlbar. Viele Kranke leiden unter mehreren Störungen zur gleichen Zeit („Komorbidität"). Ein annäherndes Verständnis setzt viele Jahre der Arbeit mit diesen Kranken voraus. Entsprechend schwierig sind die Entscheidungen, welche biologischen, psychologischen und sozialen Behandlungsformen gewählt werden sollen.

### Organisatorische Rahmenbedingungen

Die sozialarbeiterische Versorgung und Hilfe für psychisch kranke und abhängigkeitskranke Menschen bewegt sich vor allem im Bereich der allgemeinen sozialen Hilfen und im ambulanten und stationären Gesundheitswesen. Die stationären Einrichtungen sind noch einigermaßen übersichtlich organisiert mit staatlichen, frei gemeinnützigen (oft kirchlichen) und zunehmend privaten Trägern. Die Verbände der freien Wohlfahrtspflege organisieren und tragen viele Dienste und Angebote. Ambulante Einrichtungen werden von den gleichen Trägern, aber auch von einer unüberschaubaren Vielzahl von Initiativen, Selbsthilfegruppen, lokalen und regionalen Einrichtungen betrieben, leider oft in Form von zeitlich nur begrenzt finanzierten Projekten. Um diese Vielfalt mit ihren ganz unterschiedlichen Berufsgruppen und Finanzierungsstrukturen zu koordinieren, gibt es wiederum eine Vielfalt von unterschiedlich legitimierten und unterschiedlich verbindlichen Gremien und Integrationsverträgen.

Für zentrale Diagnose- und Behandlungsformen ist eine besondere staatliche Zulassung (Approbation) erforderlich, die fast immer ein volles Universitätsstudium bis zum Staatsexamen oder Diplom/Master und ggf. Zusatzausbildungen voraussetzt: Medizin für medizinische Diagnostik, Medikation und andere biologische Therapieverfahren und eine Psychotherapieweiterbildung auf der Basis eines Medizin- oder Psychologiestudiums. Präventionsarbeit (im Rahmen von Gemeinwesenarbeit) wird vor allem bundesweit mit Staatsmitteln geleistet, aber auch auf lokaler Ebene in Kooperationen verschiedener Gruppen, von Kommunen über Schulen und Sportvereine bis zur offenen Jugendarbeit.

## Aktuelle Entwicklungen und Fragestellungen

Unter den psychischen Erkrankungen nimmt zur Zeit vor allem die Demenz zu: die Menschen werden immer älter, aber in den hohen Lebensjahren leistet die Hirnrinde immer weniger, während in den tieferen Hirnbereichen die wichtige Überlebenssteuerung noch funktioniert. Zahlreiche Studien weisen darauf hin, dass Krankheiten auf Grund psychischer Überlastung zunehmen (z. B. Burnout), aber wegen schwieriger Ursachenforschung und vielen Problemen der epidemiologischen Erhebungen sind viele Daten und Interpretationen umstritten (so passt es nicht zur angeblich starken Zunahme von Depressionen, dass die Suizide abnehmen). Versicherungen legen viele neue Daten vor (z. B. DÄ 108/37, S. 110, S. C 1596). Sie sind aber von großen Dunkelziffern verfälscht und von vielen Fehlerquellen betroffen. So hängen sie u. a. von der Zahl der Leistungsanbieter (wo es viele Psychotherapeuten gibt, gibt es viele psychisch Kranke) und von der öffentlichen und fachöffentlichen Wahrnehmung/Diagnosestellung/Tabuierung ab, die sich alle in den vergangenen Jahren sehr geändert haben. Suchtdaten legt regelmäßig die Deutsche Hauptstelle für Suchtfragen DHS in ihren Jahrbüchern vor. Bei den Abhängigkeitserkrankungen zeigt sich ein gemischtes Bild: der Nikotinmissbrauch nimmt ab, der Alkoholmissbrauch in manchen Bevölkerungsgruppen ab, in anderen zu, der Medikamentenmissbrauch bleibt sehr hoch, zunehmend jetzt auch im Bereich der psychischen Leistungssteigerung (Neuroenhancement); illegale Drogen werden immer wieder chemisch abgewandelt und neu erfunden. Relativ neu ist die Medienabhängigkeit, also die Abhängigkeit von elektronischen Spielen und dem Internet (vgl. Möller et al. 2009: 380 f). Juristisch aktuell ist die langfristige Unterbringung psychisch kranker Rechtsbrecher in der forensischen Psychiatrie (Maßregelvollzug, Sicherungsverwahrung (§§ 129–136 StVollzG). Von großer Brisanz ist die aktuelle neurobiologische Diskussion, ob es überhaupt einen freien Willen gibt und welche Schlüsse daraus für die moralische oder juristische Einordnung von Fehlverhalten zu ziehen sind (vgl. Roth/Grün 2006, Singer 2006). Bisher wird dieser freie Wille ja vielen psychisch Kranken teils oder ganz abgesprochen, Gesunden aber zugesprochen, obwohl die hirnorganischen Prozesse prinzipiell gleich sind. Weiterhin hochaktuell sind die weltweiten Migrationsströme, die auch in Deutschland eine Vielfalt von Krankheitskonzepten und Therapie- und Betreuungserwartungen zur Folge haben (Machleidt/Heinz 2010).

## Konzepte und Methoden

Da psychische Krankheiten alle Lebensbereiche betreffen und da viele unterschiedliche Akteure auf diesem Gebiet tätig sind, werden hier nahezu alle Konzepte und Methoden der Sozialen Arbeit eingesetzt. In der Suchtprävention finden Konzepte sozialraumorientierter Gemeinwesenarbeit und Netzwerkarbeit Anwendung (Sting/Blum 2003), z. B. beim Aufbau einer Festkultur im öffentlichen Leben eines Gemeinwesens. Organisatorisch schlägt sich die sozialräumliche Sicht in der Bildung kommunaler Arbeitskreise z. B. zur Suchtprävention, aber auch in Verbundlösungen zur integrierten Versorgung im Suchtbereich (Baudis 2007) und in der gemeindenahen Psychiatrie (Bosshart/Ebert/Lazarus 2010) nieder. Soziale Einzelhilfe als direkte personenbezogene Hilfeform und als Beziehungsangebot hat einen hohen Stellenwert in jeder Phase eines Betreuungs-, Beratungs- und Behandlungsprozesses. Neben den grundlegenden Schrittfolgen und Methoden von Fallarbeit (Müller 2009) und Beratung (Belardi 2007) ist es gerade im Suchtbereich nötig, sich mit dem Aufbau von Behandlungsmotivation auseinanderzusetzen. Hier ist der Ansatz der Motivierenden Gesprächsführung (Miller/Rollnick 2009) eine wichtige Hilfe. Case-Management ist ein wichtiger Ansatz zur Koordination und Steuerung der Vielfalt oft konkurrierender Hilfeangebote in Zusammenarbeit mit dem Klienten und allen anderen Beteiligten (Bosshart/Ebert/Lazarus 2010).

Mit Entwicklung einer akzeptierenden Haltung in der Drogenarbeit wurden in den 1980er Jahren Angebote und Einrichtungen wie Kontaktläden, Notschlafstellen u. ä. geschaffen, die Drogenabhängige zumindest in ihrer Sucht stabilisieren, Gesundheitsrisiken und HIV-Infektionsrisiken eindämmen und allgemeine Überlebenshilfen im Sinne einer Schadensminimierung (harm reduction) anbieten sollten. In diesem Zusammenhang wurden Ansätze von Streetwork, niederschwelliger Drogenarbeit und aufsuchender Hilfen z. B. im Strafvollzug entwickelt und ausgebaut (Böllinger/Stöver 2002, Jungblut 2004). Die Vermittlung von rechtlichen, finanziellen und sozialen Hilfen ist sowohl in der Suchtkrankenhilfe als auch in der Psychiatrie wichtiger Bestandteil der Sozialen Einzelhilfe im Kliniksozialdienst, in der Suchtberatungsstelle, im Sozialpsychiatrischen Dienst, aber auch in in der betrieblichen Sozialberatung.

Soziale und sozialtherapeutische Gruppenarbeit sind integraler Bestandteil von Beratung, Psychoedukation und Behandlung in Offenen Treffs, Tagesstätten, Beratungsstellen, Rehakliniken und Übergangseinrichtungen, Nachsorgeeinrichtungen und bei Freizeitangeboten. Mit entsprechender, von den Rentenversicherungsträgern anerkannter Zusatzausbildung zum Sozialtherapeuten sind Sozialarbeiter und Sozialarbeiterinnen in den ambulanten und stationären Einrichtungen der Suchtkrankenhilfe auch psychotherapeutisch tätig (Schuhler/Vogelsang 2006).

## Exemplarischer Fall Tobi M.

Aktennotiz Drogenberatungsstelle vom 11. 2. 2010
Tobi M. kommt erstmals in die Drogenberatungsstelle (DROBS) in Freiburg. Er erzählt, dass er von seiner Bewährungshelferin Frau L. geschickt worden sei und sich hierfür eine Bescheinigung ausstellen lassen solle.

Herr M gibt an, 22 Jahre alt und vor zwei Jahren zu einer Bewährungsstrafe verurteilt worden zu sein. Er sei wegen des Handels mit Betäubungsmitteln (Cannabis) zu einer Haftstrafe von 12 Monaten verurteilt worden. Diese sei auf drei Jahre zur Bewährung ausgesetzt.

Angesprochen auf sein eigenes Anliegen am Gespräch in der Beratungsstelle gibt Herr M. an, dass er in letzter Zeit angefangen habe, Heroin zu rauchen. Dies mache ihm Sorgen, und er wisse nicht genau, ob er hiervon schon körperlich abhängig sei.
Ich bescheinige Herrn M. das Gespräch für Frau L.

Aktennotiz vom 18.2.2010
Herr M. kommt zum vereinbarten Termin. Im Laufe des ca. einstündigen Gesprächs erzählt er aus seiner Biographie:

Er sei als drittes von acht Kindern seiner Eltern in Freiburg geboren. Seine Kindheit sei durch räumliche Enge, bedingt durch die vielen Geschwister, geprägt gewesen. Nach wie vor lebten seine Eltern mit fünf seiner Geschwister in einer kleinen Drei-Zimmer-Wohnung. Sein Vater sei als LKW Fahrer immer viel unterwegs gewesen und die Mutter habe sich um die Kinder und den Haushalt gekümmert.

Bei seinen Geschwistern und den Eltern sei ihm keine Abhängigkeitserkrankung bekannt. Zu seiner Familie habe er mittlerweile wieder einen recht guten Kontakt, vor allem die Beziehung zu seiner Mutter habe sich im Laufe des letzten Jahres verbessert und sie träfen sich nun wieder regelmäßig.

Mit sechzehn Jahren sei er von zu Hause ausgezogen. Er habe ca. im zwölften Lebensjahr erstmals Cannabis konsumiert. Ab dem vierzehnten Lebensjahr sei dieser Konsum sehr regelmäßig geworden, fast täglich, auch während der Schule. Seinen Hauptschulabschluss habe er leider nicht geschafft. Im vierzehnten Lebensjahr sei bei ihm ADHS diagnostiziert worden, die verschriebenen Medikamente habe er aber nur ein halbes Jahr lang genommen. Zu dieser Zeit habe er mit Freunden angefangen, kleinere Diebstähle zu organisieren. Im Zuge dessen habe er im Alter von achtzehn Jahren erstmals eine einjährige Jugendstrafe wegen verschiedener Eigentumsdelikte verbüßen müssen.

Angesprochen auf seinen sonstigen Drogengebrauch gibt er an, mit verschiedenen Substanzen wie z. B. Extasy, LSD oder Amphetaminen eine Zeit lang experimentiert, diese aber nie regelmäßig über einen längeren Zeitraum genommen zu haben.
Seit ca. einem viertel Jahr nehme er immer mal wieder Heroin, ca. ein bis zweimal die Woche, dazu konsumiere er täglich Cannabis.

Herr M. gibt darüber hinaus an, im Alter von 20 Jahren für ca. vier Wochen im Zentrum für Psychiatrie gewesen zu sein. Es sei ihm in dieser Phase nicht gut gegangen, er habe eine richtige Lebenskrise gehabt und sogar an Selbstmord gedacht. Danach habe er bis vor einem dreiviertel Jahr von seinem Arzt Dr. M. Antidepressiva verschrieben bekommen, welche er auf eigene Verantwortung abgesetzt habe.

Im Alter von 21. Jahren sei er Vater eines Sohnes (Nico) geworden. Von der Mutter habe er sich ein halbes Jahr nach der Geburt getrennt, sie seien von Anfang an mit ihrer Beziehung und dem Neugeborenen überfordert gewesen. Mittlerweile werde Nico von der Mutter seiner Ex-Freundin und ihr selbst versorgt. Er sehe seinen Sohn selten, was ihn sehr belaste. Er wünsche sich, den Kontakt wieder zu intensivieren.

Aktennotiz DROBS vom 25.2.2010
Herr M. erscheint pünktlich zum vereinbarten Termin. Das Gespräch dreht sich zunächst um seinen derzeitigen Konsum von illegalen Drogen. Er spricht selbst seinen Cannabisgebrauch an und reflektiert diesen zum Teil kritisch in Bezug auf die Wirkungsweisen bzw. Folgen, welche er für sich damit verbindet.

Er erwähnt, dass er sich „bekifft" kaum mehr unter Menschen traue; selbst wenn er nur im Bus sitze, habe er das Gefühl, alle würden ihn „anstarren". Seine Post würde er gar nicht mehr öffnen, weil er Angst vor schlechten Nachrichten habe. Oftmals bliebe er bis nachmittags im Bett, fühle sich antriebsarm und unmotiviert, etwas zu unternehmen.
Im Laufe der Jahre habe er sich immer mehr sozial isoliert, viele Freunde seien längerfristig auf andere Drogen umgestiegen. Zwei seiner besten Jugendfreunde hätten im Laufe des exzes-

siven Konsums verschiedener Drogen eine Psychose entwickelt und sich später selbst getötet. Dies würde ihn immer noch sehr belasten.

Andererseits würde er die Wirkung des Cannabis auch sehr schätzen. Es beruhige ihn, er sei dann nicht so zappelig, könne gut einschlafen und stehe nicht so unter Spannung. Als er einmal eine Woche nichts zu rauchen gehabt habe, sei er zunehmend gereizt und genervt gewesen und habe unter starken Schlafstörungen gelitten. Ferner beunruhige ihn, dass er kaum noch Appetit habe. Wenn er etwas zu sich nehme, bekomme er oft Brechreiz, und er glaube, er leide an Untergewicht.

Angesprochen auf seine Ziele bezüglich seines Drogengebrauchs gibt er an, den Cannabiskonsum reduzieren/kontrollieren bzw. eventuell ganz beenden zu wollen. Im Moment rauche er allerdings von morgens bis abends. Heroin habe er in der letzten Woche nicht mehr konsumiert und wolle dies auch nicht mehr tun.

Ich kläre Herrn M. über verschiedene Möglichkeiten des ambulanten sowie stationären Drogenhilfesystems seine Ziele betreffend auf.

Bis zur Klärung über die weitere Vorgehensweise vereinbaren wir, uns einmal wöchentlich zu einem Gespräch zu treffen.

Aktennotiz DROBS 2. 3. 2010
Herr M erscheint nicht zum vereinbarten Termin.

Aktennotiz DROBS 14. 4. 2010
Herr M. erscheint in der offenen Sprechstunde. Er erzählt, dass er nunmehr seit vier Wochen nicht mehr gekifft und auch sonst keine Drogen zu sich genommen habe. Diese Zeit sei alles andere als einfach gewesen. Am Anfang sei er total aggressiv gewesen und habe seine halbe Wohnungseinrichtung demoliert. Etwa nach einer Woche sei es ihm langsam besser gegangen, und mittlerweile fühle er sich auch schon einigermaßen gut.

Aktennotiz DROBS 18. 4. 2010
Herr M. erscheint zum vereinbartenTermin. Das Gespräch dreht sich zunächst um die Beendigung des Cannabiskonsums. Die Vor- und Nachteile des Konsums bzw. der Einstellung desselben werden diskutiert.
Ich schlage Herrn M. vor, „Realize it", ein Programm zur Regulierung des Cannabiskonsums, in unserer Einrichtung wahrzunehmen. Hierzu würden wir uns mindestens zu fünf Terminen über 10 Wochen treffen und dann weiter entscheiden, wie wir mit der Beratung fort fahren würden. Herr M. gibt an, dies wahrnehmen zu wollen.

Aktennotiz DROBS 1. 5. 2010
Herr M. erscheint zum vereinbarten Termin. Er wirkt sehr aufgelöst und zeigt mir zunächst ein Schreiben der Staatsanwaltschaft Freiburg, in dem er beschuldigt wird, im letzten Jahr mehrmals mit Cannabisprodukten Handel getrieben zu haben. Hierbei gehe es insgesamt um eine Menge von ca. 300 g. Die Anzeige komme seiner Meinung nach auf Grund einer Aussage eines Bekannten zustande, welcher vor ca. einem halben Jahr verhaftet worden sei und seitdem in Untersuchungshaft sitze. Er selbst habe von dieser Person mehrmals etwas erworben.

Jedenfalls habe er total Angst, dass seine Bewährungsstrafe widerrufen werden könne und das gerade jetzt, wo er doch mit dem Kiffen aufgehört habe und er sich auch sonst endlich mal wieder um seine Angelegenheiten kümmere. In den letzten beiden Wochen habe er seine ganze Post sortiert und wolle sich jetzt endlich um die offen stehenden Schulden kümmern. Er habe bei der Jugendagentur zwecks Arbeit nachgefragt und sich auch im Fitnessstudio angemeldet, und dann sei gestern dieser Brief gekommen.

Wir vereinbaren, dass sich Herr M. mit Rechtsanwalt J. in Verbindung setzt, welcher ihn schon in früheren Angelegenheiten vertreten hat. Ich lasse mir eine Schweigepflichtsentbindung für Herrn J. geben. Es wird ein weiterer Termin für die kommende Woche vereinbart, an dem mit dem Programm „Realize it" begonnen werden soll.

Aktennotiz Telefonat mit Rechtsanwalt J., 2. 5. 2010
Absprache mit Anwalt J. Dieser gibt zu verstehen, dass es durchaus kritisch ausgehen könne, was eine mögliche Haftstrafe betrifft. In jedem Fall solle M. bis zur ausstehenden Hauptverhandlung in drei Monaten auch seitens der DROBS auf alles vorbereitet sein und Termine wahrnehmen.

(Wir danken Marc Funke von der DROBS Freiburg für diesen realen, anonymisierten Fall aus der Praxis)

## Fallbearbeitung Tobi M.

Das Vorgehen in der Fallbearbeitung orientiert sich an drei Grundschritten: Ausgehend von einer Situationsanalyse kommt man zu einer Einordnung der Problemlage (s. a. Müller 2009). Dies ist Grundlage der sozialarbeiterischen Intervention.

### Problemwahrnehmungen

Die beteiligten Akteure und Institutionen sehen die Problematik von M. aus unterschiedlichen Sichten: Der Klient selbst steht unter Bewährung. Er sieht sich dem Druck der Bewährungshelferin ausgesetzt, die auf die Einhaltung von Bewährungsauflagen dringt. M. selbst weiß um die Problematik seines Cannabiskonsums und sucht nach Klarheit über das Ausmaß seiner Heroinabhängigkeit. Ansonsten benennt er Antriebsarmut, Isolation, Unruhe und Schulden als Teil seiner Problematik. Die Staatsanwaltschaft ermittelt wegen Handels mit illegalen Drogen und Verstößen gegen das BtMG. Dies ist in Zusammenhang mit Verurteilung wegen diverser Eigentumsdelikte in der Vorgeschichte zu sehen. Für den Rechtsanwalt geht es darum, in der anstehenden Hauptverhandlung die Verurteilung zu einer Haftstrafe zu vermeiden. Bei der Jugendagentur ist M. als arbeitssuchend gemeldet.

### Auftragsklärung

Die Zuständigkeit zur Hilfe ist für die Drogenberaterin/den Drogenberater gegeben, denn Einrichtungen der Drogenberatung haben folgende Aufgaben: Krisenintervention, Motivationsarbeit, Unterstützung bei Alltagsbewältigung (z. B. durch tagesstrukturierende Maßnahmen, Arbeitsprojekte), Zugang zur gesundheitlichen Basisversorgung, Motivationsaufbau, psychosoziale Betreuung, Therapievermittlung oder ambulante Therapie, Vermittlung zu anderen Diensten, Netzwerkarbeit, Substitutionsbegleitung, Schuldnerberatung.

Allerdings müssen in der Planung der Hilfen mögliche Rollenkonflikte berücksichtigt werden:

- Im Kontakt mit der Bewährungshelferin kollidieren möglicherweise unterschiedliche Aufträge. Die Bewährungshelferin hat gegenüber ihrem Probanden ein doppeltes Mandat, denn sie hat die Aufgabe der Hilfe für den Probanden und Kontroll- und Berichtspflichten gegenüber dem Gericht (Schaitl/Klug 2005). Daraus erwachsen unterschiedliche Interessen bei der Verwertung von Fallinformationen und bei der weiteren Hilfeplanung.
- Der Rechtsanwalt wird bestrebt sein, für seinen Klienten möglichst günstige Voraussetzungen in der Hauptverhandlung zu erreichen. Stellungnahmen des Sozialarbeiters, welche der Rechtsanwalt in der Hauptverhandlung einbringen möchte, könnten hier zu einseitigen „Gefälligkeitsgutachten“ entwertet werden. Der Drogenberater wird darauf achten müssen, dass die fachliche Unabhängigkeit der Stelle auch vor Gericht weiter gewahrt bleibt.

## Bausteine einer psychosozialen Diagnose

Entsprechend der Trias der Faktoren zur Entwicklung einer Abhängigkeit (Soyka/Küfner/Feuerlein 2008) sind folgende Einflüsse bei Tobi M. zu verzeichnen:

Individuum: M. erfuhr möglicherweise zu wenig Fürsorge in der von Enge und Überlastung gekennzeichneten Welt, in der er aufwuchs. Durch die häufige Abwesenheit des Vaters fehlte die männliche Identifikationsfigur, die Mutter war mit der alleinigen Versorgung der Familie vermutlich überfordert. In der psychischen Entwicklung fallen die ADH-Symptomatik und die beschriebene, aber möglicherweise noch nicht psychiatrisch abgeklärte, depressive Symptomatik auf. M. beschreibt sich als emotional labil und zeigt bei anstehenden Entwicklungs- und Reifungsschritten Rückzugs- und Vermeidungsverhalten. Insofern ist eine Störung auf der Stufe der Identitätsbildung nach Erik H. Erickson zu verzeichnen: Es entwickelt sich keine stabile Ich-Identität im Wahrnehmen neuer Rollen, der Rückhalt in der Peergroup erhält kompensierende Funktion. Innere Krisen gehen hier durchaus auch mit Suizidabsichten einher. Der früh begonnene, regelmäßige, hohe Cannabiskonsum hat zusammen mit härteren Drogen wahrscheinlich Hirnschädigungen bewirkt und damit Motivierbarkeit und Tatkraft deutlich gemindert.

Gesellschaft und sozialer Nahraum: Das soziale Umfeld ist für M. die Drogenszene. Er sucht die Integration in einer Peergroup. Die Drogenszene gibt ihm allerdings keine Stabilität, sondern scheint den Drogenkonsum bei ihm erheblich gesteigert zu haben. Bei zwei Bekannten erlebt er psychotischen Dekompensationen und Suizid. Der frühe Cannabiskonsum steht in Verbindung zur Ausbildung delinquenten Verhaltens. Von zwei Haftstrafen steht mindestens die zweite direkt in Zusammenhang mit Drogenkonsum und Beschaffungskriminalität. Ein festes Arbeitsverhältnis oder andere regelmäßige Einkünfte und Zeitstrukturen fallen als stabilisierende Faktoren aus. Bei der Herkunftsfamilie ist zumindest der Kontakt zur Mutter wieder hergestellt. Scheinbar ist sie der einzige Kontakt zu einem Netzwerk außerhalb der Drogenszene.

Droge: M. testet im Laufe seiner Suchtentwicklung zwar auch aufputschende Drogen, bleibt aber nach eigenen Aussagen vorwiegend beim Cannabis, dessen dämpfende Wirkung er seit Auffälligwerden seiner ADH-Symptomatik sucht. Cannabis wird hier möglicherweise als Selbstmedikation eingesetzt. M. berichtet allerdings paranoide Zustände, wenn er „bekifft" sei.

Bewertung der Suchtproblematik: Bei M. sind die Tendenz zur Dosissteigerung, der Zwang zum Konsum, eine Entzugssymptomatik, die Einschränkung von sozialen, beruflichen und Freizeitaktivitäten und der fortgesetzte Substanzmissbrauch trotz anhaltender psychischer Probleme über einen Zeitraum von mehr als zwölf Monaten zu verzeichnen. Damit sind die wesentlichen Kriterien für das Vorliegen einer Abhängigkeit nach ICD-10 erfüllt. Es liegt eine Cannabisabhängigkeit in Verbindung mit Probierkonsum von Extasy, LSD und Amphetaminen sowie Missbrauch von Heroin vor. Es muss von einer Mehrfachabhängigkeit (Polytoxikomanie) ausgegangen werden.

M. nimmt nahezu alle Termine in der DROBS wahr und zeigt bisher eine deutliche Motivation zum Ausstieg aus seiner Abhängigkeit und zur Veränderung seiner sozialen Situation. Ob dies aber schon für eine eigenständige Beratungs- und Behandlungsmotivation spricht, ist allerdings noch zu prüfen, da der Ausgangspunkt der Beratungskontakte die Aufforderungen der Bewährungshelferin waren. Verschiedene signifikante Unklarheiten in der Beschreibung der eigenen sozialen Situation – so z.B. die unklare Finanzsituation, das wahre Ausmaß der Integration in die Drogenszene – deuten allerdings darauf hin, dass noch nicht alle relevanten Informationen offen gelegt sind. Zur weiteren diagnostischen Problemklärung wäre außerdem noch zu erheben, welches die Gründe und Umstände des Auszugs aus dem Elternhaus waren und ob nicht vielleicht auch Geschwister ihn auf die eine oder andere Weise unterstützen könnten.

## Rechtliche Einschätzung

Bei der Anklage handelt es sich um einen Verstoß gegen § 29 BtMG Abs. 1, Nr. 1 und 3. Dabei wird auch ein Verstoß gegen § 29 BtMG Abs. 3 Nr. 1 und 2 und gegen § 29 a BtMG geprüft werden. Ist der Vorwurf des Besitzes und Handels mit größeren Mengen von illegalen Drogen stichhaltig, kommt ein Absehen von der Verfolgung nach § 31 a BtMG nicht in Betracht. Dies umso mehr als der Klient auch einige Vorstrafen aufweist. Bleibt das Strafmaß unterhalb von 2 Jahren Gesamtstrafe trotz der Einbeziehung der bisherigen Bewährungsstrafe, greifen die Möglichkeiten der Zurückstellung der Strafvollstreckung nach § 35 BtMG Abs. 1 und 3. Allerdings kommt der § 35 BtMG nur dann in Betracht, wenn die Suchtproblematik ursächlich für die Delikte ist. Eine mögliche Behandlung der Suchtproblematik wäre als Leistung der medizinischen Rehabilitation (§ 26 SGB IX) von der gesetzlichen Krankenkasse nach § 40 SGB V oder vom Sozialhilfeträger nach § 54 SGB XII zu tragen. Der Rentenversicherungsträger wäre für Leistungen der medizinischen Rehabilitation nach § 15 SGB VI zwar ebenfalls zuständig und dies sogar vorrangig, allerdings sind nach dem derzeitigem Sachstand die erforderlichen Pflichtbeitragszeiten nach § 11 SGB VI nicht erfüllt. Der beratende Sozialarbeiter muss seine beruflichen Verschwiegenheitspflichten nach § 203 Abs. 1 StGB z. B. gegenüber Bewährungshelferin und Rechtsanwalt beachten und braucht zu allen Offenbarungen von persönlichen Angaben die einzelfallbezogene Einwilligung des Klienten. Mit Blick auf Interessenkollisionen im Rahmen eines doppelten Mandats ist die Wahrung der Verschwiegenheit gerade in der Zusammenarbeit mit der Bewährungshelferin von besonderer Bedeutung.

## Ressourcen und Einschränkungen

Ressourcen: M. weist eine produktive Alarmierung auf Grund des eskalierten Drogenkonsums bei Freunden auf. Er hat eine klare Sicht auf die weiteren Folgen des Konsums und ist bei guter Introspektionsfähigkeit dazu in der Lage, diesen zumindest zu drosseln. Die Sorge um die eigene Gesundheit drückt sich auch darin aus, dass er den Vorsatz zum regelmäßigen Fitnesstraining ergriffen und sich im Fitnessstudio angemeldet hat. Seine Zuverlässigkeit und Bereitschaft, soziale Hilfen anzunehmen, drücken sich im weitgehenden Einhalten der vereinbarten Termine aus. Er zeigt den Vorsatz und ist nach eigenen Aussagen dazu in der Lage, sich von denjenigen Freunden zu distanzieren, die noch in der Drogenszene sind. Soziale Stützung erfährt er durch den Kontakt zur Mutter, außerdem äußert er den Wunsch nach stabilem Kontakt zu seinem Sohn Nico.

Einschränkungen: M. verfällt immer wieder in Phasen der psychische Labilität und Strukturlosigkeit. Verordnete Medikationen hat er in der Vergangenheit eigenmächtig abgesetzt. M. verfügt über keinen Schulabschluss und keine Berufsausbildung. Seine sozialen Kontakte beschränken sich auf Kontakte in der Drogenszene. Bei der Übernahme von Verantwortung in der Zeit der Familiengründung zeigte sich M. schnell überfordert. Die Schulden, deren Höhe noch genau zu bestimmen sind, engen den finanziellen Spielraum stark ein. Von seiner Herkunftsfamilie, der Mutter seines Sohnes und seinem aktuellen Freundeskreis kann er wohl keine konkrete, tatkräftige Hilfe erwarten.

## Zielbestimmungen

Nahziele: Bis zum Beginn einer Entwöhnungsbehandlung soll eine entsprechende Behandlungsmotivation aufgebaut werden und M. in seiner Tagesstrukturierung und in seiner Drogenabstinenz stabilisiert werden. In der Hauptverhandlung sollte eine erneute Inhaftierung vermieden werden. Es sollte eine Klärung der psychischen Problematik bei M. herbeigeführt werden. Enge Kontakte zur Mutter und zum eigenen Sohn sollten zu einer sozialen Stabilisierung beitragen.

Fernziele: Nach Abschluss der Drogentherapie soll eine stabile Drogenabstinenz erreicht werden. Die Bearbeitung der psychischen Hintergründe der eigenen Suchtproblematik soll die Persönlichkeit festigen. In der Nachsorge wäre zu erreichen, dass M. den Schulabschluss nachholt, einer geregelten Arbeit nachgeht und seine Schulden gemäß einem in der Schuldenregulierung erarbeiteten Abzahlungsplan tilgt. Außerdem ist es unerlässlich, dass sich M. bis dahin neue soziale Netzwerke in einem cleanen Umfeld aufbaut.

Zielkonflikte: Im Sinne einer Ressourcenorientierung wäre auf schon bestehenden stabilisierenden Faktoren aufzubauen – dies spräche für eine ambulante Therapie in vertrauter Umgebung. Andererseits scheint eine grundlegende Änderung der Lebensweise bei M. sinnvoll und notwendig – dies spräche für eine stationäre Therapie. Eine Inhaftierung könnte die Konfrontation mit der Realität einer weiteren Drogenkarriere fördern, würde aber die Gelegenheit zum Durcharbeiten der eigenen Persönlichkeitsdynamik in einer Drogentherapie verstreichen lassen. Ein intensiverer Kontakt zu Sohn Nico könnte zur Stärkung der Behandlungsmotivation bei M. beitragen. Dies heißt allerdings nicht gleichzeitig, dass dieser Kontakt in dieser Phase auch für das Kind zuträglich wäre.

## Handlungsentwurf

In einer ersten Beratungsphase sollte die Behandlungsmotivation geklärt und gestärkt werden. Da der Verdacht nahe liegt, dass das wahre Ausmaß der Suchtproblematik und die eigene Behandlungsmotivation noch nicht genügend offen gelegt sind, bieten sich hier zum Einen konfrontative Strategien an. Um den Klienten aber in seiner Selbstverantwortlichkeit zu stärken, sollte zum Anderen aber auf der bisher gezeigten eigenen bisherigen Problemsicht aufgebaut werden mit Hilfe der motivierenden Gesprächsführung (Miller/Rollnick 2009). Es ginge darum, Beweisführungen zu vermeiden und die Wahrnehmung eigener Diskrepanzen bei M. zu stärken. Dabei sollten Widerstände gegen bisherige Behandlungsversuche erfragt und respektiert werden. Aufbauend auf der Problemsicht von M. wären dann nur diejenigen Schritte zu planen, auf die sich M. selbst einlassen kann. Dies würde die Bereitschaft zur Annahme von Hilfe noch weiter stärken.

Von der Abwägung der Komorbidität hängt es ab, ob § 35 BtMG einschlägig ist. Dies stellt dann auch die grundsätzlichen Weichen für den Hilfeplan. Ausgehend von einem ursächlichen Zusammenhang zwischen Abhängigkeitsproblematik und Delinquenz erscheint die stationäre Entwöhnungsbehandlung als Erfolg versprechender, denn dort kann die Abhängigkeitsproblematik konsequenter bearbeitet werden. Voraussetzung wäre aber eine differentialdiagnostische Abklärung, zumal M. in der Vorgeschichte psychiatrische Vorbehandlungen aufweist und depressive oder paranoide Symptome zeigt. Dazu sind andere Diagnosen nach Rücksprache und Einwilligung des Klienten beim Zentrum für Psychiatrie durch den konsiliarischen Arzt der DROBS einzuholen. Für eine Behandlung im stationären Rahmen spräche auch die ärztliche Aufsicht, die eine bessere Beobachtung und Begleitung der psychischen Symptomatik und eine konsequentere Medikamenteneinnahme möglich machen würde. Außerdem sind auch weiterhin Phasen der Labilisierung zu erwarten.

Im Vorfeld ist die Notwendigkeit einer Entgiftung zu klären, derzeit schildert sich M. als abstinent von Drogen, was aber in der Unklarheit der Gesamtsituation noch zu bezweifeln ist. Zur Beantragung der stationären Maßnahme der medizinischen Rehabilitation muss die Drogenberaterin zusammen mit dem Klienten einen Sozialbericht erstellen, bei dem im Falle von M. die noch offenen Fragen zu Verlauf und sozialer Einbindung in der Jugendzeit zu klären sind. Ebenfalls nach Vorabsprache mit M. erfolgt ein gemeinsames Gespräch mit der Bewährungshelferin zur Erläuterung der beabsichtigten Behandlung. Bei der Suche nach einem Therapieplatz wäre auf die Möglichkeit zur Behandlung der Komorbidität und auf Angebote zur Arbeitstherapie zum Aufbau eines geregelten Arbeitsverhaltens zu achten. Evtl. muss schon vor Beginn der stationären Entwöhnungsbehandlung ein Überblick über den Schuldenstand erstellt werden, ggf. sind erste Maßnahmen zur Schuldenregulierung sofort zu treffen. Um die Möglichkeiten des § 35 BtMG in Anspruch zu nehmen, stellt der Klient selbst den Antrag schon im Vorfeld der Verhandlung. Der Sozialarbeiter der DROBS bescheinigt M. für den Rechtsanwalt, dass er Beratung in Anspruch nimmt, ohne diesen Prozess inhaltlich zu bewerten oder gar eine Prognose abzugeben. Bis zur Hauptverhandlung werden M. als stabilisierenden Maßnahmen die Teilnahme an einer Freizeitgruppe, an einem Arbeitsprojekt oder an Sitzungen einer Selbsthilfegruppe angeboten.

Als Alternative zur stationären Behandlung wäre abzuwägen, ob Behandlungsmotivation und Wohnsituation bei M. so tragfähig sind, dass auch eine ambulante Therapie in Frage käme. Allerdings ist nach derzeitigem Stand eine feste Tagesstruktur (z. B. in Form von Freizeitaktivitäten und regelmäßiger Beschäftigung), die Aussicht auf Einhaltung der Drogenabstinenz und die Fähigkeit zur sozialen Integration als weiterer Voraussetzung für eine ambulante Behandlung im Moment nicht vorhanden. Zumindest müsste die Integration von M. in eines der tagesstrukturierenden Projekte der DROBS geleistet werden. In Anbetracht von M.s wiederholter Straffälligkeit vor Gericht müsste die Ernsthaftigkeit einer Zäsur deutlicher dokumentiert werden, als es eine ambulante Therapie bei Fortbestehen des labilen Szenemilieus darstellen könnte.

Falls die zu vollstreckende Reststrafe mehr als 2 Jahre beträgt (§ 35 Abs. 3 Nr. 1 u. 2 BtMG), bliebe keine Möglichkeit, die Vollstreckung der Strafe zurückzustellen. Im Strafvollzug könnte der Kontakt zu M. in Form aufsuchender Arbeit gehalten werden, um gemeinsam die weiteren Schritte nach der Entlassung vorzubereiten.

Im Anschluss an die stationäre Behandlung wäre zur weiteren Stabilisierung eine Adaptionsphase und möglicherweise betreutes Wohnen anzuschließen. Während der Therapie wird M. die Entscheidung zu treffen haben, ob er nach Freiburg zurückkehren möchte. Einerseits hat er hier eine gewisse Stabilisierung durch die eigene Wohnung und die Vertrautheit mit der Umgebung, andererseits birgt die Nähe zur vertrauten Szene hohe Rückfallgefahren.

## Zusammenfassung und Ausblick

Die Suchthilfe hat gerade im Bereich der illegalen Drogen eine Fülle von Ansätzen entwickelt, um Schaden zu minimieren, Lebensbewältigung zu stabilisieren und Motivation zur Behandlung aufzubauen. Es besteht ein weit gefächertes Angebot an therapeutischen Einrichtungen, jedoch bleibt gerade bei Doppeldiagnosen Bedarf an differenzierteren Behandlungsmöglichkeiten. In der ambulanten Hilfe ist das Case-Management zwar konzeptionell weitgehend verankert, es stößt aber häufig an berufspolitische und trägerspezifische Grenzen. Hier sollten diejenigen, die Case-Management-Funktion ausüben, mit weiterreichenden Befugnissen zur Koordination von Hilfeleistungen ausgestattet werden.

Die soziale Arbeit mit chronisch psychisch Kranken wird weiter unter der Unübersichtlichkeit der Versorgungsstrukturen leiden und sich immer wieder mit der Koordination einer Vielzahl von Akteuren, wechselnden Trägern und zeitlich begrenzten Projekten befassen müssen. In Deutschland werden neuere akademische Berufe wie Pflege und Heilpädagogik mit Hochschulabschluss einige ihrer Aufgaben übernehmen. Rasche wissenschaftliche Fortschritte und gesellschaftlicher Wandel werden kontinuierliche Weiterbildungen erforderlich machen.

## Literaturverzeichnis

Baudis, R. (Hrsg.) (2007): Verbundqualität in der Suchthilfe. Organisieren personenbezogener Versorgungszusammenhänge. Rudersberg: Verlag für Psychologie, Sozialarbeit und Sucht.

Belardi, N. u. a. (2007): Beratung. Eine sozialpädagogische Einführung. 6. Aufl. Weinheim/München: Juventa.

Berger, M. (Hg.) (2009): Psychische Erkrankungen: Klinik und Therapie. München

Böllinger, L./Stöver, H. (2002): Drogenpraxis, Drogenrecht, Drogenpolitik. Handbuch für Drogennutzer, Eltern, Drogenberater, Ärzte und Juristen. 5. Aufl. Frankfurt/M.: Fachhochschulverlag.

Bosshard, M./Ebert, U./Lazarus, H. (2010): Soziale Arbeit in der Psychiatrie. 4. Aufl. Bonn: Psychiatrie-Verlag.

Galuske, M. (2007): Methoden der Sozialen Arbeit. Eine Einführung. 7. Aufl. Weinheim/München: Juventa.

Jungblut, H. J. (2004): Drogenhilfe. Eine Einführung. Weinheim/München: Juventa.

Machleidt, W./Heinz A. (Hg.) (2010): Praxis der interkulturellen Psychiatrie und Psychotherapie. Migration und psychische Gesundheit. München

Miller, W. R./Rollnick, S. (2009): Motivierende Gesprächsführung. 3. Aufl. Freiburg i. Br.: Lambertus.

Möller, H.-J./Laux, G./Deister A. (2009): Psychiatrie und Psychotherapie. Stuttgart

Müller, B. (2009): Sozialpädagogisches Können. Ein Lehrbuch zur multiperspektivischen Fallarbeit. 6. Aufl. Freiburg i. Br.: Lambertus.

Rademacher, W. (2007): Familien in Deutschland – Ergebnisse des Mikrozensus 2006. In: www.destatis.de

Roth, G./Grün K.-J. (Hg.) (2006): Das Gehirn und seine Freiheit. Göttingen

Schaitl, H./Klug, W. (2005): Bewährungshilfe mit Qualität. Erfolgreiche Intervention trotz steigender Klientenzahlen. Agora 21, 1, 21–22

Schott, H./Tölle R. (2006): Geschichte der Psychiatrie. München 2006

Schuhler, P./Vogelsang, M. (2006): Psychotherapie der Sucht. Methoden, Komorbidität und klinische Praxis. Lengerich: Pabst.

Singer, W. (2006): Ein neues Menschenbild? Gespräche über Hirnforschung. Frankfurt

Soyka, M./Küfner, H. & Feuerlein, W. (2007): Alkoholismus, Mißbrauch und Abhängigkeit. Entstehung, Folgen, Therapie. 6. Auflage Stuttgart/New York: Thieme.

Sting, S./Blum, C. (2003): Soziale Arbeit in der Suchtprävention. München/Basel: Ernst Reinhardt.

Völger, G. (Hg.) (1981): Rausch und Realität. Drogen im Kulturvergleich. Köln

Waller, H. (2001): Sozialmedizin. Grundlagen und Praxis. Stuttgart: Kohlhammer

# Kapitel 8 Handlungsfeld Soziale Arbeit mit straffällig gewordenen Menschen

*Werner Nickolai, Annette Bukowski*

## Einleitung

Das diesem Beitrag zugrunde gelegte Handlungsfeld betrifft die Straffälligenhilfe. Das so genannte Zielgruppenseminar trägt den Titel „Soziale Arbeit mit straffällig gewordenen Menschen".

Im Modulhandbuch werden für dieses Seminar unter anderem folgende Ziele formuliert:

- Studierende sind in der Lage, ihre Berufsrollen/n zu reflektieren und sich kritisch mit beruflichen Dienstleistungen auseinander zu setzen;
- die Studierenden sind in der Lage, bezugswissenschaftliche Grundlagen in die Ziele und Aufgaben der Sozialen Arbeit zu integrieren;
- die Studierenden kennen unterschiedliche Theorien und Handlungsansätze und können diese auf aktuelle Fragestellungen anwenden;
- sie analysieren theoriegeleitete Fälle, Problemkonstellationen und Handlungsanforderungen aus der Fachpraxis;
- sie entwickeln durch die exemplarische Bearbeitung von Fällen, Problemkonstellationen und aktuell erkennbaren Handlungsanforderungen ihr professionelles Handeln;
- sie können berufliches Handeln theoretisch begründen, planen, reflektieren und evaluieren.

An Inhalten, die hier vermittelt werden sollen, werden genannt:

- Berufsrolle/n
- Strukturprinzipien (Partizipation, Subsidiarität, Mandatierung Sozialer Arbeit)
- Sozialpolitische Strukturen
- Hilfesysteme und Hilfestrukturen
- Rechtliche Rahmenbedingungen
- Konzepte der Lebenswelt, Lebenslage, des Sozialraums
- Rekonstruktive Fallbetrachtung und Handlungsanalyse
- Interventions- und Hilfeplanung in interdisziplinären Settings.

Die im Zielgruppenseminar angebotenen Lehrinhalte sollen im interdisziplinären Seminar, das von beiden Autoren verantwortet wird, angewandt werden. Dies geschieht im Rahmen der Bearbeitung von authentischen Fällen aus der Jugendgerichtshilfe. Dabei haben die Studierenden die Aufgabe, den vorgegebenen Fall aus der Perspektive der Jugendgerichtshilfe zu bearbeiten.

Die Darstellung und Bearbeitung eines solchen Falles soll im Mittelpunkt dieses Beitrags stehen. Es würde den Rahmen sprengen, alle Inhalte der Seminare anzusprechen.

Im weiteren Verlauf werden wir zunächst die Zielgruppe, mit der wir es in der Straffälligenhilfe zu tun haben, kurz umreißen. Es schließt sich eine Darstellung der Handlungsfelder in der Straffälligenhilfe an, wobei wir hier insbesondere auf die Jugendgerichtshilfe eingehen. Nach der Darstellung eines konkreten Falls der Jugendgerichtshilfe werden wir den methodischen Ablauf der Fallbearbeitung vorstellen. Mit der (exemplarischen und damit auch nicht vollständigen) Falllösung enden unsere Ausführungen.

## Zielgruppe

Als Straffällige werden solche Jugendliche oder Erwachsene bezeichnet, bei denen gerichtlich das Vorliegen einer Straftat festgestellt wurde. Dies bedeutet jedoch nicht, dass die Angebote und Aktivitäten der Straffälligenhilfe nur konzipiert wurden oder nur erreichbar sind für verurteilte Straftäter. So ist etwa die Jugendgerichtshilfe damit befasst, bereits vor der Entscheidung des Gerichts „die erzieherischen, sozialen und fürsorgerischen Gesichtspunkte im Verfahren vor den Jugendgerichten zur Geltung“ zu bringen (§ 38 Jugendgerichtsgesetz). Dabei gilt bis zum rechtskräftigen Urteil die Unschuldsvermutung.

Klient der Straffälligenhilfe kann auch der Strafentlassene sein, der ohne vorzeitige Entlassung seine ganze Strafe verbüßt hat und in Anspruch nehmen darf, nicht weiter als Straftäter abgestempelt zu werden. Nicht zuletzt ist die Straffälligenhilfe auch eine Anlaufstelle für die Angehörigen eines straffällig gewordenen Menschen.

Voraussetzung für die Straffälligkeit ist die Strafmündigkeit. Kinder bis zum 14. Lebensjahr gelten als strafunmündig. Das Jugendgerichtsgesetz (JGG) unterscheidet in § 1 Abs. 2 zwischen Jugendlichen und Heranwachsenden. „Jugendlicher ist, wer zur Zeit der Tat vierzehn, aber noch nicht achtzehn, Heranwachsender, wer zur Zeit achtzehn, aber noch nicht einundzwanzig Jahre alt ist.“

Die Bezeichnung Straffälligenhilfe drückt also nur aus, dass Menschen im Zusammenhang mit dem Entstehen und dem Verlauf von Kriminalität in Situationen kommen, in denen sie einen spezifischen Hilfebedarf haben können, der mit dem Straf- und Vollstreckungsverfahren zusammenhängt und mit Problemen ihrer gesellschaftlichen (Wieder-) Eingliederung.

# Arbeitsfelder der Straffälligenhilfe

Der Begriff Straffälligenhilfe steht für alle öffentlichen und privaten Hilfs- und Unterstützungsangebote Sozialer Arbeit, die auf die Resozialisierung von Straftätern abzielen. Soziale Arbeit als Straffälligenhilfe zielt darauf ab, die Lebenssituation und die gesellschaftliche Lage straffällig gewordener Menschen, aber auch deren Angehöriger dauerhaft zu verbessern (Maelicke/Simmedinger 1987).

Die klassischen Arbeitsfelder, in denen Straffälligenhilfe geleistet wird, sind:

- die Freie Straffälligenhilfe, die meist von den Wohlfahrtsverbänden geleistet wird und überwiegend (erwachsene) Männer und Frauen anspricht;
- die Jugendgerichtshilfe, die eine Aufgabe des Jugendamtes darstellt;
- die Gerichtshilfe (nur für Erwachsene);
- die Bewährungshilfe;
- die Führungsaufsicht und
- die Soziale Hilfe in der Untersuchungshaft, im Strafvollzug wie auch in der Jugendarrestanstalt.

Die Arbeitsfelder ließen sich auch nach der freien und kommunalen Hilfe für Straffällige (freie Träger und Kommunen) und der justiziellen Straffälligenhilfe (Gerichtshilfe, Bewährungshilfe, Führungsaufsicht, Soziale Arbeit in der Untersuchungshaft, im Strafvollzug und in der Jugendarrestanstalt als Aufgabe der Justiz) gliedern. Hier sei nur am Rande vermerkt, dass sich die Trägerlandschaft gerade in dem etablierten justiziellen Bereich verändert. So wurde beispielsweise in Baden-Württemberg die Gerichtshilfe, die Bewährungshilfe und die Führungsaufsicht privatisiert. Träger ist jetzt der Verein „Neustart" (gemeinnützige GmbH). Eine erste Teilprivatisierung finden wir auch im Strafvollzug. So sind in der Justizvollzugsanstalt Offenburg die MitarbeiterInnen des Sozialen Dienstes, mit Ausnahme der beiden geschäftsführenden Sozialarbeiter, nicht bei der Justiz, sondern bei der Firma Kötter angestellt. Dies trifft auch auf die MitarbeiterInnen des psychologischen Dienste und des pädagogischen Dienstes zu. Während der Verein „Neustart" schon seit vielen Jahren in Österreich die Bewährungshilfe durchführt, ist die Firma Kötter auch in völlig anderen Bereichen außerhalb der Sozialen Arbeit, etwa in der Chemischen Industrie, in der Immobilienverwaltung oder im Maschinenbau tätig. Es wäre lohnend, hier nochmals genauer zu hinterfragen, inwieweit sich eine „privatisierte" Straffälligenhilfe von einer „justiziellen" Straffälligenhilfe unterscheidet.

## Jugendgerichtshilfe

Wird strafrechtlich gegen Jugendliche oder Heranwachsende ermittelt, ist immer das Jugendamt zu beteiligen.

Nach § 1 Abs. 1 SGB VIII (Kinder- und Jugendhilfegesetz) hat jeder junge Mensch ein Recht auf Förderung seiner Entwicklung und auf Erziehung zu einer eigenverantwortlichen und gemeinschaftsfähigen Persönlichkeit. Um dieses Recht zu gewährleisten, soll die Jugendhilfe junge Menschen in ihrer individuellen und sozialen Entwicklung fördern und dazu beitragen, Benachteiligung zu vermeiden oder abzubauen (§ 1 Abs. 3 Nr. 1 SGB VIII).

Erstmals wurde die Jugendgerichtshilfe (JGH) im Reichsjugendwohlfahrtsgesetz (1922) und im Reichsjugendgerichtsgesetz (1923) verankert. Historisch war die JGH zunächst völlig auf die gerichtliche Hauptverhandlung ausgerichtet. Die wesentliche Aufgabe sah man darin, den Jugendrichter zu unterstützen. Seit dem Jugendgerichtsgesetz (JGG) von 1953 soll die JGH im Jugendstrafverfahren die „erzieherischen und fürsorgerischen Gesichtspunkte zur Geltung bringen und dabei insbesondere die in § 38 JGG normierten Aufgaben erfüllen" (Trenczek 2009).

**§ 38 Jugendgerichtsgesetz**

(1) Die Jugendgerichtshilfe wird von den Jugendämtern im Zusammenwirken mit den Vereinigungen für Jugendhilfe ausgeübt.

(2) Die Vertreter der Jugendgerichtshilfe bringen die erzieherischen, sozialen und fürsorgerischen Gesichtspunkte im Verfahren vor den Jugendgerichten zur Geltung. Sie unterstützen zu diesem Zweck die beteiligten Behörden durch Erforschung der Persönlichkeit, der Entwicklung und der Umwelt des Beschuldigten und äußern sich zu den Maßnahmen, die zu ergreifen sind. In Haftsachen berichten sie beschleunigt über das Ergebnis ihrer Nachforschung. In die Hauptverhandlung soll der Vertreter der Jugendgerichtsverhandlung entsandt werden, der die Nachforschung angestellt hat. Soweit nicht ein Bewährungshelfer dazu berufen ist, wachen sie darüber, dass der Jugendliche Weisungen und Auflagen nachkommt. Erhebliche Zuwiderhandlung teilen sie dem Richter mit. Im Fall der Unterstellung nach § 10 Abs. 1 Satz 3 Nr. 5 üben sie die Betreuung und Aufsicht aus, wenn der Richter nicht eine andere Person damit betraut. Während der Bewährungszeit arbeiten sie eng mit dem Bewährungshelfer zusammen. Während des Vollzugs bleiben sie mit dem Jugendlichen in Verbindung und nehmen sich seiner Wiedereingliederung in die Gemeinschaft an.

(3) Im gesamten Verfahren gegen einen Jugendlichen ist die Jugendgerichtshilfe heranzuziehen. Dies soll so früh wie möglich geschehen. Vor der Erteilung von Weisungen (§ 10) sind die Vertreter der Jugendgerichtshilfe stets zu hören; kommt eine Betreuungsweisung in Betracht, sollen sie sich auch dazu äußern, wer als Betreuungshelfer bestellt werden soll.

Wenn auch die Aufgabe der Jugendgerichtshilfe dem Jugendamt obliegt, kann sie aber auch von einem anerkannten Träger der freien Jugendhilfe übernommen werden. Die rechtliche Grundlage hierzu finden wir in § 52 SGB VIII (Kinder- und Jugendhilfegesetz). In größeren Städten ist die Jugendgerichtshilfe ein eigenständiger Fachdienst, während in Landkreisen die JGH meist eine von vielen Aufgaben des Allgemeinen Sozialen Dienstes ist.

**§ 52 SGB VIII – Mitwirkung in Verfahren nach dem Jugendgerichtsgesetz**

(1) Das Jugendamt hat nach Maßgabe der §§ 38 und 50 Abs. 3 Satz 2 des Jugendgerichtsgesetzes im Verfahren nach dem Jugendgerichtsgesetz mitzuwirken.

(2) Das Jugendamt hat frühzeitig zu prüfen, ob für den Jugendlichen oder den jungen Volljährigen Leistungen in der Jugendhilfe in Betracht kommen. Ist dies der Fall oder ist eine geeignete Leistung bereits eingeleitet oder gewährt worden, so hat das Jugendamt den Staatsanwalt oder den Richter umgehend davon zu unterrichten, damit geprüft werden kann, ob die Leistung ein Absehen von der Verfolgung (§ 45 JGG) oder eine Einstellung des Verfahrens (§ 47 JGG) ermöglicht.

(3) Der Mitarbeiter des Jugendamtes oder des anerkannten Trägers der freien Jugendhilfe, der nach § 38 abs. 2 Satz 2 des Jugendgerichtsgesetzes tätig wird, soll den Jugendlichen oder den jungen Volljährigen während des gesamten Verfahrens betreuen.

Bis Anfang der 1980er Jahre überwog in der Jugendgerichtshilfe die Hilfe für das Gericht beziehungsweise den Jugendrichter als zentrale Person des Prozesses, sozialpädagogische Aufgaben erschienen nachrangig.

Trenczek (2009) verweist mit Recht darauf, dass die einerseits jugendhilfeorientierte und andererseits jugendstrafrechtliche Aufgabenstellung zwangsläufig zu Konflikten im Aufgaben- und Selbstverständnis der Sozialen Arbeit führt. Die Praxis, so Trenczek, habe sich in weiten Teilen pragmatisch eingerichtet und sich auf die Vorlage von Jugendhilfeberichten, die Wahrnehmung von Gerichtsterminen, die Äußerung von Sanktionsvorschlägen und die Umsetzung gerichtlich angeordneter Weisungen und Auflagen konzentriert.

Das SGB VIII hebt nun die sozialpädagogische Verantwortung der Jugend(gerichts)hilfe hervor. Auch wenn das Jugendamt seine Dienste aus Anlass eines Strafverfahrens anbietet, handelt es sich stets um ein sozialpädagogisch intendiertes Angebot (Trenczek 2009). In dem oben zitierten § 52 Absatz 2 SGB VIII wird das Jugendamt dazu verpflichtet, „frühzeitig zu prüfen, ob für den Jugendlichen oder den jungen Volljährigen Leistungen der Jugendhilfe in Betracht kommen“. Das SGB VIII vermeidet bewusst den Begriff „Jugendgerichtshilfe“ und spricht stattdessen von der Mitwirkung der Jugendhilfe im Verfahren nach dem Jugendgerichtsgesetz, womit deutlich wird, dass Jugendgerichtshilfe als Teil der Jugendhilfe und als Hilfe für den Jugendlichen und seine Familie einzuordnen ist. Die Jugendhilfe hat aus Anlass und während eines Strafverfahrens die Aufgabe, Krisen zu managen, Hilfestellungen zu leisten, Lebenslagen zu verbessern, zu beraten und Wege in die soziale Integration aufzuzeigen. Jugendgerichthilfe, so Trenczek (2010), ist Aufgabe des Jugendamtes und damit – ungeachtet des strafrechtlichen Verfahrens – eine sozialrechtliche und sozialpädagogisch angelegte Hilfe zugunsten noch in der Entwicklung befindlicher junger Menschen und ihrer Familien. Deshalb besteht die Mitwirkung der Jugendhilfe im jugendstrafrechtlichen Verfahren vor allem darin, zu prüfen, ob ein (erzieherischer) Bedarf für Leistungen nach dem SGB VIII besteht, um damit zuvörderst ein strafrechtliches Verfahren bzw. eine entsprechende strafrechtliche Sanktion überflüssig zu machen (Diversion nach §§ 45, 47 JGG). Das Jugendamt muss deshalb frühzeitig, also unverzüglich nach Eingang der ersten Information und vor Anklageerhebung, von Amts wegen prüfen, ob Jugendhilfemaßnahmen in Betracht kommen und diese gegebenenfalls initiieren.

Die Freiburger Jugendgerichtshilfe hat sich konsequenterweise in „Jugendhilfe im Strafverfahren" umbenannt. In der Praxis bedeutet das, dass die Freiburger Jugendhilfe im Strafverfahren neben der bislang klassischen Arbeit der Jugendgerichtshilfe die Aufgaben des Allgemeinen Sozialen Dienstes für die jungen Menschen mit übernimmt, für die sie anlässlich eines Strafverfahrens nun zuständig wurde.

Zusammenfassend lassen sich folgende Aufgaben der Jugendgerichtshilfe beziehungsweise der Jugendhilfe im Strafverfahren benennen (Klier u.a. 2002).

1. Beratung des jungen Menschen bezüglich seiner Rechte im Strafverfahren, der Jugendhilfe und anderer Leistungen, frühzeitige Prüfung des Hilfebedarfes, Vermittlung und Durchführung dieser Hilfen auch zur Vermeidung von (Untersuchungs-) Haft oder zur Vermeidung eines förmlichen Verfahrens (Diversion), Vorbereitung auf die Verhandlung, Einbeziehung der Erziehungsberichtigten und Bezugspersonen in die Beratung.
2. Vertretung der Belange der Jugendhilfe bei Staatsanwaltschaft und Gericht, das heißt Darstellung der persönlichen, familiären und sozialen Gegebenheiten des jungen Menschen unter besonderer Berücksichtigung seiner aktuellen Lebenssituation, Unterbreitung von Jugendhilfeleistungen, Beratung der Justizorgane zur Findung angemessener Reaktionen im Sinne eines Entscheidungsvorschlages.
3. Koordination der sozialpädagogischen Fachkräfte, die im Jugendstrafverfahren tätig sind. Zu diesem Zweck hat sie verschiedene Beteiligungsrechte im gesamten Verfahren (zum Beispiel Informationsrechte, Verkehrs- und Kontaktrechte). Ambulante „Maßnahmen" der Jugendhilfe können wie andere Leistungen der Jugendhilfe auch letztlich nur im Einvernehmen mit der Jugend(gerichts)hilfe durchgeführt werden. Die diesbezügliche fachliche Entscheidung des Jugendamtes kann nicht durch das Urteil ersetzt werden.

## Exemplarisches Fallbeispiel

Die folgenden Materialien beziehen sich auf einen authentischen Fall der Jugendgerichtshilfe Freiburg. Dieser ist exemplarisch für jene Fälle, welche im interdisziplinären Seminar bearbeitet werden. Personennamen wurden verändert.

**Auszug aus der Anklageschrift vom 22.02.2010 an das Amtsgericht – Jugendschöffengericht – Freiburg**

*Anklageschrift vom 22.02.2010*

*Amtsgericht – Jugendschöffengericht – Freiburg*

A n k l a g e s c h r i f t

in der Strafsache gegen

| | |
|---|---|
| **Santino Krämer**<br>Schüler, ledig | geb. am 04.07.1993 in Freiburg,<br><br>deutscher Staatsangehöriger,<br>wohnhaft Schwarzwaldstraße<br>Gesetzliche Vertreterin:<br>Frau Helga Krämer |
| Boris Müller-Wohlfahrt<br>Schüler, ledig, | geb. am 05.01.1994 in Freiburg, |
| Alexander Fritz<br>Schüler, ledig | geb. am 02.05.1994 in Freiburg, |
| Renaldo Bayram<br>Schüler, ledig | geb. am 7.10.1994 in Freiburg, |

**Die Staatsanwaltschaft legt aufgrund ihrer Ermittlungen den Angeschuldigten folgenden Sachverhalt zur Last:**

Am 29.10.2009 gegen 0:45 Uhr stiegen die Angeschuldigten und der spätere Geschädigte, der 16-jährige Denis Herzog, an der Haltestelle Lassbergstraße in Freiburg in den Bus in Richtung Freiburg-Kappel. Denis Herzog wandte sich im Bus sogleich an die ihm bekannten Zeugen Moritz und Sascha, die ebenfalls nach Freiburg-Kappel fuhren, weil er zuvor auf der Fahrt mit der Straßenbahn von den Angeschuldigten provoziert worden war und beim Verlassen der Straßenbahn von einem der Angeschuldigten einen Schlag ins Gesicht erhalten hatte. Er befürchtete deshalb weitere Angriffe der Angeschuldigten. Die Zeugen Moritz und Sascha erklärten sich bereit, bei Denis Herzog zu bleiben und ihn zu schützen.
An der Haltestelle Peterbergstraße in Freiburg-Kappel verließen alle den Bus. Die Angeschuldigten waren bis dorthin mitgefahren, obwohl sie früher hätten aussteigen sollen, um nach Hause zu kommen. Unmittelbar nach Verlassen des Busses gingen die Angeschuldigten auf Denis Herzog zu, drohten ihm, ihn „aufzuschlitzen", und schlugen und traten auf ihn ein. Der Angeschuldigte Müller-Wohlfahrt ergriff einen etwa faustgroßen Stein und schlug ihn gegen den Kopf von Denis Herzog, während die übrigen Angeschuldigten weiterhin auf Denis Herzog eintraten und ihn so zu Boden brachten. Die Zeugen Moritz und Sascha versuchten erfolglos, die Angeschuldigten von Angriffen auf Denis Herzog abzuhalten. Die Angeschuldigten drohten ihnen und hielten sie davon ab, einzugreifen. Der Zeuge Moritz entfernte sich dann, um die Polizei zu informieren. Der Angeschuldigte Müller-Wohlfahrt schlug den Zeugen Sascha mit der Faust ins Gesicht, wobei er den Stein noch in der Hand hielt. Der Zeuge Sascha zog sich daraufhin etwas zurück.

In dieser Situation griff der bis dahin am Geschehen unbeteiligte 31-jährige Zeuge Gabriel Dietrich ein. Er hatte das provozierende Verhalten der Angeschuldigten bemerkt und war entgegen seinem ursprünglichen Plan bereits an der Haltestelle Petersbergstraße mit allen anderen ausgestiegen. Als die Angeschuldigten Denis Herzog zu Boden schlugen und verletzten, wollte der Zeuge Gabriel Dietrich die Angeschuldigten am weiteren Vorgehen hindern. Dies nahmen alle vier Angeschuldigten zum Anlass, sogleich von Herzog abzulassen und sich dem Zeugen Dietrich zuzuwenden. Sie schlugen ihn zu Boden und traten heftig auf ihn ein, der Angeschuldigte Müller-Wohlfahrt schlug zudem mit einem Stein auf Dietrich ein oder warf den Stein gegen seinen Kopf. Denis Herzog konnte unterdessen fliehen.
Der Angeschuldigte Müller-Wohlfahrt bedrohte schließlich den Geschädigten Dietrich und die Zeugen Moritz und Sascha, sie „aufzuschlitzen", wenn sie die Polizei riefen oder gegenüber der Polizei etwas erwähnten. Hiermit wollte er erreichen, dass die Tat und seine Beteiligung daran nicht bekannt werden.
Der Geschädigte Herzog erlitt eine Platzwunde am Hinterkopf, eine Gehirnerschütterung, zahlreiche länger anhaltende schmerzhafte Prellungen, vor allem an den Oberschenkeln und den Rippen, Schmerzen am Kiefer und tagelange Kopfschmerzen.
Der Geschädigte Dietrich erlitt eine blutende Kopfplatzwunde, die genäht werden musste, eine Schürfwunde am Ohr, eine Lippenplatzwunde, die ebenfalls genäht wurde, und eine Verstauchung und Zerrung am Fuß.
Der Zeuge Sascha erlitt eine schmerzhafte Prellung an der linken Wange.
Strafanträge wurden form- und fristgerecht gestellt.
Die Angeschuldigten waren zur Tatzeit 15 bzw. 16 Jahre alt und besaßen die erforderliche Reife, das Unrecht der Tat einzusehen und nach dieser Einsicht zu handeln.

**Die Angeschuldigten werden daher beschuldigt,**
als strafrechtlich verantwortliche Jugendliche
in drei tateinheitlichen Fällen einen anderen mit einem anderen Beteiligten gemeinschaftlich und mittels einer Waffe oder eines anderen gefährlichen Werkzeugs körperlich misshandelt oder an der Gesundheit beschädigt zu haben,

**strafbar als** gefährliche Körperverletzung nach §§ 224 Abs. 1 Nr. 2, 25 Abs. 2, 52 StGB, §§ 1, 3 JGG.

**Wesentliche Ergebnisse der Ermittlungen:**
Der 16-jährige Angeschuldigte **Santino Krämer** wohnt bei seinen Eltern in Freiburg in der Schwarzwaldstraße. Auch er besucht die 9. Klasse einer Hauptschule und macht dieses Jahr den Hauptschulabschluss.
Zur Tat haben sich alle Angeschuldigten dem Grunde nach geständig gezeigt, ihre Tatbeteiligung jedoch jeweils heruntergespielt.
Die Zuständigkeit des Jugendschöffengerichts ergibt sich aus der wegen der vorliegenden schädlichen Neigung und wegen der Schwere der Schuld zu erwartenden Jugendstrafe.

gez. XXX
Staatsanwalt

## Auszüge aus dem Hilfeplan des Jugendamts Freiburg vom 23.06.2010

**Krämer, Santino geb. 04.07.1993**

**I. Psychosoziale Diagnose**

**1. Bisherige Entwicklung und Familienanamnese**
Santino wohnt mit seiner einjährigen Schwester und dem 11-jährigen Bruder im Haushalt seiner Eltern. Sein Vater ist Angestellter in der Verwaltung der Uni-Klinik, seine Mutter gelernte Krankenschwester, geht aber aufgrund der Kinderbetreuung Nebenjobs nach.
Nach dem Besuch der Weiherhofgrundschule [d.i. eine Realschule] ging Santino auf die Emil-Thoma-Realschule, wo er in der 8. Klasse Lernschwierigkeiten bekam und mit seinem Verhalten auffiel und nur auf Probe in die 9. Klasse versetzt werden konnte. Während der Probezeit wurde festgestellt, dass Santino doch die 8. Klasse wiederholen sollte. Im Halbjahr verließ Santino die Realschule und wechselte auf die Turnseehauptschule [d.i. eine Werkrealschule], wo er derzeit die 9. Klasse besucht. Anschließend wünscht er sich, die Werkrealschule mit dem Realschulabschluss abschließen zu können.
Santino berichtet, dass er über 10 Jahre aktiv im Fußballverein gespielt hat. Vor ca. 1,5 Jahren habe er aufgehört, weil er unter zuviel Leistungsdruck stand und begann, sich auch für andere Dinge zu interessieren.

**2. Aktuelle Situation/Problemlage**
Santino wurde am 22.02.2009 angezeigt wegen Diebstahls und Sachbeschädigung. Bereits dem Schlussvermerk des Jugendsachbearbeiters der Polizei konnte entnommen werden, dass sich Santino uneinsichtig zeigte und überheblich wirkte. Die Arbeitsstunden aus dem Urteil vom 19.10.2009 erledigte Santino unzuverlässig, das Urteil ist noch nicht erfüllt.
Am 29.11.2009 wurde Santino mit drei weiteren Jugendlichen wegen Gewalttaten angezeigt, die Hauptverhandlung findet am 24.06.2010 statt.
Die Eltern von Santino haben sich nach dem Vorfall Ende Dezember zeitnah an die Jugendhilfe im Strafverfahren (JuHiS) gewandt, da sie sehr erschrocken waren und sich hilflos fühlten. Zu diesem Zeitpunkt hatte die Familie mit Drobs e.V. bereits Kontakt aufgenommen und nahm familientherapeutische Hilfe in Anspruch, da Santinos Cannabis- und Alkoholkonsum den Alltag der Familie sehr beeinträchtigte. Der Jugendliche wechselte 2009 aufgrund seiner Verhaltensschwierigkeiten und Lernunlust im laufenden Schuljahr in der wiederholten 8. Klasse Emil-Thoma-Realschule auf die Turnsee-Hauptschule, die er dieses Jahr mit dem Hauptschulabschluss abschließen will.
Insbesondere Santinos Widerstand gegen Regeln in der Familie, seine Distanzeinnahme gegenüber den Eltern und seine Selbstüberschätzung machen den Eltern zu schaffen, sodass bereits über eine Unterbringung außerhalb der Familie nachgedacht wurde. Santino wehrt sich vehement gegen diese Idee, gibt an, seine Familie zu brauchen, und kann sich nicht vorstellen, in einer Wohngruppe zu leben. Nachdem Santino in der Wohnung nach einem Streit randalierte, gab er im Gespräch an, er sei in der Pubertät, man müsse mit ihm Nachsicht üben, Jugendlichen sollte überlassen werden, sich Freiheiten rauszunehmen, und seine Eltern würden mit ihrer Sorge übertreiben.

**3. Sicht des jungen Menschen/der Eltern/des/der Personensorgeberechtigten**
Santino bezeichnet sich selbst als unzufrieden mit der familiären Situation, da er sich nicht verstanden fühlt in seinen Interessen und Vorstellungen vom Leben. Er möchte Freiheiten in Anspruch nehmen, um sich austesten zu können.
Santinos Eltern haben das Gefühl, ihr Sohn würde ihnen entgleiten und sie hätten keinen Einfluss mehr auf ihn. Ihr gesamtes Familienleben würde unter Santinos Verhalten leiden. Eine Herausnahme aus der Familie wurde bereits angedacht.
In Folge einer Auseinandersetzung zwischen Santino und seiner Mutter, in der die Mutter körperliche Übergriffe befürchten musste, da der Jugendliche alkoholisiert war, fand eine

Inobhutnahme statt, auf die sich Santino einlassen konnte. Nach der Inobhutnahme hat sich Santino auf die Klärung des Zusammenlebens in der Familie wieder einlassen können.
Die Eltern möchten in ihrer Erziehungsarbeit nachhaltig unterstützt werden und neue, verlässliche Strukturen für ihr Familienleben erarbeiten können.

**4. Bisherige Lösungsversuche und Ressourcen der Beteiligten**
Die Familie hatte regelmäßig familientherapeutische Beratungsgespräche bei Drobs e.V.

**II. Hilfeplan**

**1. Fachliche Einschätzung der fallführenden Fachkraft zum bestehenden erzieherischen Bedarf sowie zur Art und zum Umfang der notwendigen und geeigneten Hilfe**
Vom Fachteam wurde eine parteiliche Arbeit über die Familienberatung der Ohlebusch-Gruppe empfohlen, auch aufgrund des großen Widerstands von Santino, sich auf eine Unterbringung außerhalb der Familie einzulassen, damit sich die aktuelle Situation hätte entspannen können. Die Beratung soll die Erreichbarkeit über das Nothandy in akuten Krisensituationen umfassen.
Außerdem sollten die Eltern in ihrer erzieherischen Haltung unterstützt werden, um mit Santino und der Restfamilie Regeln zu erarbeiten, an die sich alle konsequent halten können.

**2. Ziele der Hilfe für den jungen Menschen/die Eltern/die Familie und die Konkretisierung mit Teilzielen nach Möglichkeit mit Zeitangabe**

1. Die Kommunikation zwischen Eltern und Sohn soll verbessert werden.
2. Es sollen Absprachen getroffen werden für die Zeit nach den Hauptschulabschlussprüfungen bis zum Schulbeginn im September, um die Übergangszeit sinnvoll gestalten zu können.
3. Santino soll seinen Alkohol- und Cannabismissbrauch reflektieren können.
4. Es sollen Regeln erarbeitet werden, die das Zusammenleben für alle Familienmitglieder möglich und erstrebenswert machen.

**Jugendhilfswerk Freiburg e.V.** **79100 Freiburg, 22.06.10**

**Täter-Opfer-Ausgleich**

**Staatsanwaltschaft**
**Holzmarkt 2**
**79098 Freiburg**

Strafsache gegen **Santino Krämer**, Boris Müller-Wohlfahrt, Alexander Fritz, Renaldo Bayram
Hier: Täter-Opfer-Ausgleich

Sehr geehrter Herr Staatsanwalt XXX,

auf Wunsch des Geschädigten Gabriel Dietrich und Anregung der Jugendhilfe im Strafverfahren wurde ein TOA durchgeführt. Da es bereits mehrere Termine für ein Ausgleichsgespräch gab, die dann jedoch aus unterschiedlichen Gründen verschoben werden mussten, konnte ich Ihnen leider nicht früher einen Bericht zukommen lassen.
Die Beschuldigten **Santino Krämer**, Boris Müller-Wohlfahrt, Alexander Fritz kamen zum Vorgespräch. Von Renaldo Bayram habe ich keine Rückmeldung erhalten.

**Santino Krämer**, Boris Müller-Wohlfahrt und Alexander Fritz zeigten Betroffenheit und Scham über ihr Verhalten. Sie hatten ein großes Bedürfnis, sich persönlich bei den Geschädigten zu entschuldigen und die Verantwortung für ihr Handeln zu übernehmen.
Am 21.06.10 fand das Ausgleichgespräch zwischen Herrn Dietrich und den drei Beschuldigten statt. **Santino Krämer**, Boris Müller-Wohlfahrt und Alexander Fritz stellten sich am Anfang des Gesprächs kurz vor und erzählten über ihre aktuelle schulische Situation und ihre Zukunftspläne. Auch berichteten sie von ihren bisherigen Kontakten zur Justiz.
Herrn Dietrich war es ein Anliegen, den drei Beschuldigten deutlich zu machen, was noch passieren hätte können und als wie respektlos er es empfunden hat, dass vier gegen einen gegangen sind. Auch die Tatsache, dass ein Stein als Waffe verwendet wurde, mache ihm immer noch zu schaffen. Dennoch vermittelte er sehr glaubhaft, dass er keine Rachegedanken hat. Er sagte, für ihn sei das Wichtigste, dass die Jugendlichen daraus lernen und etwas Positives aus ihrem Leben machen.
Die drei Beschuldigten waren sehr beeindruckt von ihrem Gegenüber und überrascht, wie respektvoll das Opfer mit ihnen umging. Sie schämten sich und übernahmen die Verantwortung für ihr Verhalten. Als symbolisches Zeichen der Wiedergutmachung überreichte jeder dem Geschädigten ein kleines Geschenk und entschuldigten sich mit Handschlag. Herr Dietrich konnte die Entschuldigung annehmen.
Das Gespräch bestärkte Herrn Dietrich, dass sein Eingreifen nicht sinnlos war, sondern auch im Nachhinein noch Wirkung zeigte. Die Jugendlichen lernten eine andere Form der Konfliktbewältigung kennen und entwickelten sehr viel Respekt und Anerkennung für das Opfer. Alle drei Beschuldigten versicherten glaubhaft, dass sie in Zukunft versuchen möchten, keine Gewalttaten mehr zu verüben.

Mit freundlichen Grüßen
Soz.Arb./Mediator in Strafsachen

# Methodische Fallbearbeitung

Die Fallbearbeitung im interdisziplinären Seminar erfolgt im klassischen methodischen Dreischritt der Sozialen Einzelhilfe – Befund, Diagnose (vielleicht besser Hypothese), Intervention. Dabei soll das im Studium Erlernte, auch über die Inhalte des Zielgruppenseminars hinaus (siehe oben), in die Bearbeitung der Fallklausur einfließen.

- *Ausgangsituation*

In der Ausgangssituation wird zunächst die derzeitige Realität des Klienten erfasst und gegebenenfalls eine erste Intervention vorgeschlagen. In einem zweiten Schritt wird die berufliche Legitimation diskutiert. Es geht um die rechtliche Grundlage meines Tuns sowie um mein Selbstverständnis als Sozialarbeiter bzw. Jugendgerichtshelfer. Der Intrarollenkonflikt, dem besonders die Sozialarbeit der Justiz, aber auch die Jugendgerichtshilfe ausgesetzt ist, soll hier diskutiert werden.

- *Befund*

Hier soll zunächst der „Fall“ nach verschiedenen Kriterien strukturiert werden. Ein erster Überblick wird durch die Erstellung der Chronologie des Lebenslaufes erreicht. Empfehlenswert wäre auch die Chronologisierung der „kriminellen Karriere“. Mit Blick auf die Erfassung der Ressourcen macht es Sinn, den Fall nach den von Pierre Bourdieu (1983) eingeführten Kapitalien – er nennte sie ökonomisches, kulturelles, soziales und das symbolisches Kapital – zu durchforsten. Da nicht alle Ressourcen mit den Kapitalien benannt werden können, bietet es sich an, in einer offenen Kategorie die Erfassung zu vervollständigen. Mit Blick auf den Handlungsentwurf ist die Darstellung der Ressourcen enorm wichtig, da hier insbesondere an den Fähigkeiten des Jugendlichen angeknüpft werden kann.

In einem zweiten Schritt soll mit Hilfe von Theorien abweichenden Verhaltens (soziologische, psychologische und sozialpsychologische Theorien) der Versuch unternommen werden, die Hintergründe der den Jugendlichen vorgeworfenen Straftaten zu erklären. Die Theorien abweichenden Verhaltens wurden im Laufe des Studiums im Rahmen der Fächergruppe Theorien und Konzepte der Sozialen Arbeit vermittelt. Neben den genannten Theorien spielen auch die Erkenntnisse der Kriminologie, insbesondere der Jugendkriminologie, eine wichtige Rolle. Hier wäre etwa der Gedanke der Normalität, Ubiquität und Episodenhaftigkeit von Jugendkriminalität zu nennen.

- *Diagnose*

In der Diagnose sollen die Studierenden ihre Hypothese, mit der sie die Straftaten des Jugendlichen erklären, zusammenfassend darstellen. Es geht um eine Verdichtung der zuvor geführten Diskussion.

- *Handlungsentwurf*

Im interdisziplinären Seminar erwarten wir von den Studierenden einen Strafvorschlag. Dabei wird der Streit um die Frage, ob die Jugendgerichtshilfe oder Jugendhilfe im Strafverfahren in der Hauptverhandlung dem Gericht einen Strafvorschlag unterbreiten soll oder nicht, aus didaktischen Gründen ausgeblendet. Im Handlungsentwurf sollen die Studierenden zum einen auf die entsprechenden Paragraphen des Jugendgerichtsgesetzes verweisen können und zum anderen eine sozialarbeiterische Begründung dafür liefern, was mit der Sanktion erreicht werden soll. Hier geht es also darum, rechtliche und sozialarbeiterische/sozialpädagogische Kompetenzen zu demonstrieren. Angefragt sind etwa das Lebenslagenkonzept (Thiersch 2005), die Philosophie des Empowerment (Herriger 1996), aber auch Erkenntnisse aus der Sanktionsforschung (Jehle/Heinz/Sutter 2003). An einer Katholischen Hochschule setzen sich die Studierenden auch mit der Straffälligenhilfe der verbandlichen Caritas auseinander. Sie hat ihren Ursprung in der Botschaft des Evangeliums und ist begründet im christlichen Gebot der Nächstenliebe. Die Katholische Bundes-Arbeitsgemeinschaft folgt der Maxime der „Integration statt Ausgrenzung“ und der „Versöhnung statt Strafe“.

# Falllösung

Jugendgerichtshilfe war, und ist es wohl auch heute noch, fast ausschließlich Einzelfallhilfe. Insofern bezieht sich die Fallbearbeitung hier nur auf einen der am angeklagten Delikt beteiligten Jugendlichen, auf Santino Krämer.

Angesichts des begrenzten Rahmens wollen wir uns hier darauf beschränken, vorzuführen, wie im Befund mit Hilfe von Kriminalitätstheorien der Versuch unternommen werden kann, die Hintergründe der Straffälligkeit des Jugendlichen zu erklären. Dabei sollen hier nur jene Theorien angesprochen werden, die für den vorliegenden Fall das größte Erklärungspotential bieten. Eine Diagnose und einen Handlungsentwurf werden wir nicht liefern.

Erklärungspotential verspricht zunächst einmal die von Hirschi (1979) formulierte *Theorie der sozialen Bindungen*. Diese geht davon aus, dass zwischen dem Einzelnen und der Gesellschaft normalerweise ein Band oder eine Verbindung besteht, was ihn von abweichendem Verhalten abhält. Ist diese Bindung zu schwach ausgeprägt, kann es zu Kriminalität kommen. Dabei lassen sich vier Ausprägungen sozialer Bindungen unterscheiden:

- Mit *Attachment* ist die emotionale Bindung zu Bezugspersonen gemeint. Hier spielen insbesondere die Eltern, aber auch Schule und Peergroup eine Rolle. Aufgrund der Bindung zu konformen Personen fühlt sich der Einzelne zu konformem Verhalten verpflichtet. Er verhält sich konform, um die Erwartungen von Bezugspersonen nicht zu enttäuschen (Janssen 1997).
  Im vorliegenden Fall erscheint die Beziehung zu den Eltern problematisch. Diese fühlen sich angesichts von Regelverstößen und Grenzüberschreitungen ihres Sohnes hilflos und erschrocken, befürchten, dass er ihnen entgleitet. Der Jugendliche dagegen erlebt seine Eltern als Personen, die seine Freiheiten beschneiden, überbesorgt sind und ihn nicht verstehen. Trotzdem ist er noch nicht bereit, sich von ihnen abzunabeln, die Beziehung ist also erkennbar ambivalent. Die emotionale Bindung zu den Eltern erscheint jedenfalls nicht stark genug, Santino von abweichendem Verhalten abzuhalten.
  Was die Schule angeht, ist über die aktuelle Situation wenig bekannt, im zweiten Jahr wird eine Hauptschule besucht. Bezüglich der früher besuchten Realschule ist jedoch von Lernunlust und Verhaltensauffälligkeiten die Rede. So kann auch hier nicht von einer starken emotionalen Bindung ausgegangen werden.
  Über den Freundeskreis erfahren wir wenig. Als einzige Gleichaltrige werden die Mittäter erwähnt, denen zuliebe er wohl eher Straftaten begeht als darauf zu verzichten.
- *Commitment* bezeichnet eine rationale Bindung an konventionelle Ziele und Zukunftspläne. Wer etwas zu verlieren hat, etwa eine Ausbildungsstelle, berücksichtigt langfristige Ziele in seinen Entscheidungen (Janssen 1997).
  Im vorliegenden Fall werden Hauptschul- und Realschulabschluss als Zukunftspläne genannt. Über weitere Berufspläne und Perspektiven wird nichts mit-

geteilt. Es ist aber von Vorstellungen vom Leben die Rede, welche von den Eltern nicht verstanden werden. Dies spräche eher gegen konventionelle Ziele, denen zuliebe auf Straftaten verzichtet werden würde. Generell ist anzuzweifeln, dass im Vorfeld der angeklagten Tat langfristige Zukunftspläne eine Rolle gespielt haben.

- Mit *Involvement* ist die Einbindung in konventionelle Aktivitäten gemeint. Wer beruflich eingebunden ist und seine Freiheit in klar strukturierten Bezügen verbringt, hat demnach weder Zeit noch Gelegenheit, sich abweichend zu verhalten (Janssen 1997).
  Santino besucht die Schule, von Fehlzeiten ist nichts bekannt. Es wird aber nicht von einer strukturierten Freizeitbeschäftigung berichtet. Der Fußballverein spielt seit 1½ Jahren keine Rolle mehr. Das angeklagte Delikt ereignet sich nachts, Santino ist noch nach Mitternacht unterwegs. Insofern ist sein Alltag wohl nur durch den vormittäglichen Schulbesuch strukturiert.
- *Belief* bezieht sich auf den Glauben an konventionelle Werte und an die Verbindlichkeit von Normen. Stimmen die eigenen Vorstellungen von gut und böse, richtig und falsch mit dem konventionellen Normensystem überein, ist abweichendes Verhalten nicht zu erwarten (Janssen 1997).
  Woran Santino glaubt und was er für richtig hält, bleibt relativ unklar. Bei einem früher begangenen Diebstahl zeigte er sich überheblich und uneinsichtig, was nicht gerade für eine Internalisierung der entsprechenden Norm spricht. Darüber hinaus plädiert er allgemein für eine Sonderstellung von Jugendlichen in der Pubertät: diese dürfen sich Freiheiten herausnehmen, können Nachsicht erwarten, dürfen Grenzen austesten. Gegen Regeln innerhalb der Familie wehrt er sich, scheint diese also nicht zu akzeptieren. Bezüglich des angeklagten Delikts ist er geständig, was aber nur impliziert, dass er die fraglichen Normen kennt. So deutet vieles darauf hin, dass er nicht durch einen Glauben an konventionelle Normen vor Kriminalität geschützt ist.

Somit lässt sich festhalten, dass im vorliegenden Fall die Bindungen zur Gesellschaft eher schwach ausgeprägt sind, was das abweichende Verhalten erst möglich macht.

Als weitere Kriminalitätstheorie sei hier die *allgemeine Theorie der Kriminalität* oder *Theorie der Selbstkontrolle* angeführt. Kriminalität zeichnet sich demnach durch sofortige und leichte Belohnung, geringen Langzeitnutzen, geringe kognitive Anstrengungen und geringen manuellen Aufwand sowie durch die Übereinstimmung mit milieutypischen Männlichkeitsvorstellungen aus. Sie ist mit Schmerz und Unbehagen für das Opfer verbunden, beinhaltet aber auch das Risiko des Schmerzes für den Täter, wobei das Bestrafungsrisiko für diesen subjektiv gering ist. Menschen mit kriminellen Neigungen weisen gemeinsame Merkmale auf. Sie sind:

- impulsiv, haben eine starke Hier- und Jetzt-Orientierung;
- gefühlsarm, d.h. selbstbezogen, unsensibel und indifferent gegenüber anderen;
- eher physisch als geistig orientiert;

- wenig verlässlich und sorgfältig und bevorzugen einfache Aktivitäten;
- risikofreudig und abenteuerlustig;
- auf schnelle Bedürfnisbefriedigung aus und haben eine geringe Frustrationstoleranz.

Diese Eigenschaften werden unter dem Begriff der niedrigen Selbstkontrolle zusammengefasst. Mit Selbstkontrolle ist dabei primär die Fähigkeit gemeint, Langzeitfolgen einzuplanen. Selbstkontrolle entsteht der Theorie zufolge durch Veranlagung und Erziehung. Damit sie sich in der Kindheit entwickeln kann, muss kindliches Verhalten beaufsichtigt, Fehlverhalten erkannt und darauf angemessen reagiert werden. Später wird das so erreichte Maß an Selbstkontrolle zu einem stabilen Bestandteil der Persönlichkeit. Treffen Personen mit niedriger Selbstkontrolle auf günstige Gelegenheiten, sind Straftaten zu erwarten (Gottfredson/Hirschi 1990, Lamnek 2008).

Das angeklagte Delikt ist für Kriminalität im Sinne dieser Theorie typisch. Es hat einen geringen Langzeitnutzen, wenn man etwa die Strafverfolgung berücksichtigt, war aber im Moment selbst mit positiven Erfahrungen verknüpft: so ist Befriedigung durch Aggressionsabbau, ein Gefühl von Stärke sowie Anerkennung innerhalb der Gruppe zu vermuten. Gewaltanwendung ist kein komplexer Vorgang und entspricht gewissen Männlichkeitsvorstellungen. Den Opfern wurde in erheblichem Maße Schmerz und Unbehagen zugefügt, bei Gegenwehr hätten aber auch die Täter Schmerzen erleiden können. Wie die Täter das Bestrafungsrisiko angesichts der Intervention von Zeugen und der geäußerten Drohungen einschätzten, bleibt unklar.

Zu prüfen ist auch, inwiefern bei Santino selbst niedrige Selbstkontrolle vorliegt.

- Impulsives Verhalten zeigt er beim Randalieren im Elternhaus. Auch die angeklagte Tat dürfte am Hier und Jetzt orientiert gewesen sein. Möglichen Folgen des eigenen Verhaltens werden erst im Täter-Opfer-Ausgleich (TOA) bewusst.
- Die Tatbegehung selbst lässt die Bezeichnung „gefühlsarm" zu, die Perspektive der Opfer wird erst durch den TOA vermittelt. Auch zeigt der Jugendliche kein erkennbares Verständnis für die Position der Eltern, vielmehr ist von Selbstüberschätzung die Rede.
- Hinweise auf eine geistige Orientierung fehlen; expressive Gewalt, Schulunlust und früheres Fußballspielen lassen eher auf eine Bevorzugung körperlicher Aktivitäten schließen.
- Auch findet sich im Fall kein Hinweis auf Verlässlichkeit und Sorgfalt oder die Fähigkeit, komplexe Aufgaben zu meistern: die schulischen Leistungen sind schlecht, es ist von Schulunlust und zu viel Leistungsdruck die Rede; und die auferlegten Arbeitsleistungen wurden auch nach 8 Monaten noch nicht erfüllt.
- Für Risikofreude und Abenteuerlust sprechen möglicherweise der erwähnte Alkohol- und Cannabiskonsum. Der Jugendliche testet generell Grenzen aus, sucht Freiheiten. Vielleicht deuten auch die nicht näher definierten eigenen Interessen und Vorstellungen vom Leben in diese Richtung.

- Die angeklagte Tat kann als Ausleben von Aggressivität betrachtet werden, wobei die schnelle Bedürfnisbefriedigung im Mittelpunkt stand, auch wenn mit der eigentlichen körperliche Auseinandersetzung gewartet wurde, bis die Busfahrt endete.

Somit lassen sich hier zahlreiche Hinweise auf geringe Selbstkontrolle finden. Allerdings ist anzumerken, dass dies entwicklungsbedingt wohl für die meisten Jugendlichen zutrifft.

Die Frage, inwiefern die Erziehung in der Kindheit geeignet war, Selbstkontrolle zu erwerben, kann mit Hilfe der vorliegenden Unterlagen nicht eindeutig beantwortet werden. Ob die Mutter auch schon beim ältesten Kind die Berufstätigkeit zugunsten der Kindererziehung zurückgestellt hat, bleibt unklar. Inzwischen haben die Eltern jedenfalls keinen Einfluss mehr auf Santino und fühlen sich angesichts seiner Regelverstöße hilflos.

Auch niedrige Selbstkontrolle stellt somit einen Schlüssel zur Erklärung dieses Falls dar.

Als letzte Theorie soll der *Labeling Approach* oder *Etikettierungsansatz* behandelt werden. Unter diesem Begriff wird eine Vielzahl von Ansätzen geführt, die sich primär mit Stigmatisierungen, Zuschreibungen und Reaktionen auf abweichendes Verhalten beschäftigen. Im Mittelpunkt steht dabei weniger, warum sich jemand abweichend verhält, als die Reaktion anderer auf (vermeintliche) Normverstöße und die Folgen dieser Reaktion (Lamnek 2001). Für die Erklärung der Kriminalität einer einzelnen Person, wie sie im Rahmen der Fallbearbeitung im interdisziplinären Seminar gefordert ist, kommen nur gemäßigte Versionen des Etikettierungsansatzes in Frage, die auch ätiologische Elemente beinhalten, also auch Ursachen von Kriminalität thematisieren. So wird von Tannenbaum (1973) die Dramatisierung von Fehlverhalten für das Auftreten abweichendem Verhaltens verantwortlich gemacht. Erst Reaktionen der Umwelt machen dem Einzelnen deutlich, dass er sich von anderen unterscheidet, definieren ihn als Abweichenden, stempeln ihn ab, weisen ihm einen besonderen Status zu. Dieses führt letztendlich zu einer Veränderung des Selbstbildes und der Übernahme der zugeschriebenen Rolle. Soziale Reaktionen können so zur Ursache von abweichendem Verhalten werden. Lemert (1975) beschreibt dies mit dem Begriff der sekundären Devianz: während primäre Devianz vielfältige Ursachen hat, geht sekundäre Devianz auf Etikettierung und Rollenzuschreibung der Umwelt zurück. Sekundäre Devianz wird als Ergebnis eines Prozesses sich aufschaukelnder Aktionen und Reaktionen betrachtet: immer stärkere Reaktionen und Sanktionen führen zu Ressentiments seitens des Bestraften, zur Verstärkung des devianten Verhaltens und letztendlich zur Akzeptanz der abweichenden Rolle und deren Übernahme ins Selbstbild. Für Becker (1981) haben Etikettierungen sogar den Charakter einer sich selbst erfüllenden Prophezeiung. Sanktionen und Stigmatisierungen schränken den Handlungsspielraum einer Person ein, letztendlich wird eine abweichende Identität entwickelt. Voraussetzung für die Zuschreibung von Kriminalität ist für Becker die Anwendung einer Norm auf eine konkrete Situation und das Verhalten einer Person. Diese Normanwendung wird dabei als selektiver Prozess beschrieben: nicht alle Normverstöße werden als abweichend definiert, die Zuschreibung setzt nicht einmal einen realen Normverstoß voraus (Lamnek 2001).

Im vorliegenden Fall finden sich verschiedene Hinweise auf Etikettierungen: Santino erfährt diese u.a. im Rahmen seiner Schullaufbahn: hier wird er im Unterschied zu seinen Mitschülern nur zur Probe in die neunte Klasse versetzt, muss die 8. Klasse dann wiederholen und „steigt" auf die Hauptschule „ab". Auch innerhalb der Familie finden Reaktionen auf sein Verhalten statt, die ihm dessen negative Qualität deutlich machen: es ist Anlass für Kontakte zu Drogenhilfe, Jugendhilfe und Familientherapeuten. Es wird sogar darüber nachgedacht, ihn in einer stationären Jugendhilfemaßnahme unterzubringen. Auch Stigmatisierungen durch Reaktionen der Strafverfolgungsbehörden sind zu beobachten: wegen Diebstahls wurde er von der Polizei vernommen, das Verfahren durch die Staatsanwaltschaft aber noch eingestellt; wegen Sachbeschädigung und Diebstahls kam es dann zu einer Hauptverhandlung, in der er zu Arbeitsleistungen verurteilt wurde, die er zumindest teilweise auch abgeleistet hat; inzwischen ist er wegen gefährlicher Körperverletzung angeklagt und eine Verhandlung vor dem Jugendschöffengericht steht bevor. Hier ist eine Verschärfung der strafrechtlichen Reaktionen ganz im Sinne eines Aufschaukelungsprozesses zu erkennen. Über das Selbstbild von Santino ist bekannt, dass er sich als pubertierenden Jugendlichen betrachtet, der sich Freiheiten herausnimmt und Grenzen austestet. Dass er sich bereits als Kriminellen oder Gewalttäter sieht, ist trotz seiner Kontakte zu anderen delinquenten Jugendlichen eher unwahrscheinlich. Indizien für eine selbsterfüllende Prophezeiung sind nicht auszumachen. Die Reaktionen auf frühere Normverletzungen schränken seinen Handlungsspielraum noch nicht nennenswert ein. Lediglich die Arbeitsleistungen wären hier zu nennen, deren Einschränkungen er sich aber teilweise entzieht. Im konkreten Fall fällt es auch schwer, von selektiver Normanwendung zu sprechen. Die Situation wird von allen Beteiligten, Tätern, Opfern und Zeugen, eindeutig als Kriminalität gedeutet, wie Strafanträge und Drohungen belegen.

Festzuhalten ist also, dass zwar Zuschreibungsprozesse im Sinne des Labeling Approachs zu konstatieren sind, das Verhalten aber (noch) nicht ursächlich auf Reaktionen des Umfeldes oder der Strafverfolgungsbehörden zurückgeführt werden kann.

Dass der Etikettierungsansatz hier, wie in jeder Fallbearbeitung im interdisziplinären Seminar, dennoch Berücksichtigung findet, hat einen guten Grund. Soziale Arbeit beschäftigt sich nicht nur mit Stigmatisierten, sondern ist selbst immer auch eine stigmatisierende Tätigkeit (Peters/Cremer-Schäfer 1975). Gerade die Arbeit mit Straffälligen sollte daher ausgesprochen sensibel für Stigmatisierungen und ihre Auswirkungen sein.

# Literaturverzeichnis


Becker, H. S. (1981): Außenseiter. Zur Soziologie abweichenden Verhaltens. Frankfurt

BKA (Hg.) (2010): Polizeiliche Kriminalstatistik 2009

Bourdieu, P. (1983): Ökonomisches Kapital, kulturelles Kapital, soziales Kapital. In: Kreckel, R. (Hg.): Soziale Ungleichheiten. Sonderband 2. Soziale Welt, 182–198

Eifler, S. (2010): Theoretische Ansatzpunkte für die Analyse der Jugendkriminalität. In: Dollinger, B./Schmidt-Semisch, H. (Hg.): Handbuch der Jugendkriminalität. Kriminologie und Sozialpädagogik im Dialog. 159–172.

Gottfredson, M. R./Hirschi, T. (1990): A General Theory of Crime. Stanford

Herriger, N. (1996): Empowerment und die Philosophie der Menschenstärken. In: Nickolai, W./ Kawamura, G./Krell, W. & Reindl, R. (Hg.): Straffällig: Lebenslage und Lebenshilfe. Freiburg, 114–131

Hirschi, T. (1979): A Control Theory of Deviance. In: Jacoby, J. E. (Hg.): Classics of Criminology, Prospect Heights, S. 185–192.

Janssen, H. (1997): Kriminalitätstheorien und ihre jeweiligen impliziten Handlungsempfehlungen. Teil II. In: Janssen, H./Peters, F.: Kriminologie für Soziale Arbeit, Münster, 75–117

Jehle, J.-M./Heinz, W./Suttere; P. (2003): Legalbewährung nach strafrechtlichen Sanktionen. Eine kommentierte Rückfallstatistik. Herausgegeben vom Bundesministerium der Justiz. Berlin

Klier, R./Brenner, M. & Zinke, S. (2002): Jugendhilfe im Strafverfahren – Jugendgerichtshilfe. 2. Auflage. Regensburg

Lamnek, S. (2001): Theorien abweichenden Verhaltens. 7. Auflage. München

Lamnek, S. (2008): Theorien abweichenden Verhaltens II. „Moderne“ Ansätze. 3. überarbeitete und erweiterte Auflage. Paderborn

Lembert, E. (1975): Der Begriff der sekundären Devianz. In: Lüderssen, K./Sack, F. (Hg.): Seminar: Abweichendes Verhalten I. Die selektiven Normen der Gesellschaft. Frankfurt, 433–476

Maelicke, B./Simmerdinger, R. (1987): Fortentwicklung der Sozialen Dienste in der Justiz. Frankfurt

Peters, H./Cremer-Schäfer, H. (1975): Die sanften Kontrolleure. Wie Sozialarbeiter mit Devianten umgehen. Stuttgart

Tannenbaum, F. (1973): The Dramatization of Evil. In: Rubington, E./Weinberg, M. (Hg.): Deviance. An Interactionist Perspective. Text and Readings in the Sociology of Deviance. 2. Auflage. New York/London, S. 214–215

Thiersch, H. (2005): Lebensweltorientierte Soziale Arbeit. Aufgabe der Praxis im sozialen Wandel. 6. Auflage. Weinheim/München

Trenczek, T. (2009): Jugendgerichtshilfe. In: In: Cornel, H./Kawamura-Reindl, G./Maelicke, B./ Sonnen, B. R. (Hg.): Resozialisierung. Handbuch. 3. Auflage,. Baden-Baden, 200–219

Trenczek, T. (2010): Risikoeinschätzung und psychosoziale Diagnose der Jugendhilfe (auch) im Jugendstrafverfahren. In: Zeitschrift für Jugendkriminalität und Jugendhilfe. Jg. 21., 3, 249–262

Walter, M. (2005): Jugendkriminalität – Eine systematische Darstellung. 3., neu bearbeitete und erweiterte Auflage. Stuttgart

# Kapitel 9 Handlungsfeld Soziale Arbeit in Gemeinwesen

*Martin Becker*

## Geschichte und Entwicklung

Die Soziale Arbeit im Gemeinwesen hat ihre Wurzeln in der Phase der Industrialisierung und des Städtewachstums in den entwickelten Industrieländern im Übergang vom 19. zum 20. Jahrhundert. Industriearbeitsplätze in den Städten und in zunehmendem Maße auch Dienstleistungsarbeiten erzeugten einen Sog von Menschen aus agrarwirtschaftlich geprägten ländlichen Gebieten in die zunehmend industrialisierten Städte. Dort konnten die Menschen auf die für ländliches Leben typischen familiären, verwandtschaftlichen und nachbarschaftlichen Hilfsnetze zur Sicherung der Lebensrisiken wie Missernten, Krankheit, Morbidität etc. nicht mehr zurückgreifen.

Den neuen Arbeitern in den Städten standen die traditionalen bürgerlichen Formen sozialer Sicherung, wie Zünfte, Gilden, Stiftungen und Spitäler, wegen fehlender Zugehörigkeit nicht zur Verfügung. So wuchsen in den Städten mit jeder Struktur- und Konjunkturkrise Armuts- und Elendspopulationen, deren Hilfe- und Unterstützungsbedarf durch zunehmend professionelle Hilfen von Wohlfahrtsverbänden der Kirchen und der Arbeiterbewegung aufgebaut und geleistet wurde. Neben Übernachtungsmöglichkeiten, Kleiderspenden und Suppenküchen sollten auch soziale Kontakte unter der Bevölkerung in den Armutsvierteln sowie Gelegenheiten zu geselliger und kultureller Betätigung ein menschenwürdiges Leben ermöglichen (vgl. Müller, 2006).

So entstanden in vielen großen Städten Europas und den USA soziale Initiativen von Menschen, die in die Elendsviertel hinein zogen und dort versuchten, die Situation der Menschen mit diesen gemeinsam zu verändern und zu verbessern. In Großbritanien und den USA bekannt als „Settlementbewegung" aus Hochschul- und Kirchenkreisen (z. B. „Toynbee Hall/London"; „Hull House/Chicago"), in Deutschland bekannt als „Nachbarschaftshäuser" (z. B. „Volksheim" Hamburg oder „Soziale Arbeitsgemeinschaft" Berlin).

Aus diesen Anfängen hat sich „Community-Work" mit seinen Richtungen „Community-Organization" (vgl. Alinsky 1984) und „Community-Developement" in den USA, das „Opbouwwerk" in den Niederlanden sowie die „Gemeinwesenarbeit" in Deutschland entwickelt.

Während sich in Deutschland in der Zeit des Nationalsozialismus die Gemeinwesenarbeit nicht wesentlich weiterentwickeln konnte, erlebt sie in den 1970er

Jahren einen vorwiegend politisch motivierten Boom, der in den 1980er Jahren wieder nach ließ (vgl. Odierna 2004; Oelschlägel 1989).

In Gesellschaften und Quartieren mit großer Wertepluralität/-vielfalt machen unterschiedliche Werte unsicher und ängstlich, deshalb wird Kontakt und Konfrontation eher vermieden, wodurch Unverständnis, Missverständnis und Misstrauen eher wachsen (vgl.: Hinte/Lüttringhaus/Oelschlägel 2007, S. 99 ff.).

Wertehomogenität/-konsens sind angesichts unterschiedlicher pluraler Lebensentwürfe und Lebensstile zwar nicht (mehr) herstellbar, doch die Aushandlung von Regeln etwa im Sinne der von Norbert Elias beschriebenen Zivilisierungsprozesse des Ausbalancierens von Machtpotentialen mittels Diskussionen über Strittiges, Alltägliches, Einigendes, gehört zum gesellschaftlichen Auftrag Sozialer Arbeit im Gemeinwesen (vgl. Elias, 1976).

Soziale Arbeit im Gemeinwesen war als „Gemeinwesenarbeit (GWA)" zunächst eine weiterentwickelte Methode (1950er Jahre), danach eine revolutionäre Vision (1960er/70er Jahre) und durchlief seit den 1980er Jahren eine Weiterentwicklung. Die Erfahrungen und Kenntnisse aus der Gemeinwesenarbeit entwickelten sich in den 1980er Jahren zu einem Handlungsfeld übergreifenden Arbeitsprinzip „Gemeinwesenarbeit als Arbeitsprinzip" (vgl. Boulet/Krauss/Oelschlägel 1980).

Begrifflich wurde von Oelschlägel und anderen an „Gemeinwesenarbeit" festgehalten, während Hinte u. a. den Begriff „Stadtteilarbeit" und „Stadtteilbezogene Soziale Arbeit" verwendeten und als Handlungsfeld übergreifendes Konzept vom „Fachkonzept Stadtteilorientierung" sprachen, das in anderen Handlungsfeldern Sozialer Arbeit wie z. B. für die „Offene Jugendarbeit" (Deinet 2005) oder die „Hilfe zur Erziehung" (Peters/Koch 2004) ausgearbeitet wurde (vgl. Hinte/Metzger-Pregizer/Springer 1982).

Im Laufe der 1990er Jahre erfuhr dieses „Fachkonzept Stadtteilorientierung" eine Umformulierung in „Sozialraumorientierung" und wurde zu einem integrativen Handlungskonzept, nicht nur innerhalb der Sozialen Arbeit, sondern auch in anderen Disziplinen (siehe unten; vgl. Literatur zu Sozialraumorientierung).

Die Tatsache, „dass zunehmend räumliche Einflüsse in das Blickfeld der kommunalpolitischen Akteure gerieten, dass sozialräumliche Strategien zunehmend anerkannt wurden und dass integriertes, ressortübergreifendes Denken in den Verwaltungen an Bedeutung gewinnen konnte", kann als Ursache für die Entwicklung verschiedener politischer Fach-Programme, wie „soziale Stadtentwicklung", „lokale und solidarische Ökonomie", „Gesundheitsförderung", „Bürgerschaftliches Engagement", „Gemeindenahe Psychiatrie" etc., angesehen werden, die auf dem „Handlungskonzept Sozialraumorientierung" aufbauen (Hinte/Lüttringhaus/Oelschlägel 2007, S. 99).

# Soziale Arbeit im Gemeinwesen als Handlungsfeld

## Quartierarbeit

Quartierarbeit als Soziale Arbeit im Gemeinwesen kann beschrieben werden als „Organisation projekt- und themenunspezifischer Prozesse (Methode) in Wohngebieten, die mit einer Vielzahl an Aktivierungsaktionen (Techniken) auf der Basis direkt geäußerter, wechselhafter Interessen der Bevölkerung, das Ziel einer Grundmobilisierung eines Wohnquartiers (Ziel), die den ‚Humus' für größere Einzelprojekte darstellt, verfolgt" (in Klammer Änderungen des Autors) (vgl.: Hinte/Lüttringhaus/Oelschlägel 2007, S. 11).

Ziele der Sozialen Arbeit im Gemeinwesen sind die Verbesserung der Lebensbedingungen in sozialen Räumen, im Sinne der dort lebenden (wohnenden und arbeitenden) Menschen und die Verbesserung der Lebensqualität in benachteiligten Lebenswelten. Die Gestaltung von Lebenswelten erfordert sowohl die Verankerung der Sozialen Arbeit im Stadtteil als auch die Arbeit auf anderen Steuerungsebenen (siehe „Quartiermanagement").

Zentrale Aufgabe der Sozialen Arbeit im Gemeinwesen ist die „Gestaltung von Lebenswelten" und nicht die „Befriedigung von Kundenbedürfnissen". Menschen im Stadtteil sind keine Kunden, sondern Bürger/innen mit Rechten und Pflichten, Erfahrungen, Kompetenzen, Ideen (Ressourcen) und Gestaltungspotential, also Akteure (vgl. Hinte/Lüttringhaus/Oelschlägel 2007, S. 130 ff).

Soziale Arbeit im Gemeinwesen als Quartierarbeit kooperiert mit intermediären Akteuren, die zwischen Verwaltung und Bevölkerung stehen (z. B. Organisationen wie Verbände, Vereine, Unternehmen, etc.) sowie mit Gebietsbeauftragten (z. B. Quartiermanager/innen) der Verwaltung. Soziale Arbeit im Gemeinwesen als Quartierarbeit ist demnach nicht identisch mit Quartiermanagement, sondern, gemeinsam mit anderen Akteuren, Teil kommunalen Quartiermanagements (vgl. Hinte/Lüttringhaus/Oelschlägel 2007, S. 11).

## Quartier-/Stadtteilmanagement

Beide Begriffe finden sich in der Fachliteratur und werden z. T. synonym verwendet. Die Problematik der Begriffsverwendung besteht u. a. darin, dass die Eingrenzung eines Stadtteils oft auf amtlichen statistischen Bezirken beruht und wenig mit der Einschätzung und Definition des unmittelbaren sozialen und räumlichen Lebensraums der Bevölkerung gemein hat. Deshalb wird der Quartierbegriff verwendet, wonach Quartiere als gesellschaftliche Räume gelten, die von baulich-materiellen Strukturen als auch gesellschaftlichen Interaktions- und Handlungsstrukturen beeinflusst und geprägt werden (vgl. Lefebvre 1977; Löw 2001).

Im Laufe der 1990er und 2000er Jahre hat sich in der Fachwelt der Begriff des „Stadtteil- oder Quartiermanagement" entwickelt und verbreitet. Dabei geht es um die Beantwortung der Frage/n, wer oder wie für die Entwicklung von Stadtteilen bzw. Quartieren verantwortlich sein soll und kann (vgl. Alisch 1998).

Hintergrund für diese Orientierung sind Stadtentwicklungsprogramme wie das Bund-Länder-Programm „Soziale Stadt“ (siehe Literaturverzeichnis) und der Trend zu neueren Steuerungsmodellen der öffentlichen Verwaltung, in deren Rahmen sowohl die verwaltungsinterne Koordination der Kommunalpolitik als auch die „Akzentverschiebung kommunaler Leitbilder“ (Hinte/Lüttringhaus/Oelschlägel 2007, S. 179) von Kunden- zu Bürgerorientierung ein Rolle spielen (vgl. Grimm/Hinte/Litges, 2004).

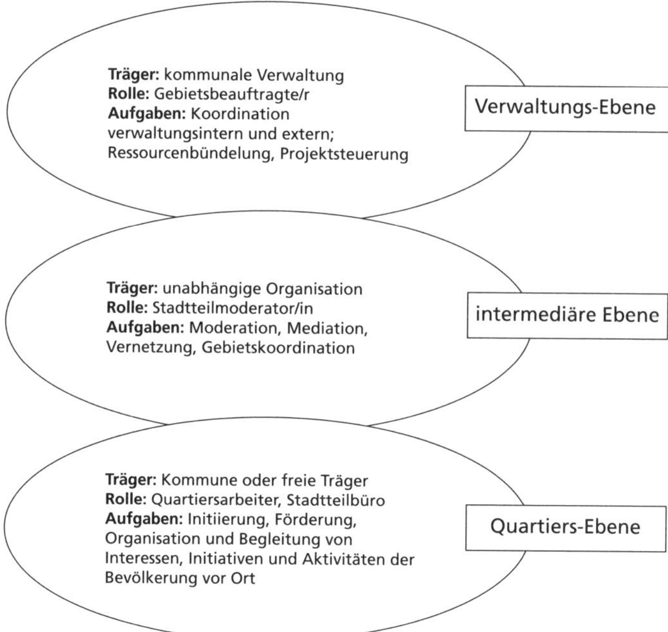


**Abb. 1:** Schaubild Quartiermanagement
(Quelle: eigene Bearbeitung Becker 2011, nach Bertelsmann-Stiftung/Hans-Böckler-Stiftung/KGST (Hrsg.), 2002, S. 9).

Dabei werden im Wesentlichen drei Ebenen des Quartiermanagement unterschieden:

Die *Quartiersebene* auf der Gemeinwesenarbeiter als Fachkräfte in Stadtteil-/ Quartierbüros Interessen lokaler Akteure und Bewohner/innen organisieren, deren Aktivitäten initiieren und begleiten sowie dazu aktivieren und an Prozessen beteiligen.

Auf der *Verwaltungsebene* besteht die Aufgabe von Gebietsbeauftragten darin, zwischen Dezernaten und Ämtern Aktivitäten gebietsbezogen zu koordinieren, Ressourcen zu bündeln und die Gesamtsteuerung von Projekten zu übernehmen.

Zwischen Quartiers- und Verwaltungsebene, quasi auf *intermediärer Ebene*, sind Stadtteil-/Quartier-Moderator/innen angesiedelt, deren Aufgaben gebietsbezogene Koordination, Mediation, Moderation und Vernetzung sind.

Die Zuordnung zur jeweiligen Ebene und die damit verbundenen Aufgaben und Kompetenzen sind in der Praxis oft verschwommen oder ungeklärt, mit der Folge von Missverständnissen, Misserfolgen und Enttäuschung auf jeder Seite.

### Anforderungen an Soziale Arbeit im Gemeinwesen

Soziale Arbeit im Gemeinwesen ist präsent in den jeweils relevanten Bereichen der Institutionen (Politik, Verwaltung, Wirtschaft, etc.) und klinkt sich in lokale Politikprozesse ein, um die Bedarfe aus dem Stadtteil an entsprechende Stellen zu transportieren, Ressourcen zu bündeln und in den Stadtteil zu lenken, KooperationspartnerInnen zu gewinnen sowie projektbezogene Ideen umzusetzen.

## Sozialraumorientierung als zentrales Handlungskonzept

### Handlungskonzepte Sozialer Arbeit

Neben dem oben angesprochenen Handlungskonzept der Sozialraumorientierung, das weiter unten noch genauer beschrieben wird, fußt die Arbeit im „Handlungsfeld Soziale Arbeit im Gemeinwesen“, also in Stadtteilen und/oder Quartieren, auf mindestens drei weiteren Handlungskonzepten. Abbildung 2 bietet einen Überblick über die genannten Handlungskonzepte sowie deren wesentliche Aussagen. An dieser Stelle kann keine weitergehende Diskussion dieser Handlungskonzepte geleistet werden, deshalb sei auf die entsprechende Literatur verwiesen.

Sozialraumorientierung ist das zentrale Handlungskonzept insbesondere im Handlungsfeld Soziale Arbeit im Gemeinwesen, sei es als Arbeitsfeld der Quartierarbeit oder dem Quartiermanagement, aber auch in anderen Handlungsfeldern Sozialer Arbeit. Im Folgenden soll Sozialraumorientierung als integratives Handlungskonzept Sozialer Arbeit verstanden und zuerst grundsätzlich, danach am Beispiel eines Quartierentwicklungsprojektes dazu passende Methoden und Techniken dargestellt und erläutert werden. Dabei gilt es zu zeigen, welch integrative Wirkungen Sozialraumorientierung in Bezug auf interdisziplinäre Vernetzung und Methodenintegration erzielen kann.

Mit einer kritischen Würdigung von Erkenntnissen im Kontext der aktuellen Fachdiskussion und einigen Konsequenzen für die Ausbildung des Berufsnachwuchses wird dieser Artikel schließen.

**Alltags-/Lebensweltorientierung**

| | |
|---|---|
| von der „Fachorientierung" | zur „Klientenorientierung" |
| (vorbestimmte Methodenauswahl) | (situationsadäquate Methodenauswahl) |
| von der „Komm-Struktur" | zur „Geh-Struktur" |
| (Beratungsstellen, Ämter, Heime, ...) | (aufsuchende Arbeit, Straßensozialarbeit) |
| Einzelfall | Situationsanalyse |

*Methodenintegration*
ganzheitliches Denken, vernetztes Handeln

**Ressourcenorientierung**

| | |
|---|---|
| von der Defizitorientierung | zur Ressourcenorientierung |
| Problemanalyse | Ressourcenanalyse |
| Individualebene | Unterstützungsmanagement (z.B. Biografiearbeit) |
| Gruppenebene | Netzwerkförderung, |
| Quartiersebene | Selbstorganisation, Partizipation |

**Sozialraumorientierung**

| | |
|---|---|
| Mikroebene | Individuum, Privatbereich, Haushalt, |
| Mesoebene | Nachbarschaft, Freunde, Arbeitsplatz, Quartier, Lebensräume, |
| Makroebene | Aktionsräume, lokale, kulturelle, ethnische Herkunft, Gesellschaft, Schichten, Milieus, Stadt, Region, Nation |

*Methodenintegration*
Menschen, soziales Umfeld, lokale Lebens- und Handlungsbedingungen

**Managementorientierung**

| | |
|---|---|
| Effektivität | erzielte Wirkungen |
| Effizienz | Leitung und Ertrag |
| Qualität | Kontrolle der Zielerreichung |
| Marketing | Wettbewerb |
| Dienstleistung | Kundenzufriedenheit |

*von der Input- zur Output (Outcome-)orientierung*

**Abb. 2:** Handlungskonzepte Sozialer Arbeit
(Quelle: Lebensweltorientierung: Thiersch (2009), Ressourcenorientierung: Möbius (2010), Sozialraumorientierung: Schönig 2008, Budde/Cyprian/Früchtel 2007, Managementorientierung: Maelicke 2008. Die o.g. Quellen verstehen sich lediglich als Bespiele für die umfangreich vorhandene Literatur).

## Sozialraumorientierung

Der Begriff „Sozialraumorientierung" tauchte im ersten Jahrzehnt nach der Jahrtausendwende vermehrt auf. 2002 wurde in Gelnhausen die „Bundesarbeitsgemeinschaft (BAG) Soziale Stadtentwicklung und Gemeinwesenarbeit" gegründet. 2005 kam im VS-Verlag das „Handbuch Sozialraum" von Kessl u.a. heraus (Kessl/Reutlinger/Maurer/Frey 2005). Seither wurden zahlreiche weitere Titel zur Sozialraum/-orientierung veröffentlicht (vgl. Budde/Früchtel/Hinte 2006; Budde/Cyprian/Früchtel 2007; Schönig 2008).

In der 5. Auflage 2005 des „Wörterbuch Soziale Arbeit" von Kreft/Mielenz (2005) findet sich „Sozialraumorientierung" erstmals als Stichwort im Sachregister, ebenso in Galuskes Methodenbuch ab der 7. Auflage 2007 (Galuske 2007).

An mehreren Fach-Hochschulen für Soziale Arbeit in Deutschland werden Masterstudiengänge angeboten, die den Fokus auf Sozialraumorientierung richten[1].

Die Bundesprogramme „Soziale Stadt" (vgl. Literaturverzeichnis) und „Mehrgenerationenhäuser" (vgl. Literaturverzeichnis) legen starken Wert auf Sozialraumorientierung.

## Was meint eigentlich Sozialraum?

Ein Aufenthaltsraum, der Beschäftigten an ihrem Arbeitsplatz für Pausenzeiten zusteht, ist damit nicht gemeint. Auch das bekannte Konzept des sozialen Raumes von Pierre Bourdieu (1985 und 2008) zur Veranschaulichung sozialer Positionen steht hier nicht im Mittelpunkt. „Sozialraum" soll verstanden werden als sozial und räumlich strukturierter Ort, an dem sich Menschen aufhalten, begegnen, interagieren (zum Verständnis des Raumbegriffs vgl. die Arbeiten von Lefebvre 1977 und Löw 2001).

Wenn wir uns die Brille der Sozialraumorientierung aufsetzen, nehmen wir eine Perspektive ein, die u. a. folgende Aspekte beinhaltet:

Sozialraumorientierung meint ein Handlungskonzept ganzheitlichen, nicht Individuum zentrierten Denken und Handelns, das auf einen Stadtteil oder ein Quartier bezogen wird. Es geht also nicht um Veränderung einzelner Menschen oder deren Lebensgewohnheiten durch erzieherische Interventionen. Ziel ist der Erhalt bzw. die Verbesserung der Lebensbedingungen der Wohnbevölkerung in einem Stadtteil/Quartier. Sozialraumorientierung ist ausgerichtet an vorhandenen Fähigkeiten, geäußerten Bedürfnissen und dem Willen der Bürger/innen (Bedürfnisorientierung). Diese werden aufgefordert und dabei unterstützt, sich aktiv an der Entwicklung ihrer Lebensbedingungen zu beteiligen (Bürgerbeteiligung/-aktivierung). Dazu werden die Ressourcen des Quartiers, wie Plätze, Gebäude, Nachbarschaften, Fähigkeiten einzelner Bewohner/innen sowie öffentliche und private Dienstleistungen gesucht, aufgebaut, vernetzt und allgemein nutzbar gemacht (Ressourcenorientierung). Die Themen sind dabei nicht vorbestimmt, sondern können so vielfältig sein wie das Leben der Menschen im Stadtteil (Lebensweltorientierung). Um die Vielfalt öffentlicher oder privater Dienste und Organisationen vor Ort überschaubar und nutzbar zu machen, braucht es entsprechende Kooperation, Koordination und Vernetzung (Vernetzung).

Die angewandten Methoden variieren je nach Situation und reichen von Beratung, Bildungs- und Kulturarbeit (z. B. Mediation, Elternbildung oder interkulturelle Begegnung) über Gruppenarbeit (mit Initiativen, Runden Tischen, Mieter-

1 Master Sozialraumentwicklung und -organisation: FH-Fulda, FH-Wiesbaden, FH-Koblenz, FH-Potsdam (http://www.social-maps.de/). Master Gemeinwesenentwicklung und lokale Önonomie: FH-München, FH-Kempten, EH-Freiburg, FH-Wien, FH-Bern, FH-Nordwestschweiz (http://sw.fh-muenchen.de/studienangebot_1/masterstudiengnge_1/gemeinwesenentwicklungundlokalekonomie/bersichtmacd.de.html).

und Quartierversammlungen, Bürgerforen, etc.) und politischer Arbeit (z. B. durch Öffentlichkeitsarbeit, Bürgerversammlungen, Demonstrationen) bis zur Sozialforschung (z. B. durch aktivierende Befragungen oder Sozialstruktur-/Sozialraumanalysen).

Sozialraumorientierung findet Anwendung als spezifisches Arbeitsfeld der Gemeinwesenarbeit, in Quartierarbeit, der Quartierentwicklung und im Quartiermanagement, in Projekten oder dauerhaften Stadtteilbüros/-zentren und als Handlungskonzept in anderen Arbeitsfeldern Sozialer Arbeit, wie z. B. der Schulsozialarbeit, der offenen Jugendarbeit oder den allgemeinen sozialen Diensten, aber auch zunehmend in der Altenhilfe, Behindertenhilfe, Straffälligenhilfe usw. (vgl. Abbildung 3).

**Abb. 3:** Konzepte und Arbeitsfelder Sozialer Arbeit
(Quelle: eigene Bearbeitung, Becker 2011; vgl. Hinte, Lüttringhaus, Oelschlägel 2007).

## Perspektive und Quartierbezug

Sozialraumorientierung richtet den Blick auf Stadtteile oder Quartiere. Stadtteile existieren jedoch nicht im luftleeren Raum, denn gesamtstädtische, regionale, nationale und globale Entwicklungen manifestieren sich auf lokaler Ebene mit z. T. gravierenden Auswirkungen.

Das Leben der Menschen spielt sich nicht nur im Wohnquartier ab, je nach Interessen und Mobilität gehören ganz unterschiedliche Aktionsräume zur individuellen Lebenswelt.

Die Brille der Sozialraumorientierung soll und darf daher nicht zur Scheuklappe werden, die alles ausblendet, was außerhalb des fokussierten Gebietes liegt, sondern sie soll den Blick erweitern von der Mikroebene der Orientierung auf Einzelpersonen und deren Primärkontakte auf die Mesoebene sozialer Beziehungen im räumlich strukturierten Umfeld. Wohl wissend, dass dieses wiederum von der Makroebene gesamtgesellschaftlicher Entwicklungen beeinflusst wird.

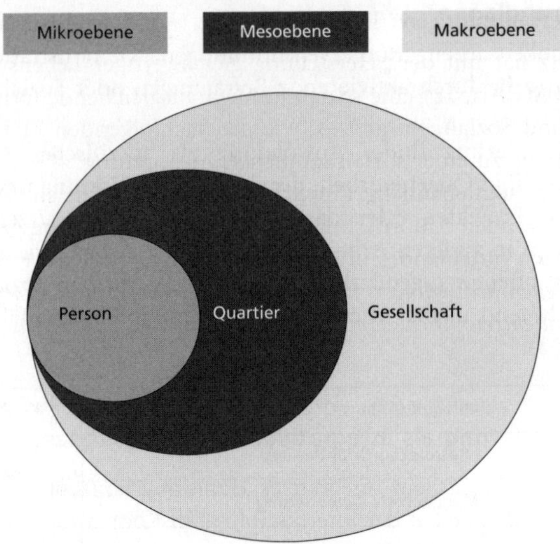


**Abb. 4:** Ebenen der Sozialraumorientierung eigene Bearbeitung, Becker 2011

## Sozialraumorientierung und Soziale Arbeit

Mit Ernst Engelke (2004) können wir Gegenstandsbereich und Anliegen Sozialer Arbeit in der „Vermeidung und Bewältigung sozialer Probleme" sehen und dies als permanente Aufgabe in Gesellschaften begreifen, die Menschenwürde und soziale Gerechtigkeit zum ethischen Leitbild erheben.

Wir haben es bei sozialen Problemen mit komplexen Prozessen zu tun, die von vielerlei Faktoren beeinflusst werden. Durch die Erweiterung des Blickfeldes der Sozialraumorientierung kann dieser Komplexität Rechnung getragen werden.

Thomas Rauschenbach (2002) nennt mit Kinder-/Jugendhilfe, Sozialhilfe, Gesundheits- und Altenhilfe vier Kategorien Sozialer Arbeit, räumt jedoch ein, dass diese nicht sehr trennscharf sind und Ansätze sozialräumlich orientierter Sozialer Arbeit diese verschiedenen Bereiche zu integrieren in der Lage sind.

Weil gerade benachteiligte Menschen – auf Grund geringen Einkommens, geringer Mobilität oder fehlender Arbeitsbezüge – stärker auf den sozialen Nahraum orientiert und teilweise angewiesen sind, hält Hinte (Hinte u.a. 2007, S. 177 ff.) den sozialen Raum für eine bedeutende Steuerungsdimension Sozialer Arbeit, als Ergänzung zu bereichs- und zielgruppenorientierten Arbeitsansätzen. Soziale Arbeit könne dadurch die Menschen unterstützen, ihre sozialen Räume zu gestalten und den Einzelnen durch Aufbau und Nutzung von Ressourcen im Quartier helfen.

### Gesetzliche Grundlagen

Das Grundgesetz hat mit der „Herstellung gleichwertiger Lebensverhältnisse im Bundesgebiet“ (GG Art. 72) eine sozialräumlich ausgleichende Orientierung zum Ziel. Im Bau- und Sozialrecht gibt es, wie die nachfolgenden Zitate zeigen, eher allgemeine Aufträge zu einer sozialräumlichen Ausrichtung:

„… nachhaltige städtebauliche Entwicklung, die die sozialen, wirtschaftlichen und umweltschützenden Anforderungen auch in Verantwortung gegenüber künftigen Generationen miteinander in Einklang bringt …“ (BauGB) § 1(5)

„… *positive Lebensbedingungen für junge Menschen und ihre Familien sowie eine kinder- und familienfreundliche Umwelt zu erhalten oder zu schaffen*“ (SGB VIII § 1 (3) 4.).

### Sozialraumorientierung als integratives Handlungskonzept

Sozialraumorientierung ist ein integratives Handlungskonzept, so unsere These, denn sie bietet Möglichkeiten der interdisziplinären Kooperation und der Methodenintegration.

Im Folgenden soll das Beispiel eines Quartierentwicklungsprojektes mögliche integrative Wirkungen von Sozialraumorientierung verdeutlichen.

# Handlungsfeld Soziale Arbeit in Gemeinwesen am Beispiel eines Quartierentwicklungsprojektes

## Ausgangssituation

Ein Stadtteil (ca. 4000 Einwohner/innen), der im Norden an das Zentrum einer Stadt mit knapp 60 000 Einwohnern angrenzt, entstanden um die Wende vom 19. zum 20. Jahrhundert.
Wir sind als Gemeinwesenarbeiter/in im dortigen Quartierzentrum tätig. Der Begriff Quartierzentrum zeigt an, dass wir nicht für die gesamte Stadt, sondern nur für einen Teil dieser Stadt zuständig sind (zum Quartierbegriff siehe oben sowie Lefebvre 1977; Löw 2001).
Unsere Rolle ist die einer KoordinatorIn für Aktivitäten innerhalb des Stadtteils auch in Bezug auf Organisationen im Stadtteil bzw. mit Stadtteilbezug und in erster Linie als Ansprechpartner/in für die Bevölkerung des Stadtteiles (Bewohner/innen und solche, die sich dort zu anderen Zwecken wie z. B. Arbeit, Freizeit, Kultur, etc. aufhalten).
Wir stehen vor der Herausforderung, uns zunächst ein Bild des Stadtteils, dessen Strukturen (geografisch, räumlich, baulich, sozial, etc.) und Prozesse (z. B. Kommunikationsnetze, Interessengruppen, politische Gruppierungen, bürgerschaftliche Aktivitäten, Nachbarschaftskontakte, etc.) zu verschaffen.

# Raumstrukturanalyse

In der folgenden Abbildung sehen wir einen Ausschnitt aus dem amtlichen Stadtplan unserer Stadt, der den betreffenden Stadtteil abbildet. Dort lässt sich eine räumliche Einteilung nach Stadtteilen (120) und Stadtvierteln (1 – 5) erkennen (vgl. Legende).

**Aufgabe:**

Wir versuchen diesen Stadtplan zu lesen, um etwas über die Begrenzung des Stadtteiles herauszufinden.

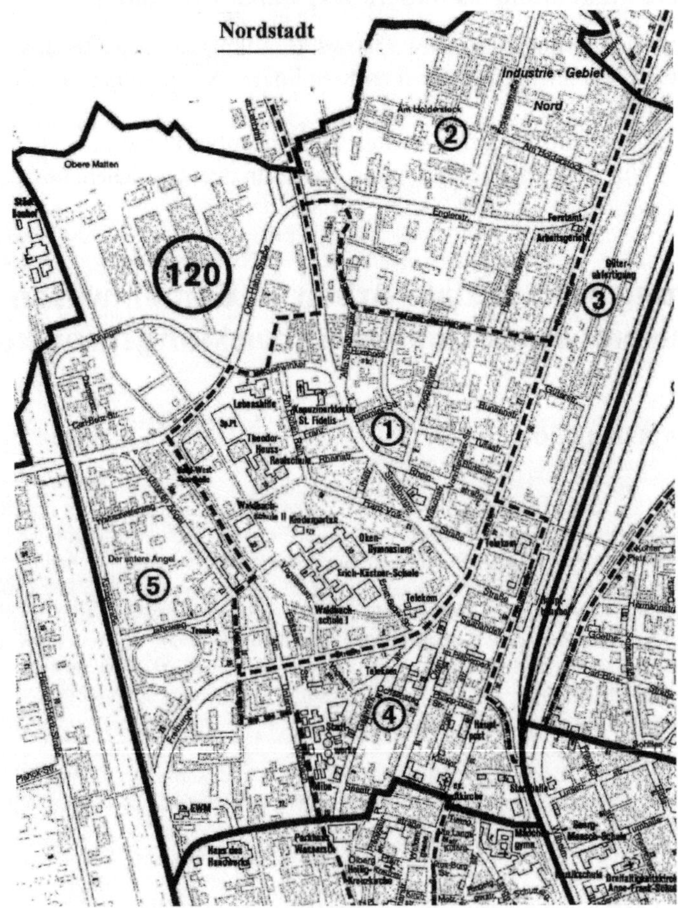


**Abb. 5:** Stadtteil und Stadtviertel sowie Verkehrswege
Eigene Bearbeitung Becker, 2011

**Lösung:**

Der Stadtteil 120 wird im Westen durch einen Fluss, im Norden durch die Grenze des Industriegebietes Nord, im Osten durch die Bahnlinie mit ICE-und Güterverkehr, im Südosten durch die Stadtmauer der historischen Altstadt und im Südwesten durch zwei Quartierstraßen begrenzt (vgl. Abb. 5). Der Stadtteil wird von zwei Bundesstraßen durchquert, die teilweise auf einer Straße gebündelt verlaufen und sich in der Stadtteilmitte in nördlicher und nordwestlicher Richtung verzweigen. Drei kleinere Parkanlagen befinden sich an der Verzweigung beider Bundesstraßen im Bereich der Gründungsbebauung sowie südlich und gegenüber dem Bahnhof. Größere öffentliche Grünflächen sind im Bereich des Schulzentrums und an der westlichen Stadtteilgrenze entlang von Fluss und Gewerbebach zu finden.

**Aufgabe:**

Nun ist unsere fachliche Einschätzung dazu gefragt, welche Bedeutung die markierten Linien der obigen Abbildung, also die Grenzlinien für die Bevölkerung in diesen Stadtvierteln in Bezug auf deren Quartierdefinition haben könnten.

**Lösung:**

Der Stadtteil hat durch den Fluss im Westen und die Bahnlinie im Osten zwar zwei klare räumliche Abgrenzungen, doch fehlen diese im Süden zur Stadtmitte hin, wodurch der Stadtteil von der Bevölkerung kaum als räumlich abgeschlossenes Quartier wahrgenommen werden kann. Die zwei Bundesstraßen, die den Stadtteil wie Schneisen durchschneiden, könnten in der Bevölkerung, insbesondere für Kleinkinder, Familien und ältere Menschen, als starke Trennlinie und Barriere innerhalb des Stadtteiles wirken, was die Erfahrung der Abgeschlossenheit eines Quartiers eher unwahrscheinlich macht.

(Weitere Ausführungen hierzu siehe Becker, 2008, S. 18–24)

**Aufgabe:**

Betrachten wir nun die Anlage von Gebäuden, Straßen und Wegeführung in diesem Gebiet. Aus der Lage und Anordnung der Gebäude, Plätze, Straßen und Wegeführung lassen sich Hypothesen über die Gelegenheiten, andere Menschen zu treffen, sich zu begegnen und die Wahrscheinlichkeit eines räumlichen Zentrums in diesem Gebiet aufstellen. Folgende Erkenntnisse von Vertreter/innen aus Stadtsoziologie und Stadtplanung bezüglich der räumlichen Voraussetzungen für Gelegenheiten, menschlicher Begegnung in städtischen Kontexten sind uns dabei hilfreich.

## Fachliche Grundlagen

Andreas Feldtkeller (1994) und Jane Jacobs (1963) beschreiben die Zusammenhänge baulicher Anordnung von Straßen und Gebäuden und betonen die Bedeutung von Baudichte und Konzentration von Wegeverbindungen zu bestimmten Zentren/Nutzungen wie Verkehrs-, Einkaufs-, Bildungs-, Arbeitsgelegenheiten, die eine Belebung, damit eine Erhöhung des Sicherheitsempfindens sowie der ökonomischen Rentabilität der angebotenen Dienstleistungen sichern können. Die stadtsoziologischen Annahmen dazu fußen u.a. auf Erkenntnissen von Hans Paul Bahrdt (1961) und Louis Wirth (1974) zur Wirkung von belebten Straßen und Plätzen sowie deren öffentlichen bzw. privaten Charakter.

**Lösung:**

Aus der Anlage von Straßen, Gebäuden und Plätzen lässt sich kein eindeutiges räumliches Quartierzentrum identifizieren. Zwar laufen einige Straßen im Stadtviertel 1 in der Mitte des Stadtteils auf einander zu, doch die Tatsache, dass diese Straße den Status einer Bundesstraße hat, lässt auf eine relativ hohe Frequentierung durch den fahrenden Verkehr schließen, was für Fußgänger eher ein Hindernis darstellt. Qualifizierte Aussagen zur möglichen Belebung lassen sich erst treffen, wenn mehr Informationen über die bauliche Nutzung der Gebäude, die Infrastruktur und die Bevölkerungsstruktur verwertet werden können.

## Baustrukturanalyse

**Aufgabe:**

Bau-/Gründungsalter eines Gebietes können, angesichts der typischen Stadtplanung der Entstehungszeit, grundsätzliche Konsequenzen für Baustruktur und Qualität der Bebauung, dessen wirtschaftliche Rentabilität und Entwicklung über die Jahre haben (vgl. Becker 2008, S. 18–39).

**Lösung:**

Aus Unterlagen der städtischen Bauabteilung, über die Gründung der Bebauung, geht hervor, dass ein Teil des Gebietes (Stadtviertel 4 und Teile von 1) um die Jahrhundertwende vom 19. zum 20. Jhdt. erbaut wurde. Teile des Stadtviertels 1 wurden in der Zwischenkriegszeit erbaut. In der Nachkriegszeit wurden Gewerbe- (5) und Industrieflächen (2) ausgewiesen. In den 1970er und 1980er Jahren kam weitere Wohnbebauung hinzu.

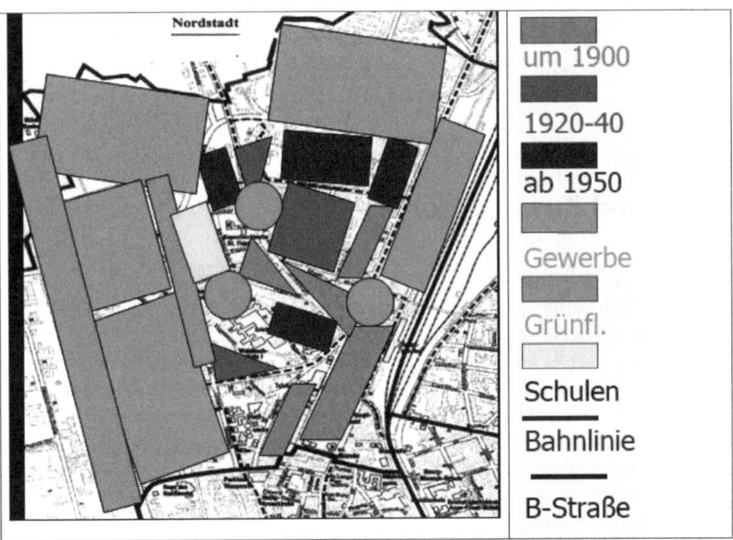


**Abb. 6:** Bauliche Nutzung und Gebäudestruktur
(Quelle: Eigene Bearbeitung Becker, 2011).

Die *Baustruktur* ist geprägt von einer Mischung ehemaliger gehobener Bürgerhäuser der Gründerzeit, kleineren Ein- und Mehrfamilienhäusern der Zwischenkriegszeit und großen Wohnblocks der Nachkriegszeit. Neben Wohnbebauung gibt es Gewerbe- und Industriegebiete sowie Parks und Grünanlagen. Für den gesamten Stadtteil gibt es mehrere Bebauungspläne, für die jeweiligen Gebiete sind unterschiedliche Nutzungszwecke eingetragen (vgl. Abb. 6).
Die *Infrastruktur* bietet eine gute Versorgung mit Schulen, Geschäften, Verkehrsverbindungen, (Kirchen-)Räumen, sozialen Einrichtungen wie z.B. einem Kinderhaus, das auf eine Elterninitiative zurückgeht, einem Bürgerverein und einer durch die Kommune eingerichteten Stadtteilkonferenz, zu der sich Vertreter aller Organisationen im Stadtteil halbjährlich treffen.
Die *Bevölkerungsstruktur* ist gemischt aus Einheimischen und Zuwanderern, größtenteils mittleren Alters. Es gibt eine große Gruppe recht langjähriger Bewohner und eine beachtliche Gruppe erst kurzzeitiger Bewohner. Der Stadtteil hat allerdings einen negativen *„Binnenwanderungssaldo"* (Differenz zwischen Zugezogenen und Weggezogenen aus/in anderen Stadtteilen innerhalb derselben Stadt), denn viele Zugezogene ziehen nach ein paar Jahren von hier in andere Stadtteile.

## Wanderungsbewegungen

Aus den Daten der statistischen Erhebungen des Einwohnermeldeamtes erfahren wir, dass der Stadtteil in den letzten 30 Jahren einen positiven „Außenwanderungssaldo" (Differenz zwischen Zugezogenen und Weggezogenen aus/in anderen Städten), aber einen negativen „Binnenwanderungssaldo" vorzuweisen hatte. Der Anteil jüngerer bis mittlerer Altersgruppen ist vergleichsweise hoch, Kinder und Jugendliche sind durchschnittlich vertreten, ältere Menschen eher unterdurchschnittlich.

## Migration und Zuwanderung

In Abbildung 7 ist der Anteil an Bewohner/innen mit ausländischer Staatsbürgerschaft zu sehen. Doppelstaatsbürgerschaften kommen hier vorwiegend in Kombination der deutschen und einer osteuropäischen Staatsbürgerschaft vor.
Der Stadtteil Nordstadt ist aufgrund seiner frühen Bebauung von verschiedenen Epochen der Stadtentwicklung geprägt, was sich auf die Bau-, Nutzungs- und Infrastruktur auswirkt. Die Wohnbebauung ist relativ dicht, mit großer Mischung der Baualter und durch die unterschiedlichen Bebauungspläne auch differenziert. Entsprechend vielseitig sind die Nutzungsmöglichkeiten wie Wohnen, Arbeiten, Einkaufen, Vergnügen. Infolgedessen wird der Stadtteil wahrscheinlich von mehr und unterschiedlichen Menschen, zu verschiedenen Zeiten bevölkert als dort wohnen. Dem entspricht eine gute Ausstattung an privater Infrastruktur. Aus stadtsoziologischer Perspektive bietet der Stadtteil also gute Voraussetzungen für ein funktionierendes und lebendiges Gemeinwesen (vgl. Becker 2008, S. 38f).

| **Stadtteile** | **Stadtviertel** | | | | | **Gesamt** |
|---|---|---|---|---|---|---|
| **Nordwest** | 1201 | 1202 | 1203 | 1204 | 1205 | | **120** |
| Anzahl | 394 | 7 | | 257 | 56 | | **714** |
| Anteil | 16% | 4,8% | | 19,6% | 21,2% | | **17,1%** |
| **Kernstadt** | | | | | | | |
| Anzahl | | | | | | | **4543** |
| Anteil | | | | | | | **13,4%** |

**Abb. 7:** Staatsbürgerschaft „nichtdeutsch"
(Quelle: Eigene Bearbeitung, Becker, 2011)

## Problemdefinition(en)

Wenn wir mit Ernst Engelke (2004) den Gegenstand Sozialer Arbeit in der Vermeidung und Bewältigung Sozialer Probleme sehen, stellt sich die Frage nach den Problemen und Herausforderungen, die sich in diesem Stadtteil stellen.
Klassische Stadtplanung richtet den Fokus auf ihr Ressort, die bauliche Stadterneuerung und betrachtet Probleme auf der Basis ihrer Kompetenz und Zuständigkeit. Folgerichtig werden von der Stadtplanung ein Verkehrsproblem (zwei Bundesstraßen führen direkt durch den Stadtteil) und ein Renditeproblem der Immobilieneigentümer (Nachholbedarf an baulicher Renovierung) erkannt.
Die sozialpolitische Perspektive der Stadtentwicklung ist hingegen auf bestimmte „Sozialindikatoren" wie Ausländeranteil, Sozialhilfequote, Arbeitslosenquote, Fluktuation, erhöhter

Hauptschüleranteil, Anteil kinderloser und kleiner Haushalte gerichtet und sieht dort potentielle soziale Probleme.
Aus der Bevölkerung selbst gibt es andere Problemdefinitionen, die durch eine repräsentative Bevölkerungsbefragung ermittelt werden konnten (vgl. Becker 2008). Wohnungslose alkoholisierte Menschen mit Hunden, die sich im Stadteilpark aufhielten, und ein fehlendes Stadtteilzentrum, das es in anderen Stadtteilen längst gibt (Prestige des Stadtteils).

## Vernetzung

**Aufgabe:**

Nachdem wir den Stadtteil, in dem wir tätig sind, nach dessen Strukturen analysiert haben, stellen wir uns die Frage, welche Prozesse der Kommunikation und Kooperation es hier gibt. Wir möchten die „Akteure" im Gebiet kennen lernen.

**Lösung:**

Wir erfahren, dass es außer den evangelischen und katholischen Kirchengemeinden auch einen alevitischen Kulturverein gibt, der Räume im Stadtteil nutzt. Außerdem gibt es seit 40 Jahren einen Bürgerverein, der sich der Entwicklung des Stadtteils widmet und auch Feste und Ausflugsfahrten für Bewohner/innen des Stadtteils organisiert. Diese und andere Organisationen aus dem Stadtteil treffen sich 2–3 Mal pro Jahr in der sogenannten „Stadtteilkonferenz", zu der Vertreter der Stadtverwaltung einladen und diese auch moderieren.
In Zukunft werden wir als Gemeinwesenarbeiter/in im Stadtteil diese Stadtteilkonferenz moderieren und alle bisherigen sowie neue Organisationen und Initiativen von BürgerInnen im Stadtteil sowie bei Bedarf auch VertreterInnen aus verschiedenen Abteilungen der Stadtverwaltung sowie anderer Behörden dazu einladen.

(weiterführende Literatur zu Methoden und Techniken der Vernetzung: Bauer/Otto 2005; Fuhse/Mützel 2010; Romppel 2003; Stegbauer 2008).

## Projektentwicklung

Nicht durch Zusammenarbeit der Ressorts Stadtplanung und Stadtentwicklung, sondern bezeichnenderweise auf Initiative der Stadtteilkonferenz wurde vor einiger Zeit von der Kommune eine Projektgruppe aus städtischen Bediensteten, sozialen Einrichtungen und Bürger/innen im Stadtteil installiert, mit dem Auftrag, ein integriertes Stadtteilentwicklungskonzept zu erarbeiten.
Ziele dieses Konzeptes waren städtebauliche und soziale Infrastrukturverbesserungen sowie die Förderung des sozialen und kulturellen Lebens. Die Finanzierung wurde möglich durch Aufnahme in das Bund-Länder-Programm „Soziale Stadt" (weiterführende Literatur zu Projektarbeit/-management: Frey 2002; Herzog, 2008; Hesseler 2007).

## Projektablauf

In offenen Arbeitsgruppen wurden Vorschläge zu verschiedenen Themenbereichen entwickelt. Bewohner/innen waren an diesem Prozess nur in geringer Zahl eingebunden. An der breiten Bevölkerung ging die Arbeit vorbei, mit der Folge, dass die Umsetzung der Vorschläge kaum nachhaltige Wirkung gehabt hätte.
Dennoch wirkte die Projektarbeit insofern integrativ, als mehrere behördliche und soziale Organisationen und einige Bürger/innen aus dem Stadtteil an einen Tisch gebracht wurden. Die gewählte Form (Arbeitsgruppen) stieß in Punkto Bevölkerungsbeteiligung allerdings ihre Grenzen.

## Projektmodifikation

Als Reaktion auf die ersten Erfahrungen wurden sowohl Organisationsstrukturen als auch angewandte Methoden modifiziert.
Externe Berater einer Hochschule übernahmen die Moderation des Prozesses. Eine Lenkungsgruppe aus Projektleitung, Gemeinwesenarbeitsteam und externen Beratern der Hochschule wurde eingesetzt, die den Prozess steuern sollte. Als Projektleitung fungierte ein Tandem aus den städtischen Abteilungen der Bauplanung und der Sozialplanung. Zur verwaltungsinternen Koordination entstand eine Koordinationsgruppe aus Vertretern aller kommunalen Ämter und Dienststellen. Zur Förderung des Beteiligungsprozesses und zur Unterstützung der Bürger/innen wurde ein Gemeinwesenarbeitsteam aus dem Leiter des Kinderhauses und einer zusätzlich eingestellten Gemeinwesenarbeiterin (unserer Arbeitsstelle) eingesetzt. Die Stadtteilkonferenz wurde um die Projektleitung und weitere Verwaltungsvertreter, die je nach Bedarf eingeladen werden, erweitert.

## Modifikation der Methoden

Um die Erkenntnisgrundlage über das soziale Leben im Stadtteil zu verbreitern, regen wir an, eine „Sozialraumanalyse" durchzuführen. Die Arbeitsgruppen werden weitergeführt, weil wir trotz der geringen Beteiligung bildungsferner Bevölkerungsteile die engagierten Menschen nicht enttäuschen, sondern weiterhin einbeziehen wollen.
Die Beteiligung bisher unterrepräsentierter Bürger/innen wollen wir in Erweiterung des Methodenspektrums durch die Methode „Planen am Modell" mit Bürgerforen und Modellbauphasen erreichen, bei dem Bürger/innen ein Modell des Stadtteils mit integrierten Veränderungsvorschlägen bauen (vgl. Maier/Sommerfeld 2006). Mit der Einrichtung eines Stadtteilladens, als Treffpunkt verschiedener Initiativen, wollen wir die Realisierung aufkommender Ideen und Aktivitäten unterstützen, indem wir ihnen im wahrsten Sinne des Wortes „Raum" geben. Die Zusammenführung der Arbeitsgruppenergebnisse und des Beteiligungsprozesses „Planen am Modell" ist eine weitere Maßnahme zur Vernetzung der verschiedenen Akteure und Aktivitäten.

## Zwischenergebnisse und Umsetzung

Im weiteren Verlauf passiert genau das, was eigentlich intendiert war, denn die Bürger/innen beteiligen sich rege, bauen, entwickeln Vorschläge und diskutieren diese sehr ausführlich bei mehreren Bürgerforen und in einer abschließenden öffentlichen Stadtteilkonferenz.
Die erarbeiteten Ergebnisse wurden zu Vorlagen für den Gemeinderat komprimiert und von diesem teilweise als Aufträge an die Verwaltung beschlossen.

## Projekterweiterung

Zur Erweiterung des Projektes ergeben sich folgende Entwicklungen:

## Änderung der finanziellen Situation

Zwischenzeitlich gelingt es der Kommune, in das EU-/Bundesprogramm LOS („Lokales Kapital für soziale Zwecke"; dieses Programm wurde 2009 abgelöst vom Programm „Stärken vor Ort" (siehe Literaturverzeichnis) aufgenommen zu werden, das mit der Bildung von Mikroprojekten mit sozialräumlichem Bezug auf die Qualifizierung für und Eingliederung in den Arbeitsmarkt zielt.

## Änderung der Organisationsstruktur

Für die Umsetzung des Bundesprogramms wird ein „Begleitausschuss" erforderlich, bestehend aus Vertretern der beteiligten Ämter, lokalen Akteuren und Betroffenen. Aufgabe des Begleitausschusses ist die Vergabe und Verwendungskontrolle der Mittel für die einzelnen Projekte. Mit dieser Veränderung der Organisationsstruktur werden bisher nicht in den Quartiersentwicklungsprozess einbezogene Organisationen wie z.B. Sozialamt und Arbeitsagentur integriert.

## Änderung der Methoden

Weil im ersten Förderungszeitraum einige Mikro-Projekte nicht stattfinden und das Budget nicht ausgeschöpft wird, entscheidet der Begleitausschuss, eine Bedarfserhebung im Rahmen eines Mikroprojektes in Auftrag zu geben.
Mit einer Sozialstrukturanalyse (vgl. Rössl 2009) und der Befragung der Bevölkerung (vgl. Kromrey 1998; Klaus 2010) werden im Stadtteil Erkenntnisse gewonnen, die zu Projektvorschlägen führen, die bislang nicht berücksichtigt worden waren.

## Erkenntnisse

So stellt sich heraus, dass Bewohner/innen mit Migrationshintergrund bislang an den verschiedenen Beteiligungsprozessen nicht zum Zuge kommen. Diese reklamieren einen starken Bildungs-, Qualifizierungs- und Betreuungsbedarf für sich bzw. ihre Kinder. Weniger bildungsorientierte und bislang unbeteiligte Bürger/innen sind interessiert an praktisch handwerklichen Aktivitäten, bei denen sie sich auch selbst engagieren wollen. Wegen mangelnder Beteiligung von Unternehmen und Betrieben waren bislang konkrete Einstiegshilfen ins Berufsleben nicht als Mikroprojekte vertreten. Deshalb wird geplant, mit den örtlichen Firmen und Geschäften Kontakt aufzunehmen und Schnupperpraktika für Schüler und arbeitslose Jugendliche anzubieten. Um Schüler/innen Zuverdienstmöglichkeiten zu verschaffen, wird vorgeschlagen, einen Cateringdienst im örtlichen Schulzentrum zu installieren, als Service für örtliche Vereine, schulische Veranstaltungen und Firmen im Quartier.

## Wirkungen von Vernetzung

Durch die projektorientierte Kooperation entstand eine Vernetzung der beteiligten Behörden, Behördenteile und sozialen Organisationen, zwischen Kommunal-, Landes- und Bundesbehörden, zwischen technischen, administrativen und psychosozialen Berufsgruppen und zwischen unterschiedlichen Teilen der Bevölkerung.

## Wirkungen von Methodenintegration

Durch starken Aufgabenbezug und flexiblen Umgang mit wechselnder Aufgabenstellung gelang folgende Methodenintegration:

| ***Aufgaben*** | ***Methoden/Techniken*** |
|---|---|
| Bürgerbeteiligung | Runde Tische |
| *über* | Arbeitsgruppen |
| Beratung *und* | Bürgerforen |
| Planung *zur* | Planen am Modell |
| Qualifizierung/Bildung | Mikroprojekte |
| Forschung/Evaluation | Bedarfserhebung, Befragung und Sozialraumanalyse |
| Management | Lenkungsgruppe, Projektleitung, „Begleitausschuss" |

Quelle: Becker 2008

# Kritische Würdigung

## Interdisziplinäre Zusammenarbeit

ist insbesondere nach dem oben vorgestellten Konzept der Sozialraumorientierung unumgänglich, weil die gesellschaftlichen Transformationsprozesse, die sich auf lokaler Ebene niederschlagen, nur mit einer gemeinsamen Strategie von den unterschiedlichsten Organisationen und Disziplinen zu bewältigen sind.

Sozialraumorientierung wirkt hierbei integrativ, weil und wenn sie geprägt ist von einer aufgaben- und zielorientierten Kooperation der lokalen Akteure. Ein Quartiermanagement kann dafür sorgen, so Monika Alisch (1998), dass das gemeinsame Ziel nicht aus dem Auge verloren wird.

## Kurzfristigkeit versus Nachhaltigkeit

Doch wie sieht es mit der Nachhaltigkeit aus? Zerbrechen die Strukturen projektbezogener Kooperation nicht nach Beendigung der Projekte?

Dieter Oelschlägel (2004) stellt die Nachhaltigkeit von Projektarbeit als programmbezogener Quartierarbeit in Frage und propagiert Gemeinwesenarbeit als dauerhaftes und standardisiertes Arbeitsprinzip. Mit der Einrichtung eines Stadtteilladens als räumlichem und der Schaffung einer Gemeinwesenarbeitsstelle als personellem Kulminationspunkt für die weitere Quartierentwicklung wurde dieser Erkenntnis in unserem Beispiel Rechnung getragen.

## Lokale Ökonomie

Die Frage der Nachhaltigkeit von Quartierentwicklungsprojekten hängt mittlerweile eng mit der Bedeutung der lokalen Ökonomie und damit der Integration von ökonomischen Fragestellungen und Akteuren zusammen. Deshalb reklamiert Susanne Elsen (2007) lokalökonomische Lösungen der Stadt- und Quartierentwicklung. Im genannten Beispiel erwies es sich allerdings als äußerst schwierig, lokale Wirtschaftsvertreter und Unternehmen in das Projekt zu integrieren.

## Kooperation und Konkurrenz

Ob die Kooperation im Rahmen eines Projektes nur integrative Wirkung zeigt, darf bezweifelt werden. Denn in ihrer Evaluationsstudie zum Programm „Soziale Stadt“ haben Krummacher u. a. (2003) auf die Begehrlichkeiten beteiligter Organisationen hingewiesen, sich über Fördergelder einen Teil ihrer laufenden Kosten zu refinanzieren, die deshalb heftig um Zuweisungen konkurrieren und feilschen.

Im angeführten Beispiel fanden im Begleitausschuss harte Verteilungskämpfe um die Projektgelder statt.

## Partizipation und Ausschluss/Integration der BürgerInnen

Wenn Sabine Stoewesand (2001) von Partizipation als der „Bühne des weisen Mannes“ spricht, meint sie damit, dass bestimmte Beteiligungsformen oft solchen Menschen eine Plattform für ihr Engagement geben, die ohnehin gewohnt sind, Meinungen und Interessen verbal und vor Publikum zu äußern. Andere hingegen, deren Lebenserfahrung sie glauben macht, nichts zu bieten zu haben, wovon sie selbst und andere profitieren könnten, werden eher ausgeschlossen, wie Chantal Munsch (2001) feststellt.

In unserem Beispiel haben die Projekt-Akteure darauf reagiert und die Methoden variiert.

## Planung und Entwicklung

Festzuhalten bleibt, dass der Verlauf eines Projektes nur zum Teil Ergebnis absichtsvoller Planungen sein kann, sondern meist von nicht voraussehbaren Entwicklungen bestimmt wird.

Dies entspricht sowohl der Prozesstheorie eines Norbert Elias (1976) als auch dem Paradigmenwechsel in der Sozialplanung, nicht *für*, sondern *mit* den Betroffenen, als Expert/innen für ihre Lebensgestaltung, zu planen.

## Lehre Sozialer Arbeit

Für den Berufsnachwuchs Sozialer Arbeit wäre es demnach wichtig, Strukturen, Prozesse und Kulturen unterschiedlicher Organisationen, Disziplinen und Professionen kennen und gestalten zu lernen.

Für die professionelle Haltung scheint es notwendig zu sein, Handlungskonzepte und Methodenkompetenz zu erwerben, aber auch den Eigensinn der Menschen, mit denen Soziale Arbeit zu tun hat, zu berücksichtigen und zu achten.

# Literaturverzeichnis

Alinsky, S.D. (1984): Anleitung zum Mächtigsein. Bornheim: Lamuv

Alisch, M. (Hrsg.) (1998): Stadtteilmanagement. Voraussetzungen und Chancen für die soziale Stadt. Opladen

Jacobs, J. (1963): Tod und Leben großer amerikanischer Städte. Berlin-Frankfurt/M.-Wien: Ullstein

Kessl, F./Reutlinger, Ch./Maurer, A./Frey, O. (Hrsg.) (2005): Handbuch Sozialraum. Wiesbaden: VS-Verlag

Klaus, K. (2010): Mündliche und schriftliche Befragung. Ein Lehrbuch. Landau: Verlag Empirische Pädagogik

Peters, F./Koch, J. (Hrsg.) (2004): Integrierte erzieherische Hilfen. Weinheim/München: Juventa

Kreft, D./Mielenz, I. (2005): Wörterbuch Soziale Arbeit. Aufgaben, Praxisfelder, Begriffe und Methoden der Sozialarbeit und Sozialpädagogik. Weinheim/München: Juventa

Krummacher, M. u. a. (2003): Soziale Stadt – Sozialraumentwicklung – Quartiersmanagement. Herausforderungen für Politik, Raumplanung und Soziale Arbeit. Opladen.

Kromrey, H. (1998): Empirische Sozialforschung. Modelle und Methoden der Datenerhebung und Datenauswertung. Opladen: Leske+Budrich

Lefebvre, H. (1977): Die Produktion des städtischen Raums. In: Arch+ Themenheft Nr. 34.

Löw, M. (2001): Raumsoziologie. Frankfurt/M.

Lüttringhaus, M. (2000): Stadtentwicklung und Partizipation. Bonn.

Maelicke, B. (2008) Lexikon der Sozialwirtschaft. Baden-Baden: Nomos

Maier, K./Sommerfeld, P. (2006): Inszenierung des Sozialen im Wohnquartier. Freiburg: FEL

Mehrgenerationenhäuser (http://www.mehrgenerationenhaeuser.de/).

Möbius, Th. (2010) Ressourcenorientiert arbeiten. Anleitung zu einem gelingenden Praxistransfer im Sozialbereich. Wiesbaden: VS-Verlag

Müller, W. C. (2006): Wie helfen zum Beruf wurde. Eine Methodengeschichte der Sozialen Arbeit. Weinheim, München: Juventa

Munsch, Ch. (2001): Engagement schließt aus. In: forum sozial 1, 16–18.

Odierna, S. (Hrsg.) (2004): Gemeinwesenarbeit. Entwicklungslinien und Handlungsfelder. München: AG-SPAK-Bücher

Oelschlägel, D. (2004): Stand und Trends der GWA in Deutschland. In: forum sozial 1, 11–15

Oelschlägel, D. (1989): Gemeinwesenarbeit im Wandel: 1969–1989, Institut für Soziale und Kulturelle Arbeit (ISKA). Nürnberg.

Rauschenbach, Th. (2002): Sozialarbeit/Sozialpädagogik. In: Fachlexikon Soziale Arbeit. Frankfurt/M.: DV

Rössl, J. (2009): Sozialstrukturanalyse. Eine kompakte Einführung. Wiesbaden: VS-Verlag

Romppel, J. (2003): Netzwerke sozialer Arbeit zwischen Selbstorganisation und Organisation am Beispiel der Kinder- und Jugendhilfe. Freiburg i. Br.: Lambertus-Verlag

Schönig, W. (2008): Sozialraumorientierung. Grundlagen und Handlungsansätze. Schwalbach: Wochenschauverlag

Soziale Stadt (http://www.sozialestadt.de)

Stärken vor Ort (http://www.staerken-vor-ort.de/)

Stegbauer, Ch. (Hrsg.) (2008): Netzwerkanalyse und Netzwerktheorie. Ein neues Paradigma in den Sozialwissenschaften. Wiesbaden: VS-Verlag

Stoewesand, S. (2001): Quartiersentwicklung und Partizipation. In: forum sozial 1.

Thiersch, H. (2009): Lebensweltorientierte Soziale Arbeit. Weinheim/München: Juventa

Wirth, L. (1974): Urbanität als Lebensform. In: Ulfert H. (Hrsg.): Stadt- und Sozialstruktur. München: Nymphenburger (Erstausgabe 1938).

# Die Autorinnen und Autoren

Die Autorinnen und Autoren lehren an der Katholischen Hochschule Freiburg

**Professor Dr. Martin Becker**, Lehrgebiet: Stadt-/Quartiersentwicklung, empirische Sozialforschung und Methoden Sozialer Arbeit

**Annette Bukowski**, Dipl. Sozialarbeiterin, Dipl. Kriminologin

**Professor Dr. med., Dr. rer. nat Winfried Effelsberg**, M. P. H., Lehrgebiet: Sozialmedizin

**Professor Dr. Matthias Hugoth**, Lehrgebiet: Soziale Arbeit mit Schwerpunkt Erziehungswissenschaft und Pädagogik der frühen Kindheit

**Professorin Dr. Cornelia Kricheldorff**, Lehrgebiet: Soziale Gerontologie, Soziale Arbeit in gerontologischen Handlungsfeldern und im Gesundheitswesen, Empirische Sozialforschung

**Professor Werner Nickolai**, Dipl. Sozialarbeiter, Lehrgebiet: Sozialarbeit und Straffälligenhilfe

**Prof. Dr. Christian Roesler**, Lehrgebiet: Klinische Psychologie und Arbeit mit Familien

**Professorin Dr. Nausikaa Schirilla**, Lehrgebiet: Migration und Interkulturelle Kompetenz, Migrationsforschung, Migration und Ethik, Sozialphilosophie

**Professor Dr. Jürgen E. Schwab**, Lehrgebiet: Bildung und Sozialisation, Konzepte der Bildung und Sozialisation mit jungen Menschen, Empirische Sozialforschung, Geschichte und Grundlagen Sozialer Arbeit, Mediensoziologie, Filmdidaktik.

**Jürgen Sehrig**, Lehrgebiet: Soziale Arbeit mit Suchtkranken und psychisch Kranken, Supervision

**Professorin Dr. Mona Welsche**, Lehrgebiet: Entwicklungsförderung im Kindes- und Jugendalter

**Professor em. Gerhard Veith**, Lehrgebiet: Soziale Arbeit mit verhaltensauffälligen Kindern und Jugendlichen

Franz Stimmer

## Grundlagen des Methodischen Handelns in der Sozialen Arbeit

*3., überarbeitete und erweiterte Auflage 2012*
*318 Seiten. Kart. € 29,90*
*ISBN 978-3-17-022006-5*

Mit diesem Buch liegt eine Einführung in die Systematik Methodischen Handelns in der Sozialen Arbeit vor. Dadurch wird es möglich, die vielfältigen und oft verwirrenden Ebenen und Aspekte Methodischen Handelns in einen sinnvollen Zusammenhang zu bringen. In diese Systematik (Funktionsprinzipien sowie zirkulärer Problemlösungsprozess) mit den wechselseitig aufeinander bezogenen Ebenen sind Grundfragen der Ethik und des Rechts, bedeutsame Handlungsleitende Konzepte (Empowerment, Case Management, Sozialökologie), zentrale Interaktionsmedien (Beratung, Begleitung-Unterstützung-Betreuung) ebenso integriert wie spezifische Methoden und Verfahren der Situationsanalyse (Person-in-Environment System, Netzwerkanalyse, Genogrammarbeit), der Situationsintervention (Klientenzentrierte Gesprächsführung, Themenzentrierte Interaktion, Motivational Interviewing) und der Reflexion professionellen Handelns (Selbstevaluation, Supervision) sowie die Entwicklung eines Kompetenzenprofils für Fachkräfte der Sozialen Arbeit.

www.kohlhammer.de

W. Kohlhammer GmbH · 70549 Stuttgart
Tel. 0711/7863 - 7280 · Fax 0711/7863 - 8430 · vertrieb@kohlhammer.de